地域社会に果す中小企業の役割

―課題と展望―

(日本中小企業学会論集35)

同 友 館

はしがき
―日本中小企業学会論集第35号の刊行にあたって―

　日本中小企業学会第35回全国大会は，平成27〔2015〕年10月3日・4日の2日間にわたって九州の福岡大学で開催された。本書は同大会での研究報告を収めた当学会の論文集である。

　統一論題は前年度に引き続き，地域問題を取り上げた「地域社会に果す中小企業の役割―課題と展望―」であった。経済と企業活動のグローバル化が進展してきたなかで，中小企業をめぐる経営環境，中小企業が存立する地域社会もまた新たな段階を迎えているとみる会員共通の現状認識がこのテーマ設定の背景である。そうした現状の下で，地域社会に果す中小企業の役割を見直し，その課題と展望を明らかにしようというのが統一論題の課題であった。

　統一論題では3人の報告者が登壇して，北海道経済と中小企業，大阪市の地域中小企業政策，地域産業としての繊維関連中小企業の課題などが報告された。自由論題では4つの分科会―「中小企業の経営革新」，「海外の中小企業」，「中小企業と事業承継」，「地域中小企業の経営」―に分かれて，活発な論議が展開した。各分科会でも中小企業と地域社会とのさまざまな関係と関連が論じられた。具体的な内容は本書所収の論文あるいは報告論旨を参照されたい。

　なお，信金中金協賛による国際セッション「地域社会に果す東アジア中小企業の役割―現状と課題―」についても，今回も前回と同様に統一論題との連携が強く意識されてプログラム化された。中国の研究者と韓国の政策担当者を招聘して，中国については浙江省の中小企業と地域経済の発展にかかわる問題点と課題，韓国については地域社会貢献にかかわる韓国の中小企業政策の現状が紹介された。

　最後に，第35回全国大会の開催にあたっては，全国大会プログラム委員長の熊本学園大学の出家健治先生，大会準備委員長の福岡大学の川上義明先生，大会事務局の同笹川洋平先生にはお世話になった。渡辺俊三編集委員長には，今回もまた編集作業の責任者としてお世話になった。また，各部会（東部・同北海道支部・中部・西部・九州）の会員緒氏には査読作業でご協力をいただいた。関係者の皆様に心からお礼を申し上げたい。

2016年4月

日本中小企業学会会長　寺岡　寛
（中京大学）

目　次

はしがき　　　　　　　　　　　　　日本中小企業学会会長（中京大学）寺岡　寛・ⅲ

【統一論題：地域社会に果たす中小企業の役割－課題と展望－】

地域資源の活用による価値創造の取り組み
　　　―北海道・十勝の事例を中心に― ……………………… 北海学園大学　大貝健二・3
地域社会づくりと自治体中小企業政策
　　　―大阪の事例から― ……………………………………… 大阪市立大学　本多哲夫・16
地域産業の存続・発展メカニズムの転換
　　　―グローバル競争下で活発化する中小繊維企業の市場創造― …… 徳山大学　大田康博・29

【自由論題】

「地域の雇用を支える中小企業」の量的な実態と3つの地域類型
　　　―雇用面における中小企業の貢献度についての再認識―
　　　……………………………………… 日本政策金融公庫総合研究所　海上泰生・45
産業集積地域における産業観光まちづくりの意義 ……… 信州大学　桃井謙祐・58
新規開業企業が顧客・販路を開拓するには何が必要か
　　　―開業時と開業後における新規性とネットワークの効果―
　　　……………………………………… 日本政策金融公庫総合研究所　井上考二・71
海外生産化の進展と地方中小企業
　　　―長野県上伊那地域における地域外需要獲得中小企業のメカニズム―
　　　…………………………………………………… 大阪商業大学　粂野博行・84
起業無縁社会日本における小規模企業の役割 …………… 東洋大学　安田武彦・97
中小企業における海外からの撤退要因
　　　―海外直接投資を中心に― …… 日本政策金融公庫総合研究所　丹下英明・金子昌弘・109
太田市域における機械産業集積の発展要因に関する分析
　　　―自動車産業の下請関係の役割を踏まえて― 高崎経済大学　河藤佳彦・井上真由美・122

需要搬入企業の変容とサプライチェーン
　　―九州の完成車メーカーの機能再編を中心に― ……………… 兵庫県立大学　西岡　　正・135
東京圏におけるグローバル企業発のスピンオフ・ベンチャー叢生
　　―大手電機メーカーの事例を中心に― ………………………… 駒澤大学　長山宗広・148
イタリア産業集積地の中小製造業の学習と革新
　　―その分析枠組― ………………………………………… 大阪成蹊大学　児山俊行・161
地域中小企業の後継者人材マネジメントの現状と課題の解明に向けた予備的考察
　　―熊本県の中小企業を対象とした探索研究― ………… 熊本学園大学　堀越昌和・174
杜氏の移動にかんする考察
　　―南部杜氏の事例― ……………………………………… 愛知学院大学　関　千里・187

【報告要旨】

東日本大震災復興支援eビジネスモデルの構想
　　―宮城県沿岸部の中小水産・食品加工業の事例をもとに― ……… 宮城大学　藤原正樹・203
"早すぎる登用"問題への２つの対応策
　　―日系中小メーカー中国子会社における比較事例研究― ………… 南山大学　林　尚志・207
海外進出中小企業の国内転換行動と国際分業 …………… 成蹊大学　浜松翔平・211
日本型組織編成原理の発現としての深層現調化
　　―途上国における日系自動車産業によるヒトとサプライヤーの育成―
　　………………………………………………………………… 中央大学　中川洋一郎・215
大田区・工業集積における企業規模階層構成の変化
　　―2014年大田区・悉皆調査を踏まえて― ……………………… 日本大学　小林世治・219
中小企業におけるオープン・イノベーションの展開プロセス
　　……………………………………………………………………… 東洋大学　井上善海・223
中国の中小企業金融の視点から見る村鎮銀行の位置づけ
　　―遼寧省同合村鎮銀行の事例研究を通して―
　　……………… 東京都大田区産業経済部産業振興課（中国江蘇大学海外研究員）　唐　　斌・227
経営者保証ガイドラインと事業承継
　　―適用拡大の課題と可能性― …………………………… 嘉悦大学大学（院）　津島晃一・231
中小食品企業の海外販路開拓 ……………………………… 大阪経済大学　張又心バーバラ・233

編集後記 ………………………………… 論集編集委員長（名城大学）　渡辺俊三・238

Japan Academy of Small Business Studies: 2015 Conference Proceedings

CONTENTS

Preface: TERAOKA, Hiroshi iii

Keynote Session of the 35th JASBS Annual Conference
The Role of Small and Medium-sized Enterprises in Regional Japan: Problems and Opportunities

Utilizing Regional Resources in Value Creation: A Case Study of Tokachi, Hokkaido .... OGAI, Kenji   3

Development of Regional Society and SME Policies in Local Governments: Examining the Case of Osaka .... HONDA, Tetsuo   16

Alternative Mechanisms of Innovation for Regional Industry: The Structure of Small and Medium-sized Textile Enterprises in a Globally Competitive Market .... OTA, Yasuhiro   29

Articles

Quantitative Figures on how "SMEs are the Backbone of Local Employment" and Three Characteristics of Prefectures: Recognizing the Contribution of SMEs to Employment .... UNAKAMI, Yasuo   45

The Significance of Industrial Tourism-based Community Developments in Industrial Agglomerations .... MOMOI, Kensuke   58

What Should Start-ups do to Acquire Customers? An Examination of Practices Before and After Starting a Business .... INOUE, Koji   71

Development of Overseas Production and Local Small and Medium-sized Industry .... KUMENO, Hiroyuki   84

The Role of Micro Business in Japan ⋯⋯⋯⋯⋯⋯⋯⋯⋯ YASUDA, Takehiko 97

What Factors Define the Divestment of SMEs from Foreign Countries?: On Ceasing Direct Investment Measures
⋯⋯⋯⋯⋯⋯⋯⋯⋯⋯⋯⋯⋯⋯ TANGE, Hideaki and KANEKO, Masahiro 109

Analysis of Development Factors of Agglomeration in the Machine Industry in Ota City Area: Examining the Role of Subcontractor Relationships in the Automobile Industry ⋯⋯ KAWATOU, Yoshihiko and INOUE, Mayumi 122

Transforming an Enterprise to Influence Demand in the Supply Chain: Focusing on the Revitalization of Car Manufacturing in Kyushu
⋯⋯⋯⋯⋯⋯⋯⋯⋯⋯⋯⋯⋯⋯⋯⋯⋯⋯⋯⋯⋯⋯ NISHIOKA, Tadashi 135

Start-ups Created by Global Firms in the Tokyo Metropolitan Area: A Case Study of Major Japanese Electronics Firms
⋯⋯⋯⋯⋯⋯⋯⋯⋯⋯⋯⋯⋯⋯⋯⋯⋯⋯⋯ NAGAYAMA, Munehiro 148

The Learning and Innovation of SME's in Italian Industrial Districts: on the Framework for these Analysis ⋯⋯⋯⋯⋯⋯⋯⋯⋯ KOYAMA, Toshiyuki 161

A Preliminary Consideration of the Current Status and Issues Concerning the Enhancement of the Successor in Personnel Management in Community Enterprises: Exploratory Research on SMEs in Kumamoto Prefecture
⋯⋯⋯⋯⋯⋯⋯⋯⋯⋯⋯⋯⋯⋯⋯⋯⋯⋯⋯ HORIKOSHI, Masakazu 174

A Study on Labor Migration: A Case Study of Nanbu-Toji ⋯ SEKI, Chisato 187

Summary of Presentations

The Concept of an e-Business Model for Tohoku Reconstruction Support: A Case Study of SMEs in Miyagi Prefecture ⋯⋯⋯⋯ FUJIWARA, Masaki 203

Two Contrasting Countermeasures for the Problem of "Speedy Promotion":
A Comparative Case Study of Japanese SMEs' Affiliates in China
⋯⋯⋯⋯⋯⋯⋯⋯⋯⋯⋯⋯⋯⋯⋯⋯⋯⋯⋯⋯ HAYASHI, Takashi 207

International Divisions of Labor and Corporate Restructuring of Globally Expanding SMEs ··············· HAMAMATSU, Shohei 211

Deep Localization Revealed in Japanese Organization Principles: Enhancing Personnel and Suppliers to Japanese Automobile Transplants in Developing Countries ··············· NAKAGAWA, Yoichiro 215

Changing Firm-size Structure of Manufacturing Concentration in Ota-ward ··············· KOBAYASHI, Seiji 219

The Development Process of Open Innovation in Small and Medium-sized Enterprises ··············· INOUE, Yoshimi 223

The Positioning of Rural Bank in China's SME Finance: A Case Study of Tonghe Rural Bank in Liaoning Province ··············· TANG, Bin 227

Managers' Personal Guarantee Guidelines and Business Succession: Issues and Possibilities for Expanded Applications ··············· TSUSHIMA, Koichi 231

Export Marketing Strategy of Food Processing SMEs
··············· CHEUNG, Barbara 233

Editor's Note: WATANABE, Toshimitsu ··············· 238

統 一 論 題

地域資源の活用による価値創造の取り組み[注1)]
―北海道・十勝の事例を中心に―

北海学園大学　大貝健二

1．先行研究の整理と課題の設定

　「地域経済の活性化」や「地域の再生」が言われて久しいが，その背景には経済のグローバル化や東京一極集中のさらなる進展といった外在的要因に加え，少子化・高齢化の進展といった内在的要因により，国内需要が縮小してきていることがある。また，北海道に関しては，地域経済の補完的な役割を果たしていた公共事業の長期にわたる縮小も，少なからぬインパクトを与えている。
　地域経済社会の活性化に対して，重要な役割を果たすのは，地域に立脚した中小企業である。しかし，個々の中小企業がパフォーマンスを向上させれば，それが直接的に地域経済社会の活性化につながるわけではない。企業間での連携，ネットワーキングが重要であることは，これまでの中小企業研究において明らかにされてきている（湖中斉・粂野博行，2005，根岸裕孝，2014等）。
　他方で，地域経済社会の活性化を追究してきた分野として，地域経済学がある。地域経済学では，地域経済の活性化や地域再生に向けて，内発的発展論（宮本憲一，1982；1987）が提唱されてきた。内発的発展論は，戦後の地域経済発展の方向性において，企業誘致等の外来型開発の問題点を克服する地域経済・産業のあり方として提起されたものである。言い換えれば，地域の実態に即して，地域の資源や資本，人材等の活用に基づいて，地域産業連関を構築していくことを目指す理念モデルである。近年では内発的発展論を継承し，地域内再投資力論（岡田知弘，2005）のように，地域の経済主体を中心に，地域内での産業連関を構築し，経済主体が繰り返し地域に対して繰り返し再投資する仕組みづくりの必要性が強調されている。
　地域経済，とりわけ農村経済においては，その活性化の具体的方法として，農

業生産物などの地域資源を活用した商品開発やブランド化，付加価値創出を実現する仕組みづくりが注目されている。そのケースとして農商工連携や地産地消などの取り組みが注目されている（関満博・松永桂子，2009，下平尾勲ほか，2009，伊東維，年2012，森川信男・小嶌正稔，2013等）。

　本稿では，これらの先行研究の成果を踏まえ，とりわけ北海道・十勝地域の小麦をめぐる展開に着目し，第1に，地域資源を活用した価値創造は誰が，どのような仕組みで行うのかを検討してみたい。第2に，地域経済の活性化を目指す仕組みとして，地域内で生産から消費までを行うことによって生産を刺激し，さらに関連産業を発展させていくことが重要であるのはもちろんである。それと同時に，地域外の需要を取り込むこと，地域内での連関のみならず，地域外部との交流による相互作用も重要であることを実証的に示してみたい。

2．十勝地域の概要

2．1　十勝地域の位置・自然条件・人口

　最初に十勝地域[注2]の位置について紹介しておこう。十勝地域は，帯広市を中心に1市16町2村で構成されており，人口は34万8,597人である[注3]。地理的には，北海道南東部に位置しており，西は日高山脈，北は石狩山地，東は白糠丘陵，南は太平洋に囲まれている地域である[注4]。夏には気温は30度まで上昇し，冬はマイナス30度まで落ち込む，寒暖の差が激しい地域でもある。また，年間日照時間が2,000時間を超える北海道内では数少ない地域のひとつである。

2．2　十勝地域の主要産業

　十勝地域の主要産業について確認しておこう。十勝地域は，国内最大の大規模畑作地域である。総農家数は6,116で北海道全体の11.9％を占める。また，販売農家数は5,978（同13.6％），基幹的農業従事者数は16,517人（同16.3％）となっている。さらに，販売農家の経営耕地面積は，20万8,877ヘクタール（同22.2％）であり，1農家あたりの経営耕地面積は35.3ヘクタールと，日本国内平均の2.0ヘクタールはもとより，北海道内平均の21.5ヘクタールを大きく上回る[注5]。

　続いて，畑作における農業算出額をみてみよう。十勝地域では，小麦などの麦類，小豆などの雑穀・豆類，いも類，工芸農作物（ビート）の畑作4品目といわ

れる作物を中心に輪作体系を確立している。農業産出額は，麦類で328億円（北海道の農業算出額の42.2％），雑穀・豆類で152億円（同39.0％），いも類で274億円（同39.2％），工芸農作物で315億円（同44.8％）である[注6]。金額でみれば麦類が最も高くなっているが，いずれの作物も北海道内産出額の40％程度を占めていることがわかる。また，十勝の大規模農業生産は，十勝地域の人口ベースでみたときに，「食料自給率1,100％」という数字にも示されている[注7]。

次に，十勝地域の製造業の動向をみてみよう[注8]。工業統計調査（工業地区編）では，帯広地区の製造業事業所数は327であるが，食料品製造業の事業所数が最も多く112事業所（構成比：34.3％），国内製造業の構成比と比較した特化係数[注9]では2.6であり，食料品製造業のウェイトが大きい地域であることが確認できる。同様に従業者数は6,012人（同：56.3％），特化係数は3.8である。さらに特筆すべきは，製造品出荷額等と付加価値額の2つの指標である。製造品出荷額は2,674億8,600万円（同：68.2％），特化係数は8.0，付加価値額は668億800万円（同：59.3％），特化係数は6.2というように，特化係数が事業所数，従業者数よりもはるかに大きくなっている。その理由として，十勝地域内に大規模な製造加工場が存在していることが挙げられる。例えば，畑作に限定してみても，ビートを原料にして砂糖を製造する製糖工場が存在する[注10]ほか，いも類に関しても，十勝地域内にでん粉工場をはじめ複数の加工工場が存在している[注11]。しかし，それらの大規模加工工場のなかには，道外資本の進出によるものも多く，地元企業による生産加工は限定的である。そのため，利潤の多くは地元に残るのではなく，本社に還流してしまうことになる。

2.3　十勝地域の小麦の生産概要

次に，小麦の生産動向についてみておこう。小麦の年間流通量は，600万トン〜650万トン程度である。そのうち，輸入小麦が90％程度を占めている。国産小麦の生産量は60〜90万トン程度と，全体の10％程度に過ぎない。このうち，北海道での小麦生産量は35〜60万トン，十勝地域は13〜23万トンである。国産小麦に占める十勝地域の割合は25％程度であり，国内最大の小麦生産地としての性格を有している。

続いて，北海道での小麦作付面積を確認しておこう（表1）。2014年の北海道全体の作付面積は12万3,400ヘクタールである。北海道内で小麦作付面積が大き

表1　小麦作付面積の推移

単位：ヘクタール

	2000年			2010年			2014年		
	春まき	秋まき	春まき(%)	春まき	秋まき	春まき(%)	春まき	秋まき	春まき(%)
北海道	6,020	97,200	5.8	9,500	106,800	8.9	15,900	107,500	14.8
石狩	814	6,180	11.6	1,680	7,510	22.4	2,130	7,740	27.5
空知	1,730	10,400	14.3	1,560	15,500	10.1	2,730	14,900	18.3
上川	1,980	10,400	16	2,430	9,180	26.5	3,380	10,300	32.8
十勝	2	43,000	0.0	206	45,000	0.5	702	45,400	1.5
網走	954	23,600	3.9	2,610	24,500	10.7	5,280	24,200	21.8

出所：北海道農政事務所『北海道農林水産統計年報』各年版より作成。

いのは、十勝地域のほか、石狩、空知、上川、網走の各地域である。なかでも十勝地域では4万6,102ヘクタール最大規模となっている。作付面積を、秋まき・春まき[注12]別にみると、北海道全体では、春まき小麦の作付面積は1万5,900ヘクタール（14.8％）である。各地域をみれば、石狩のように、春まき小麦作付面積が2,130ヘクタール（同地域作付面積の27.5％）と作付割合が相対的に高い地域もあるが、十勝地域では、わずか702ヘクタール（全体の1.5％）である。つまり、十勝地域の場合は、秋まき小麦が圧倒的大部分を占めているのである。

ところで、小麦は基本的に、秋まきと春まきではその品種・性質が異なる（図1）。秋まき小麦は、うどんなどに用いられる中力粉になる中間質小麦が圧倒的大部分を占めるが、近年ではパン用などに使用される強力粉になる硬質小麦も品種改良によって登場している。他方で、春まき小麦は硬質小麦のみである。十勝地域での小麦作付の特徴は、硬質小麦は微増にあるものの、中間質小麦が大部分を占めていることである。多様な品種を作付するというよりも、特定の品種に集約される傾向にある。

硬質小麦の作付が少ない理由としては、次の3点が考えられる。第1に、主に春まき小麦に関してであるが、十勝地域の気候条件が適さないということがある。十勝地域では春まき小麦の収穫時期である8月中下旬に降雨があることが多い。収穫前の小麦は、雨に打たれると倒伏や穂発芽が生じやすくなるため、敬遠されやすいのである。第2に、農業生産者にとって、硬質小麦を作付するメリットが小さいことがある。例えば収量の面で中間質小麦に劣ることや、病害虫に弱い品種が多くリスクが高いことなどがある。第3に、国内の小麦の流通・検査体系の問題である。国内での小麦の検査体系では混麦は認められていないため、圃

図1　小麦の種類・特性について

原料小麦の種類	硬質小麦	中間質小麦	軟質小麦
グルテンの量	←		→
グルテンの性質	←		→
粒度	←		→
小麦粉の特徴	強力粉	中力粉	薄力粉
主な北海道産小麦品種	ハルユタカ，春よ恋，はるきらり，キタノカオリ，ゆめちから	ホクシン，きたほなみ，	
主な用途	パン，餃子の皮，中華まん，ピザ生地など	うどん，その他の料理	ケーキ，お菓子，天ぷら

出所：盛田淳夫（2014年）『ゆめのちから』ダイヤモンド社，p.58を加工。

場の区別をはじめトラクター，コンバイン，乾燥機等の農業機械の入念な清掃が必要になる。また小麦の品質検査においては，中間質小麦を基準としているため，硬質小麦には不利になることなどがある。そのほか，国産小麦の流通制度との関連では，2000年に民間流通制度に移行するまでは，政府買取価格によって無制限に買い取られていたことがある。つまり生産においては，小麦の品質よりも量を重視していたことになる[注13]。

2.4　小麦の流通経路

また，現在の小麦流通に関しては，農協が大部分を占めていることも指摘しておく必要がある。国産小麦は，生産者から製粉業者や精麦業者に直接届く場合もあるが，大部分は生産者から売渡業務の委託を受けた農協や民間穀物商社を経由する。その後，製粉業者・精麦業者から加工販売業者を経由して消費者のもとへたどり着く。北海道の場合，年間小麦生産量50万トン強のうち，民間穀物商社が取り扱う量はわずか2万トン程度である。十勝地域での小麦流通に関しても同様である。十勝地域には，小麦を取り扱う民間穀物商社は2社存在するが，これら民間穀物商社を経由する小麦量は，生産量20万トン強のうち1万トン程度であり，北海道全体の動向と同様に，圧倒的大部分が農協経由となっている。

これらの小麦がどこで加工，消費されているのかといえば，その多くが十勝港から道外へ移出され，道外で加工，消費されている。主な搬出先は，千葉や神奈

川，茨城等の関東圏をはじめ，愛知，大阪といった大消費地である。つまり，十勝地域で生産された小麦は，地域内で加工，消費される構造にはなっていないのである。十勝地域に製粉工場が存在していなかったことにも起因するが，北海道・十勝は日本国内の原料供給基地としての側面を表しているといえるだろう。

3．価値創造の取り組み事例

十勝地域は，国内最大の畑作地域であり，とりわけ小麦においても生産量は全国最大であることをみてきた。しかし，十勝で生産された小麦のほとんどがそのまま道外移出されており，地元で製粉，加工がなされてはいなかった。しかし，近年，とりわけ2000年代半ば以降，十勝産小麦を地域内で加工する動きが強くなってきている。以下では，地域内中小企業による取り組みを紹介してみたい。

3．1　株式会社満寿屋商店

株式会社満寿屋商店は，1950年に創業した十勝では老舗のパン屋であり，「ますやパン」の愛称で親しまれている。2015年現在で従業員110名，帯広市内4店舗，隣接する音更町と芽室町に各1店舗でパンの製造販売を手がけている。

満寿屋商店が十勝産小麦にこだわることになった契機は，1980年代にさかのぼる。お店にパンを買いに来た農業生産者でもあるお客さんから発せられた，「十勝産の小麦を使用しているか」との問いである。既に述べたように，十勝産小麦はパン用には適さないこと，十勝で収穫された小麦は，ほぼ全量が道外へ移出されているのだが，この農業生産者は，そのことを知らなかったのである。当時は使用している小麦の全量が輸入小麦であったが，ポストハーベストの問題も生じていたことから，安全・安心のパンづくり，顔の見えるパンづくりを目指すために，北海道産小麦，さらには十勝産小麦の使用を開始し，さらには農業生産者に対してもパン用小麦の作付拡大を要求してきた経緯がある。

「お客様と農家さんと私たちが笑顔とよろこびに満ちあふれる小麦王国十勝のパン屋」を企業目標とする同社では，2009年に麦音店を出店している。満寿屋商店では，麦音で初めて十勝産小麦100％でのパンづくりを可能にしている。そのほかにも同店のコンセプトとして，川上から川下まで，小麦の生産から加工，消費の流れを理解できるようにしていることがある。店舗の裏には小さな小麦畑を

確保し，そこにパン用小麦を作付けし，収穫後には店舗の中にある石臼で製粉し，その小麦粉をパンへと加工しているのである。また，小麦の播種，収穫時期には地域の幼稚園児や保育園児とともに作業を行うなどの食育につながる活動を展開しているほか，地元高校生と新商品を共同で開発している。

その後，満寿屋商店では，2012年秋から全6店舗で十勝産小麦100％によるパンづくりを実現しているほか，副資材も十勝産比率を高めていく傾向にある。

3.2　十勝パンを創る会の展開

十勝地域では，地域内のパン職人により，「十勝パンを創る会」が2012年から組織されている。会員数は，正規会員（十勝管内勤務6ヶ月以上）22名，賛助会員（農業生産者や業者）15名である。同会の目的は，十勝産小麦とその他の農産物を生かした統一ブランドとして「十勝パン」を提案していくことである。十勝でしか食べられないパン，十勝でしかつくることができないパン＝十勝パン候補を1年に1つずつ開発し，会員の店舗で販売を行い，5年後に候補の中から十勝パンを決定するというものである。現在までに，「あんぱん」，「チャバタ」，「十勝長いもパン」，「完熟小麦パン」，「ホエーパン」の5つの候補が開発されている。

そのほか，「十勝パンを創る会」では，地域住民に対してのパン製造講習会を開催しているほか，会員間での勉強会も積極的に取り組んでいる。本来ならばラ

表2　十勝パンを創る会の取り組み

日付	内容
2011・12・22	「十勝パンを創る会」設立準備会
2012・01・28	「十勝パンを創る会」発足
2012・02・05	「冬のベーカリーキャンプ」（パン講習会）開催
2012・04・15	十勝パン（「あんぱん」4商品，第1弾「チャバタ」5商品）販売開始
2012・06・12	勉強会開催「十勝産小麦を知ろう」（北海道農業研究研究センター西尾善太氏）
2012・07・19	パン用小麦研修会（JAめむろ主催）に参加，十勝産小麦の意義，課題を議論
2012・11・11	勉強会開催「飲食店側のパンへの認識」を学ぶ
2013・04・26	十勝パン第2弾「十勝長いもを使ったパン」の販売開始
2013・06・23	一般住民向けパン講習会開催（23日音更町，26日芽室町，30日本別町）
2014・02・09	十勝パン候補づくり勉強会「低アミロースのキタノカオリ」を活用した「低アミロの食パン」
2014・03・15	「十勝のすべて2014」：「十勝パンを創る会」活動報告会，パン職人・生産者・製粉会社の討論会
2014・04・21	「低アミロの食パン」→「完熟小麦パン」の販売開始
2014・06・02	製パン従事者による「初種会」を設立
2014・06・18-20	「ベーカリー素材EXPO」出展：パン店が共通の製造方法で地域固有のパンづくりを進める珍しさ
2015・03・28	十勝産小麦セミナー（十勝総合振興局主催）にて「十勝パンを創る会」の取り組み紹介
2015・04・25	十勝パン第4弾「ホエーパン」販売開始

出所：十勝毎日新聞記事。

イバル関係にあるパン屋が協働して，十勝産小麦の価値を創り出そうとしていることに意義があるが，このような動きが出てきたのは，後述するベーカリーキャンプの影響が大きいと思われる（表2）。

3.3　民間穀物商社による製粉工場の建設―アグリシステム株式会社，株式会社山本忠信商店―

　前述のように，十勝地域で生産された小麦を地域内で加工し，新たな価値を創り出すためには，地域内に製粉工場がないという構造的な問題があった。しかし，この問題を乗り越えるべく，十勝地域内に製粉工場を建設した地元中小企業が存在する。

　芽室町の穀物商社であるアグリシステム株式会社は，2009年に道内最大級の石臼式による製粉工場を稼働させている。石臼方式による生産量は，稼働当時は年間3,200トンであるが，最大12,000トンまで引き上げることも可能であるとされている。アグリシステムの製粉工場で製粉される小麦は，アグリシステムの生産者団体である「麦笑の会」が生産したものである。

　音更町の山本忠信商店では，ロール式の製粉工場「十勝夢☆mill」を建設し，2011年から稼働させている。年間の生産量は4,000トンであり，小麦は山本忠信商店の農業生産者団体である「チホク会」の会員によって生産されたものを製粉している。

　このような十勝地域内での製粉工場の建設・稼働の意義について検討してみよう。国内の製粉業界は，大手4社で市場シェアの70％を占める寡占市場を形成しており，新規参入は困難であると言われていた。アグリシステムの製粉方式は，「ふすま」まで用いた全粒粉を軸に製粉を展開しているほか，山本忠信商店は，2007年に「ゆめちから」が優良品種として登録されたことにより，製粉業界への参入の可能性を見いだしている。いずれにせよ，地域内の穀物商社が製粉業界に参入することによって，生産者と消費者の距離を近づけること，地域内で「十勝産小麦」が普及する可能性，十勝産小麦を製粉，加工することによる付加価値を創出する可能性を生み出している。実際に，製粉した小麦粉を需要に応じて実需者や消費者に対して販売しているほか，地粉による製品開発も積極的に展開しているほか，道外への販売ルートの構築も行っている[注14]。

　さらに，消費者に対しての情報発信，販路拡大を目的とした取り組みも積極的

地域資源の活用による価値創造の取り組み　*11*

に展開している。たとえば，山本忠信商店では，「十勝小麦・小麦粉連合」を2011年に組織している。これは，「小麦生産者とレストランや食品加工業者，消費者が直接情報交換をし，お互いを支え合う仕組みを作ろうとする取り組み」であり，十勝地域を中心にした「新しい小麦流通モデル」を構築しようとしているのである[注15]。十勝小麦・小麦粉連合の取り組みの中では，「十勝ボロネーゼ」[注16]や，「十勝イタリアーノマンジャーレ」[注17]などが展開されている。

　このように，製粉工場を建設，稼働したことにより，地域内で小麦の加工，消費の展開が少しずつではあるが始まっている。しかし，小麦の生産に目を向ければ，多品種の小麦作付にはまだ波及していないのが現状であるが，両社の展開は，地域の農業生産者に対して多品種の小麦作付拡大アピールにもなっている。

3.4　実需者，消費者に対する認知度向上に向けた取り組み

　十勝産小麦のさらなる普及を目指した取り組みが，上記の民間穀物商社を中心にして展開されてきている。それらの事例を紹介しよう。

　第1に，2009年から毎年7月に実施されている「ベーカリーキャンプ」（現：小麦キャンプ）である。これは，十勝地域内のパン工房で，パン製造技術者向け講習会によりパン製造スキルを高めるとともに，生産現場への視察を通じて，十勝産小麦への理解を深めていくことを目的としており，毎回100名以上が十勝地域，ないしは北海道内外から参加している。ベーカリーキャンプがスタートした当初は，帯広市食産業振興協議会[注18]が事務局だったが，2013年からは民間主導形式の実行委員会を組織し，名称も「小麦キャンプ」へと変更した[注19]。ベーカリーキャンプでの技能講習は，プロ・セミプロ向けのものであり，一般消費者への情報発信は限定的であった[注20]。そのため，2013年には一般向けPRイベントとして，「世界トーストアートin十勝」を行っている。これは，パン職人や小麦生産農家，デザイナー，大学生が企画したもので，16,500枚のトーストを並べ巨大なモザイク画を作り上げるようとするものである。トーストアートを実施した2013年7月7日には，「小麦キャンプ」実行委員ボランティアや市民約150人が参加し，162.8平方メートルのモザイク画を完成させている[注21]。

　さらに，2014年からは「十勝小麦ヌーヴォー」が行われている。これは，アグリシステム株式会社が主催し，事務局を担っている。同社が取り扱う小麦を9月23日に解禁し，全国約200のパン屋で新物の小麦を使用してパンを焼きそのおい

しさを分かち合おうとするものである。また，アグリシステムの小麦を使用している全国のパン職人を十勝に招いて，十勝産小麦の魅力を伝えるための取り組みも展開している。

興味深いのは，これらの十勝産小麦の魅力を高めることを目的としたイベントを通じて，十勝地域外からもパン職人や消費者が十勝を訪問し，十勝の農業生産者やパン職人と交流を持つなかで，十勝産小麦の魅力を発見，ないしは再確認しているという情報を，ローカル紙[注22]や農業生産者，中小企業者のネットワークを通じて入手しやすいことである[注23]。そうした情報の広がりが，さらに小麦生産や加工，販売，消費に関わる農業生産者や中小企業者の多様な小麦品種の拡大や，十勝産小麦の普及，新たな加工品の開発に向けた意欲をかき発たせることにもつながっている[注24]。このような地域外部との交流による相互作用が，十勝産小麦の生産から消費までの好循環を創り出す刺激となり，また十勝産小麦の認知度をあげることに寄与しているのである。

4．事例の含意と結論

以上のように，十勝地域では，地域の中小企業を中心にして，新たな価値を創造する取り組みがなされてきていることを明らかにしてきた。十勝地域は，国内最大の畑作地帯であり，なかでも小麦の生産量は全国一位である。しかし，十勝地域で生産された小麦のほぼ全量は，小麦のまま道外へ移出されてきた歴史や制度があった。そのため，少数の小麦品種を安定供給する方へ重点が置かれていることに加え，地元で小麦を製粉，加工といった新たな価値の創造やそれを消費するといった価値実現がなされることはほとんどなかった。そのなかで，近年では，地域のパン屋や穀物商社などの地域中小企業の地道な取り組みによって，十勝産小麦を地域内で加工することにより，新たな価値を創り出してきている。

さらに，これらの展開は，単に商品レベルでの価値創造，価値実現にとどまらず，地域内の消費者でもある市民に対して十勝産小麦の魅力，情報を提供することによって，さらなる認知度の向上が実現されてきている。十勝地域内で加工された製品を本州などの地域外への販路開拓により外需拡大をはかるとともに，地域外の実需者や消費者に対して十勝産小麦の認知度を向上させることによって，言い換えれば，地域を巻き込みながら，地域外からの十勝地域への注目度を上げ

ることにより，地域の農業生産者，実需者等への刺激を促す仕組みが構築されつつある。

本稿では，十勝産小麦という地域資源を活用した価値創造の取り組みを捕捉したとはいえ，なぜ十勝地域でこのような取り組みが可能であるのかまでは明らかにできていない。その意味では一個別地域の事例研究にとどまる。また，本研究を地域経済の活性化に援用していくためには，数値的な指標を導入することが不可欠であるが，これらの点に関しては今後の課題としたい。

〈注〉
1　本稿は，大貝健二（2012）をベースに，加筆，修正したものである。
2　本論で取り上げる十勝地域は，十勝総合振興局の所管区域である。
3　『国勢調査』2010年に基づく。
4　面積は10,831km²であり，岐阜県とほぼ等しい。
5　『農業センサス』2010年に基づく。
6　北海道農政事務所『農林水産統計年報』に基づく。なお，この数値は2006年のものである。
7　帯広市「十勝の食卓」ウェブサイトに基づく（http://agricenter-obihiro.jp/food/）（2015年9月5日閲覧）。
8　『工業統計調査（工業地区編）2013年』に基づく。
9　特化係数は，帯広地区の構成比（％）／全国の構成比（％）で算出している。
10　現在，十勝地域には，日本甜菜製糖芽室製糖所，北海道糖業本別製糖所，ホクレン清水製糖工場がある。
11　でん粉工場は，南十勝農産加工農業協同組合連合会，士幌町農業協同組合，東部十勝農産加工農業協同組合連合会がある。そのほか，カルビー工場が帯広市と士幌町に立地している。
12　北海道産小麦には，9月中旬に播種し，翌年の7月下旬に収穫する「秋まき」小麦と，4～5月に播種し8月中下旬に収穫する「春まき」小麦がある。
13　斉藤・木島（2003），pp.155-167。
14　例えば，山本忠信商店では，大手製パンメーカーである敷島製パンへの販売も行っている（出所：盛田（2014））。
15　株式会社山本忠信商店HPを参照。（http://www.yamachu-tokachi.co.jp/wheat-association/charter/）（閲覧日：2015年8月25日）
16　十勝ボロネーゼとは，十勝産小麦100％の生パスタをはじめとして，豚挽肉，マッシュルーム等十勝産100％にこだわったご当地グルメである。提供店は，十勝地域内のレストラン等21店舗である。
17　十勝イタリアーノマンジャーレは，十勝地域で生産される，小麦，牛肉，乳製品，

ワイン，野菜等が十勝のシェフによって手を施された「十勝イタリアン」を，十勝で堪能するイベントである。十勝産の食材の魅力を最大限に引き出すことにより，十勝産食材が認知，注目され，消費拡大を促すことを目的としている。なお，同イベントへの参加者は，十勝地域のみならず広く北海道内からの参加者が多いことも特徴である。

18 帯広市食産業振興協議会は，2007年に設立された任意団体であり，正会員14名（農業生産者や農協，試験研究機関，流通関連企業，製造関連企業等），賛助会員62名で構成されている。事務局は帯広市産業連携室である。

19 民間主導の実行委員会へ移行した後の会長は，（株）満寿屋商店の杉山雅則氏，事務局は（株）山本忠信商店である。

20 十勝毎日新聞記事（2013年3月21日）に基づく。

21 十勝毎日新聞記事（2013年7月7日）に基づく。

22 十勝毎日新聞は，十勝地域の地方紙である。発行部数は，夕刊単独で85,250にのぼる（2015年10月現在）。十勝総合振興局の世帯数は，2010年時点で14万8,155であり，単純にみても，地域内57.5％の世帯で同紙を購読していることになる（十勝毎日新聞HP（http://www.tokachi.co.jp/company/）（2016年1月18日閲覧。）及び国勢調査より。）

23 十勝地域では，帯広商工会議所議員と中小企業家同友会とかち支部の会員の多くが重複しているように，地域内の中核的な企業同士の情報共有や意思疎通は他地域に比べ密であると思われる。同様の指摘は，植田浩史・立見淳哉（2009年）にも見られる。

24 たとえば，はるこまベーカリーは，これらのイベントに関わる中で，十勝産小麦使用比率を60％から100％に引き上げていること，農業生産者に対して十勝産小麦の拡大を求め続けていることなど取り組みを行っている。（株式会社はるこまベーカリー代表取締役栗原民也氏ヒアリングに基づく（2015年10月31日）。

〈参考文献〉
1 伊東維年（2012年）「地産地消と地域活性化」日本評論社
2 植田浩史・立見淳哉編（2009年）『地域産業政策と自治体―大学院発「現場」からの提言』創風社
3 大貝健二（2012年）「地域内経済循環の構築と地域産業振興」『経済地理学年報』第58巻第4号，pp.35-49
4 岡田知弘（2005年）『地域づくりの経済学入門』自治体研究社
5 折原直（2000年）『日本の麦政策―その経緯と展開方向―』農林統計協会
6 湖中斉・粂野博行編（2005年）『多様化する中小企業ネットワーク―事業連携と地域産業の再生―』ナカニシヤ出版
7 今野聖士・飯澤理一郎（2009年）「必要から生まれた江別市の産官学・農商工の連携」『農業と経済』75（1），pp.62-66。
8 斎藤修・木島実編（2003年）『小麦粉製品のフードシステム』農林統計協会

9　下平尾勲，伊東維年，柳井雅也（2009年）『地産地消』日本評論社
10　関満博・松永桂子（2009年）『農商工連携の地域ブランド戦略』新評論
11　玉井邦佳・飯澤理一郎（2002年）「道産小麦の需給動向と需要開拓に関する一考察：北海道中小製粉A製粉（株）を事例として」『北海道大学農經論叢』58号
12　東北産業活性化センター（2009年）『農商工連携のビジネスモデル―次代の地域経済活性化戦略』日本地域社会研究所
13　根岸裕孝（2014年）『中小企業と地域づくり』みやざき文庫
14　宮本憲一（1982年）『現代の都市と農村―地域経済の再生を求めて―』NHK出版
15　宮本憲一（1987年）『環境経済論』岩波書店
16　森川信男・小嶌正稔（2013年）『中小企業の企業連携―中小企業組合における農商工連携と地域活性化―』学文社
17　盛田敦夫（2014年）『ゆめのちから』ダイヤモンド社

（査読受理）

地域社会づくりと自治体中小企業政策
―大阪の事例から―

大阪市立大学　本多哲夫

1．はじめに―問題意識―

　中小企業が地域社会に果たす役割に着目し，自治体がその役割の促進に関わることが自治体中小企業政策の可能性を広げるのではないか。本稿ではこのような問題意識から，大阪の事例にもとづきつつ，自治体中小企業政策の新たな形について考える。

2．自治体中小企業政策と地域社会

　自治体が積極的に中小企業政策を実施していくことの重要性が多くの研究で指摘され，自治体の中小企業政策について取り上げる研究が増えつつある。これらの先行研究の多く（例えば，山本，1977，黒瀬，1982，伊藤，1997，河藤，2008，植田・立見編，2009，川名，2012，本多，2013など）で，地域の自治・生活・文化・安心という地域経済以外の側面，すなわち地域社会の側面にも政策が密接に関っていることが指摘されている。これらの指摘を踏まえると，自治体中小企業政策と地域発展（地域の住民が快適に過ごせる状況をつくり改善すること）との因果関係は，図1のような構図（政策評価研究でいうロジック・モデル）で示される。しかし，先行研究では，自治体中小企業政策を論じる際に，あくまでA（地域経済面）の効果を直接的な目的とする施策が前提とされ，B（地域社会面）の効果はAを狙う施策実施から付随的に生まれてくるという考え方であったといえる。自治体中小企業政策の実態としても，直接的な目的は地域経済振興であり，金融支援，技術支援，経営相談，国際化支援といった施策が主体であった（本多，2013）。
　Aのロジックが重要であることは確かである。しかし，当該地域の経済面と社

図1 自治体中小企業政策と地域発展の因果関係

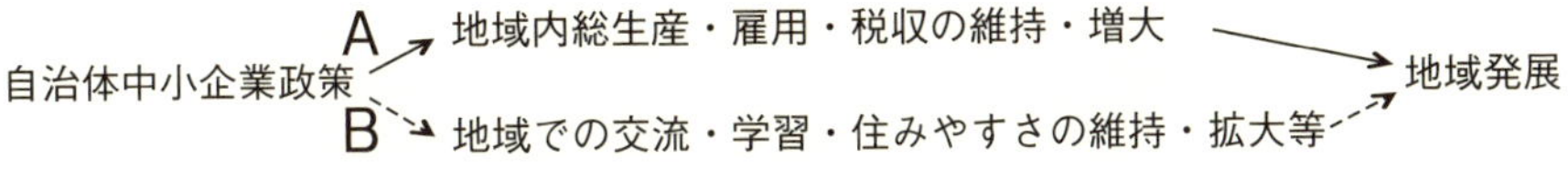

自治体中小企業政策　A→ 地域内総生産・雇用・税収の維持・増大 → 地域発展
　　　　　　　　　　B→ 地域での交流・学習・住みやすさの維持・拡大等 ↗

出所）筆者作成。

会面での発展というミッションを自治体が有していること，さらに，地域コミュニティの衰退など地域社会の疲弊も地域にとって深刻な問題となっていることを考えると，自治体が中小企業政策を行う場合，Bのロジックを直接的に狙う施策を展開していくことも重要な課題になると思われる。この課題の検討はこれまで不十分であったといえる。自治体中小企業政策において地域社会の視点が「含まれる」「重要である」と指摘する先行研究は多いが，中小企業の地域社会への貢献活動を積極的に促進させる自治体政策について検討する研究はほとんどみられない。佐々木（2014）などの商店街の振興に関する研究や高寄（2002）などのコミュニティビジネスの振興についての研究では，地域社会づくりのための自治体中小企業政策が強く意識されている。しかし，これらの研究が取り上げるのは「商店街」という特定の企業群，あるいは，「コミュニティビジネス」「社会的企業」という特定の企業であり，かなり限定された属性の中小企業しか考察の枠内に入っていない。近年，全国の自治体に広まりつつある中小企業振興基本条例では，地域社会に果たす中小企業の役割が強調されている。その意味では，植田（2005）や岡田ほか（2010）などの中小企業振興基本条例についての研究は，一般的な中小企業の地域社会づくりの政策を取り上げているといえる。しかし，中小企業振興基本条例はいわば理念であり，その先の具体的な施策の議論が行われる必要があるが，その議論は不十分である。本稿ではこうした研究上の不足を補うべく，一般的な中小企業の地域社会活動の促進を図るという新たな自治体中小企業政策の可能性と重要性について，中小企業と自治体の実例をもとに具体的に検討する。

3．中小企業の地域社会活動
　　―大阪府内中小企業へのインタビュー調査からの示唆―

3．1　中小企業と地域社会との関わり

個別中小企業の地域社会への貢献活動は，どの程度行われ，そこにはどのよう

な意識や動機があるのであろうか。また，政策的に関与する余地はあるのであろうか。筆者が実施した中小企業へのインタビュー調査にもとづきつつ，これらの点について考えたい。

表1　大阪府内中小企業訪問調査結果（2013年4月〜9月）

No.	企業	立地場所	主な業種	従業者数	資本金	地域社会への貢献活動
1	A社	大阪市東住吉区	旅行業	6人	なし（個人事業）	地元活性化・交流イベント，区政会議への参加等
2	B社	大阪市北区	デザイン業	6人	1000万円	商店街活性化，地域ブランドづくり等
3	C社	豊中市	建築設計・家具製造等	7人	1000万円	学生の就業体験受け入れ，町内会活動等
4	D社	羽曳野市	建築設計・施工等	7人	1000万円	地域交流拠点（カフェ）運営等
5	E社	大阪市西区	建築設計・施工等	10人	2000万円	中学生の就業体験の受け入れ，町内会活動等
6	F社	大阪市中央区	建築デザイン等	10人	460万円	地元交流・活性化の取り組み等
7	G社	大阪市平野区	金属部品製造・加工等	11人	1000万円	学生の就業体験受け入れ，挨拶活動等
8	H社	大阪市福島区	レンタル業・小売業	12人	1000万円	小学生の見学受け入れ等
9	I社	堺市	工具等の卸売	14人	1000万円	学生の就業体験受け入れ等
10	J社	東大阪市	コーヒー製造・販売等	17人	1000万円	学生の就業体験の受け入れ，知的障がいのある学生の就業体験の受け入れ等
11	K社	東大阪市	金属製品製造・加工等	20人	1000万円	地元自治体の委員等
12	L社	東大阪市	金属加工・機械設計製造等	26人	6800万円	学生の就業体験・見学の受け入れ等
13	M社	大阪市西成区	鋼材販売・加工	28人	2000万円	清掃活動，住民親睦会開催，防犯活動，学生の就業体験受け入れ等
14	N社	大阪市福島区	水産物製造・販売等	30人	2000万円	地元交流・活性化イベントの開催等
15	O社	東大阪市	油等の卸売	31人	5300万円	地元交流イベント開催，高校での授業，学生の就業体験の受け入れ等
16	P社	八尾市	金型製造等	35人	6500万円	町内会所属，産学官連携活動等
17	Q社	大阪市北区	医薬品販売等	35人	4500万円	地元の祭りへの参加・寄付等
18	R社	大阪市中央区	飲食店運営・企画	41人	300万円	地元交流イベントの開催等
19	S社	泉南市	紙・包装資材製造販売等	45人	3000万円	清掃活動等
20	T社	大阪市都島区	計測制御装置設計・製造	46人	1000万円	地域の祭り・イベントへの寄付等
21	U社	東大阪市	金属加工・組立	50人	1200万円	学生の就業体験受け入れ等
22	V社	大阪市中央区	土木建築等の設計・計画	58人	5000万円	自治体業務支援，地域情報発信等
23	W社	大阪市鶴見区	金型製造等	74人	1億円	家族見学会等
24	X社	大阪市西成区	介護サービス業	125人	300万円	地元交流拠点の運営，高校での授業，障がい者の職場実習受け入れ等
25	Y社	大阪市西区	金具の卸売等	193人	1億円	町内会活動，地域イベントの協力，学生の就業体験受け入れ等

出所）筆者作成。

筆者は2013年4月5日〜9月18日に大阪府中小企業家同友会（以下，大阪同友会）会員25社に対する訪問聞き取り調査を実施した（大阪同友会副代表理事であり株式会社地域計画建築研究所会長の杉原五郎氏との共同調査）。調査対象は，業種，規模などがなるべく多様になるように選定した。インタビュー調査では，「直面する経営課題」や「公的施策の活用状況」を尋ねるとともに，「地域づくりの取り組み」についても質問した。表1は，この回答をもとに，各企業の地域社会への貢献活動をまとめたものである[注1]。

このインタビュー調査結果で示された次の3つの特徴が示唆的であった。

第1に，中小企業が多様な形で地域社会への貢献活動を行っていたことである。地域との関係づくりを重視している大阪同友会での調査ということもあって

か，ほとんどの企業で地域コミュニティの維持・発展に寄与する何らかの活動が行われていた。その活動内容を大別すると，①地域における学習（地元学生の就業体験や見学の受け入れ等），②地域での交流（お祭りやイベント支援・開催等），③地域の生活環境保全（清掃や防犯活動等），④地域での社会的包摂（障がい者の就業支援等）であった（以下，これらを総称して地域社会活動と呼ぶ）。国民生活金融公庫(現日本政策金融公庫）による「地域貢献に関するアンケート」(2008年実施，回答数3,065社，回答企業の90.5％が従業者数20人未満）の結果では，企業として地域貢献を取り組んでいるという回答は44.6％であり，活動内容としては「文化・環境」(76.8％) や「治安・安全・防災」(45.5％) が多かった（日本政策金融公庫総合研究所，2009）。今回のインタビュー調査では，こうした既存のアンケート調査の選択肢には設定されていないような地域社会活動もみられた。例えば，地域交流のためのカフェ等の開設（D社，X社)，近隣住民約50名を招いてのバーベキュー大会（M社)，子供やお年寄りなど地域住民への挨拶活動（G社）などである。そして，ことさら「地域貢献」や「CSR」と認識せずに地域社会活動を行っているケースもみられた（B社，D社など)。以上の状況を踏まえると，既存のアンケート結果においても地域社会活動に取り組んでいる中小企業がかなりの程度存在していることが示されているが，実態としてはそれ以上に何かしらの地域社会活動に中小企業が取り組んでいる可能性があることが推察される。地域コミュニティの衰退が叫ばれるなかで（中田・山崎編，2010，国土交通省編，2006など)，こうした中小企業の活動はもっと積極的に評価されるべきであろう。

　第2に，地域社会活動に取り組むことに必然性を感じている企業が多いことである。本業において地元住民を顧客とする企業（例えば，A社，C社，D社，E社，X社) では，地域社会への取り組みを行いやすいという側面があるのかもしれない。しかし，インタビュー調査では，本業において地元住民を顧客としない企業でも，意欲的に地域社会活動に取り組んでいた。今回の調査先企業25社のなかでもとりわけ地域社会活動に意欲的に取り組んでいたL社，M社，P社は，金属加工業，鋼材販売業，金型製造業であり，直接，地域住民を顧客とする業態ではない。G社，S社，U社といった製造業者も，同様に，地元住民とはあまり関わりのない業種であるが，地域社会活動を熱心に行っていた。また，地域社会への貢献活動をそれほど積極的に行っていないと回答した企業（H社，Q社）も存在していたが，そうした企業でもあっても，機会があれば地域社会との関わりを深める

ような活動を行いたいと考えていた。何らかの形で地域社会への貢献を維持・拡大させていきたいという思いが，調査先企業のすべてにおいて共通していた。地域社会活動をなぜ行うのか質問したところ，「企業市民として地元を良くしていきたいと思うから」(A社，M社)，「地域に愛着があり，地域になくてはならない会社を目指しているから」(L社，P社，S社)，「経営者も社員も会社のすぐ近くに住んでいるから」(C社，E社，K社)，「地域の繁栄が当社の繁栄につながるから」(D社，V社)という回答が多かった。

　本多（2013）でも論じているように，こうした動機は，「地域への粘着性」，「職住の近接性」，「人間との一体性」という中小企業の性質に起因していると推察される。つまり，企業の規模が小さくなるにつれて，取引の範囲が立地地域を中心に比較的狭い範囲に収まりやすく，立地場所も同じ地域に留まりやすい（地域への粘着性）。また，企業の近隣，あるいは企業と同じ場所に居住するため事業環境と生活環境が同じ地域に重なりやすい（職住の近接性）。経営者や従業員の顔が地域住民から見えやすく，同じ住民として地域から捉えられやすい（人間との一体性）。こうした性質から，地域社会と利害を共にしやすく，地域社会活動に関心を持つ（関心を持たざるを得ない）傾向が備わっていると考えられる。

　第3に，自治体のサポートによって地域社会活動が促進されているケースがみられることである。例えば，N社は近隣の複数の企業と協力して，2ヶ月に一度，地元で朝市を開催し，地域住民の交流・娯楽の場と「食育」の学習の場を提供している。この地域イベントの開催には地元自治体の協力が欠かせないという。情報提供や広報などでの自治体の協力がイベントを支えている。A社やP社でも，地元自治体との協力関係をベースとしながら，地域活性化の取り組みが行われていた。

　以上，一般的な中小企業において，その多くが地域社会活動を行っていること，そうした活動に取り組む意識や意欲が潜在的に備わっていること，行政のサポートによってその取り組みが促進される可能性があることがインタビュー調査から示唆された。

3.2　中小企業の事業活動と社会活動

　上記の調査結果を踏まえると，中小企業の企業活動とその地域への効果には図2に示される構造があると考えられる。この図2は，図1のAとBの効果の源泉について示すものといえる。

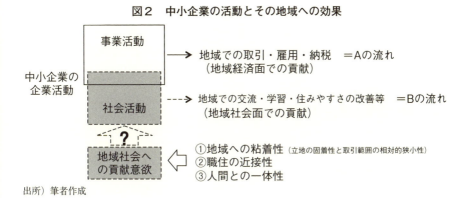

図2 中小企業の活動とその地域への効果

出所）筆者作成

　中小企業の多くは企業活動として「事業活動」だけでなく，「社会活動」を一般的に行っており，それぞれが，「地域での取引・雇用・納税」という地域経済面での貢献（Aの流れ）と，「地域での交流・学習・住みやすさの改善等」という地域社会面での貢献（Bの流れ）を生み出していると考えられる。本業が地域住民を顧客とする企業（例えば，観光業，介護サービス業，建築業など）については，とりわけ，事業活動と（地域）社会活動が重なりやすい。

　規模の大小に関わらず，企業は「社会」活動を実施していると考えられる。しかし，大企業の場合は，その規模にもよるが，もっと広いエリアの「社会」，一国あるいは世界レベルでの「社会」が対象となる傾向にある。他方，中小企業は，上述した①地域への粘着性（立地の固着性と取引範囲の相対的狭小性），②職住の近接性，③人間との一体性という性質をもつため，相対的に狭い範囲での社会への貢献意欲が生まれやすく，社会活動が地域社会活動として具現化しやすい。

　ただし，インタビュー調査結果にもみられたように，いまは地域社会活動を十分に行えていないが，機会があれば取り組んでみたいとする企業が存在している。さらに地域社会活動を拡大させたいと考えているとの回答もあった。このように地域貢献意欲を有しつつも，明示的な地域社会活動を十分に行えていないという企業も多いと考えられる。地域社会づくりに関わろうという意識があったとしても，どのように関わればよいのかわからないという企業も多いのではないだろうか。図2のクエスチョンマークが書かれた矢印は，このように，地域貢献意欲が

自動的に（地域）社会活動に結び付くわけではないことを示している。ここに，同じ地域社会を担う主体である自治体が政策的に関与する余地がある。自治体が積極的に関わることで中小企業による地域社会づくりの活動が促進される可能性がある。近年，大阪市の各区において，これに関する新たな行政の取り組みが生まれ始めている。次節以降，この新たな取り組みとその意義についてみていく。

4．中小企業と自治体による地域社会づくり

4．1　港区WORKS探検団

「大阪・港区WORKS探検団」は，港区の子供たちが地元企業を見学し，働くことについて身近に学ぶというキャリア教育の催しである。きっかけとなったのは，港区役所が地元企業に呼びかけて開催した「港区企業まちづくり交流会」である。港区に立地する企業の社会貢献や地域活動に関する情報交流や意見交換を行うもので，2011年から定期的に開催されている。この交流会での話し合いがもとになって，地元企業が地域貢献活動を意識的に進め，その活動を区役所がサポートするという機運が高まることになった。そして，2012年度に大阪同友会の提案をもとに，「地域と企業の活性化プロジェクト」として港区WORKS探検団が実施されることとなった。

第1回の港区WORKS探検団は2013年2月9日に開催され，小学生37名と保護者17名が参加した。午前中に各班に分かれて地元の企業6社（船舶関連企業，トラック関連企業，通関業，木材関連企業，ホテル業，出版業）を訪問し，午後から訪問先企業で体験したことや発見したことの発表を行った。第2回も同様の形態で2014年2月15日に開催され，子ども19名，保護者9名の参加があった。第3回は探検先企業を8社として，それぞれ企業ごとに参加者を募るという形を実験的に行った。2015年1月24日に開催され，子どもと保護者合わせて22名の参加となった。したがって，これまでに延べ100名以上の子供・親が参加したことになる。このイベントには探検先企業以外に，複数の中小企業がスタッフとして参加している。企業関係者と区役所の職員などが話し合いを重ねながら官民でイベントの企画を練り上げ，当日の作業や進行を協力して担当している。また，地元大学生もサポートスタッフとして参加している。

第2回や第3回は，他の地元イベントと日程が重なったことや，実験的に訪問

先企業ごとに参加人数の上限を設けるなどの試みを行ったことから，全体の参加人数が減少しているものの，参加者の満足度はかなり高い。参加者へのアンケートを第1回と第3回の開催時に実施したが，いずれも，「よかった」の回答が100％，「悪かった」が0％であった。

参加企業にこのイベントの感想を聞いてみたところ，次のような意見が聞かれた。「社員も積極的に参加し，社内が活性化した。港区を支える中小企業としての誇りとやる気が生まれた」（トラック関連企業），「自社や自社の業種を知ってもらう良い機会になった」（通関業），「当社の特徴をどのようにすればわかりやすく伝えられるのか，勉強になった」（防犯関連用品販売業）。また，港区役所の職員たちからは「中小企業と協力してイベントを企画するなかで行政だけでは生まれない新しいアイデア，活気ある雰囲気が生まれた」，「地元の企業，技術，産業の実態について深く知ることができた」といった感想が聞かれた。

4.2 大正ものづくりフェスタ

大正区では「大正ものづくりフェスタ」というイベントを2013年度から開催し始めた。このイベントは，区役所，地元中小製造業，地元高校などが連携し，ものづくりの楽しさや魅力について地元の子供たちなど区民に知ってもらうというイベントである。大正区役所4階の区民ホールや区役所前の駐車場を利用して，計測実験やワイヤーロープづくりなどの体験ブース，段ボールアートなどの実演・展示ブースが複数設けられ，企業セミナー，地元高校生によるバンド演奏，書道パフォーマンスなどが行われている。このため，お祭りのような活気あふれるイベントとなっている。第1回のものづくりフェスタは2013年11月2日に開催し約700名が来場した。第2回は2014年9月6日に開催し約800の来場者数であった。参加企業はいずれも約25社であった。来場者の満足度は高く，来場者アンケートで「満足」と回答した割合は第1回では70.4％，第2回では85.5％にのぼっている。「不満」の回答割合は第1回ではわずか6.6％，第2回では0％であった。

このイベントはものづくりの地元住民へのPRの場であると同時に，ものづくりをテーマにした地元住民の交流・学習の場であるといえる。本イベントは個々の企業PRではなく，大正区のものづくりの素晴らしさを伝えるため，参加企業がチームを組みイベントを作り上げる過程のなかで，参加企業同士の交流，さらには，企業と行政，企業と学生の交流も促進されている。参加企業同士の交流が

深まり，取引に結び付くケースもみられ始めている。また，地元高校の学生がこのイベントを手伝ったことをきっかけに，参加企業の地元中小企業に興味を持ち，その企業に就職するに至った。大正区役所では，ものづくりフェスタのほか，区民向けの地元中小企業の見学会の開催，学生向けのインターンシップの実施も手がけ，様々な形で中小企業の地域社会活動を引き出そうとしている。

4.3 その他の事例

平野区と東住吉区では，2005年から合同で「産業交流フェア」を毎年開催している。地元の中小企業の主導で企画・開催され，区役所をはじめとした地元の公的機関がサポートを行っている。地元企業数十社が出展しているが，単なる企業展示・交流会ではなく，体験ブースや食べ物屋のブースも多く，学校や住民による出し物（演奏，合唱，ダンスなど）もある。様々な年齢層の地域住民が参加し，2日間の開催で3000名を超える来場者が訪れる活気のあるイベントとなっている。東成区では2011年から「わが町工場見てみ隊」という子供たちとその親たちが地元の工場見学をするというイベントが定期的に開催されている。区をベースとしたキャリア教育イベントであり，地元の子供たち，大人たちにものづくりの現場を理解してもらい，住工共存を図る取り組みである。生野区では，区役所が地元中小製造業者を紹介するイラスト冊子「ものづくり百景」を2014年に作成して，その冊子をウェブで公開し，話題を呼んでいる。今後，生野区役所では，ものづくり百景で紹介された企業を中心に生野区での企業交流会を開催し，地域活性化の活動に共に取り組んでいこうとしている。このほか，東成区・生野区では地元の経済団体，金融機関，区役所と連携して「東成・生野モノづくりフェスタ（モノづくりフェスタ in 生野・東成）」というイベントを2005年から開催してきた。西淀川区役所が2007年に区役所で初めて工業活性化担当を設置し，「西淀川区工業活性化研究会」や「西淀川ものづくりまつり」を立ち上げてきたことも有名である[注2]。

5．自治体中小企業政策の新たな視点

以上のように，大阪市の各区で，中小企業と自治体の連携による地域社会活動が広がりつつある。上記の事例をみると，自治体と中小企業の連携の形や方法は

一様ではなく,自治体が主導するケースもあれば,中小企業が主導するケースもある。いずれにしても,自治体が触媒となって,中小企業の地域貢献意欲を具体的な地域社会づくりの活動へとつなげている。図2のクエスチョンマークの矢印の流れを自治体が後押ししているのである。そして,図1,図2で示したBの流れを直接的につくろうとしている。その意味で,これまでの自治体政策にあまりみられなかった中小企業の地域社会活動の支援という視点が現実に生まれつつあるといえる[注3]。そして,この大阪市の取り組みは,次のような注目すべき特徴を生み出している。

第1に,商工部局ではない部局が行政側の主体となっている。これまで中小企業に関することは,商工部局で中心的に扱ってきた。大阪市でいえば経済戦略局である。しかし,上記の各区の中小企業の連携先は,区役所が主体になっている。区役所の運営支援は大阪市では経済戦略局ではなく市民局が担当している。区役所ではこれまで窓口業務でカウンター越しに中小企業と接することはあっても,中小企業の現場に出向き,連携して地域社会づくりの取り組みを行うことはほとんどなかった。したがって,区役所が中小企業と深い関わりを持ち始めていることは,新しい動きであり興味深い。従来,中小企業の「地域経済」への貢献に目が向けられていたため,自治体では商工部局が中小企業に関わる部署として当然と考えられてきた。しかし,中小企業は「地域社会」にも貢献する主体であり企業市民であることを考えると,商工部局だけでなく,区役所,市民局などの他部局も中小企業と関わることはむしろ自然な形なのかもしれない。中小企業政策は1つの部局に捉われず,部局横断的に行われるべきことを示唆する事例といえる。

第2に,中小企業と行政が互いに協力者という対等な関係になっている。商工部局が中小企業と関わるときには,「支援する側」と「支援される側」という関係性がそこにはある。しかし,上記の事例では,区役所と中小企業が協力・連携して,地元住民や地域コミュニティに何かプラスになることをしようと行動している。ここでは,「支援する側」と「支援される側」の関係性はなく,お互いが地域のために何ができるのかを考える対等な立場である。これは,自治体が中小企業の実態を理解するうえで,また,中小企業が行政の実態を理解するうえで重要な関係といえる。こうした対等な立場をもとに,互いの考え,悩み,置かれている状況に対する相互理解が進んでいた。

第3に,中小企業の事業活動の活性化にもつながっている点である。上記の各

区の取り組みは，参加企業が自社を活性化するツールにもなっていた。地元の住民，学生，区役所職員と接して，自社の事業について説明したり，質問に答えているうちに，自社の特徴や魅力の再発見につながる，という効果が生まれていた。経営者や従業員のやる気や誇りが高まる，自社の評判や認知度が向上する，といった効果もあった。これは，企業内部の経営資源の質的向上と量的拡大をもたらす効果といえる。「人」（経営者や従業員）という経営資源が，仕事へのやる気や誇りを持つこと，コミュニケーション能力やプレゼンテーション能力が高まることで，質的に向上している。また，「信頼」，「評判」，「情報」，「関係性」という経営資源が拡大したとも解釈できる。港区WORKS探検団が「地域と企業の活性化プロジェクト」と銘打っているのは，こうした中小企業サイドの活性化も意識しているからである。したがって，区役所が中小企業の地域社会活動をサポートするということは，自治体による中小企業の事業活動支援の新たな形と捉えることができる。図2でいうと，自治体が社会活動を支援することによって，事業活動が促進されるという流れがみられるのである。事業活動支援から派生的・付随的に社会活動が生まれるという従来の発想とは逆の流れが起きているといえる。

　これまで，中小企業政策は経営や産業に通じた「プロ」が行うもの，商工部局が担当するもの，という常識があった。しかし，実は「素人」であっても（企業経営について専門的な知識がなくても），中小企業と地域社会づくりのための協働の取り組みを行うことで，中小企業支援ができていることを，この事例は示している。これは，普段，市民と身近に接し，市民からの信用を得ている自治体職員だからこそ携わることができる，新たな中小企業支援の形といえる。

　以上のように，大阪市の各区における中小企業と区役所の協働の取り組みは，中小企業の地域社会活動を促進させるという効果に加えて，部局横断的な中小企業政策の進展，中小企業の実態把握の促進，行政に対する理解の向上，中小企業の事業活動の活性化といった様々な効果を創出している。しかも，これは大阪市のみにとどまらないモデルであると考えられる。政令指定都市ではない（区役所がない）自治体であっても，福祉，教育，市民協働などの部局で中小企業との協力・連携による地域社会活動が生み出される可能性は高い。「地域経済の低迷」とともに「地域社会の疲弊」（つながりやきずなの希薄化など）はあらゆる自治体に共通した課題である。そのいずれにも中小企業は深く関わっている。この点を考えても，他の自治体において大阪市でみられたような中小企業の地域社会活

動支援 (中小企業との連携活動) が展開されることが想定されうる。

6. おわりに―意義と課題―

　自治体中小企業政策は中小企業の事業活動を支援する自治体政策と捉えられがちである。しかし，中小企業と地域発展の関係を踏まえると，「中小企業の社会活動を自治体がサポートすること」も自治体中小企業政策 (いわば広義の自治体中小企業政策) といえる。本稿では，従来の研究ではあまり取り上げられることのなかったこの点に着目し，一般的な中小企業における地域での社会活動に関する自治体政策について，具体的な事例をもとにその実行可能性を示した。また，本稿では，自治体による中小企業の社会活動のサポートが中小企業の事業活動の活性化など多面的な効果をもたらすことも考察した。そして，ビジネスに精通していない自治体職員であっても，中小企業の事業活動支援 (いわば狭義の自治体中小企業政策) を行うことができることを示した。以上のように，本稿では，自治体が中小企業の地域社会活動を促進するという新たな政策の可能性と重要性を実証的に示し，自治体中小企業政策の理解の深化にいくばくかの貢献を果たしたと考える。

　しかし，中小企業の地域社会活動支援がどの程度，地域発展という政策効果をもたらすのかという分析は本稿では行われていない。また，どの程度，自治体としてこうした取り組みに関わるべきなのかについての分析も不十分である。認定制度 (横浜型地域貢献企業支援事業など) や表彰 (東大阪市CSR経営表彰など) といった他の施策事例との比較分析も必要である。これらは今後の研究課題としたい。

〈注〉
1　インタビュー調査の全体の結果概要については，2013年10月28日大阪同友会憲章政策本部オープンセミナー資料「中小企業訪問調査から見えてきたこと」に掲載されている。
2　製造業の集積が比較的厚いといわれる西部臨海部地域 (港区，大正区，西淀川区など) と東部地域 (生野区，東成区，平野区など) で，こうした区役所の取り組みが早くから着手される傾向にある。区役所の積極的な取り組みは，2007年3月に大阪市「区政改革基本方針」が策定され，区役所の予算と権限の移譲が進められたことによって促進された。とくに「ものづくり」関連での区役所の独自の取り組みが進められた背景には，大阪市経済局「大阪市ものづくり再生プラン (第2ステージ)」が2007年3

月に策定され，その策定の議論のなかで区役所の重要性が指摘されたことも影響していたと考えられる。

3 一般的な中小企業の地域社会活動を自治体が支援する動きは，大阪市だけにみられるものではなく，近年，他の自治体においてもいくつかの施策事例がみられる。例えば，横浜市では2007年度から「横浜型地域貢献企業支援事業」という地域貢献企業の認定制度を始めている（影山，2009）。また，東大阪市でも2012年度から企業の地域貢献を表彰する「東大阪市 CSR 経営表彰」，2013年度から近隣住民を対象とするイベント等を補助する「住工共生コミュニティ活動支援補助金」を立ち上げている。

〈参考文献〉
1 本多哲夫（2013年）『大都市自治体と中小企業政策―大阪市にみる政策の実態と構造―』同友館
2 伊藤正昭（1997年）『地域産業論』学文社
3 影山摩子弥（2009年）『地域 CSR が日本を救う―地域を愛し地域に愛される企業をめざして―』敬文堂
4 川名和美（2012年）「地方自治体の産業振興ビジョンと中小企業―広島県を事例として―」日本中小企業学会編『中小企業のイノベーション（日本中小企業学会論集31）』同友館，pp.230-242
5 河藤佳彦（2008年）『地域産業政策の新展開―地域経済の自立と再生に向けて―』文眞堂
6 国土交通省編（2006年）『国土交通白書2006（平成17年度年次報告）』。
7 黒瀬直宏（1982年3月）「地域視点に立つ中小企業政策の展開（上）」『地域金融』第12巻第3号，pp.15-25
8 中田実・山崎丈夫編（2010年）『地域コミュニティ最前線』自治体研究社
9 日本政策金融公庫総合研究所（2009年）『地域貢献のすすめ―小企業による地域貢献活動の実態―』中小企業リサーチセンター
10 岡田知弘ほか（2010年）『中小企業振興条例で地域をつくる―地域内再投資力と自治体政策―』自治体研究社
11 佐々木保幸（2014年4月）「自治体の地域商業振興政策と地域の再生」『中小商工業研究』第119号，pp.47-56
12 高寄昇三（2002年）『コミュニティビジネスと自治体活性化』学陽書房
13 植田浩史（2005年12月）「地方自治体と中小企業振興―八尾市における中小企業地域経済振興基本条例と振興策の展開―」『企業環境研究年報』第10号，pp.53-68
14 植田浩史・立見淳哉編（2009年）『地域産業政策と自治体―大学院発「現場」からの提言―』創風社
15 山本順一（1977年）「地方自治と中小企業」加藤誠一・水野武・小林靖雄編『経済政策と中小企業―現代・中小企業基礎講座2―』同友館，pp.233-264

(査読受理)

地域産業の存続・発展メカニズムの転換
―グローバル競争下で活発化する中小繊維企業の市場創造―

徳山大学　大田康博

1　序論

　本稿では，事例研究を通じて次のことを明らかにする。それは，日本の各産地が縮小するなか，移出企業による市場創造志向の協働を産地の枠を超えて組織することが産地の存続・発展に有効な手段の一つになったということである。なお，対象事例は，衣料用の繊維素材（織物・編物）の産地であり，最終製品（衣服，雑貨など）の産地は，対象外とする。

　繊維を含め，いわゆる成熟産業では，後発工業国企業が品質・納期面での競争力を高めており，多くの先発工業国企業では，製品単価引き上げによる収益性向上が重要課題となっている。製品単価の引き上げに有効なのが，市場適応志向から市場創造志向への転換である。市場適応志向とは，市場創造志向の企業のうち既に高い市場地位にある企業に追随することである。一方，市場創造志向とは，製品の企画・開発や販売を通じて製品価値を創造しようとすることである。需要の形成から減衰に至る市場過程において，市場創造志向の企業群は需要の形成・成長期を，市場適応志向の企業群は需要の成長・成熟期を主な活動の段階とする。

　産地の製品の企画・開発や販売において中心的な役割を果たしているのが，移出企業（産地外部の顧客に製品を販売する卸売商や生産者）である。移出企業は，単独で，または水平的な協働により，製品の販売を行う。本稿では，移出企業の水平的協働による新製品の販売（展示会への出展）に焦点を当て，それを支援する組織（展示会運営組織など）の活動も必要に応じて取り上げる。

　近年の繊維産地を対象とする研究は，第一に，個々の移出企業における企画・開発活動（顧客への様々な提案，自社ブランド製品の開発）の開始や，事業領域の垂直的拡張（最終製品化や小売段階への進出）に注目してきた（中小企業研究

センター，2003)。こうした研究では，それらの活動を開始した事実は指摘されるものの，それが製品価値を有効に創造するかどうかはほとんど検討されなかった。また，企業行動の異質性・多様性が強調される一方，水平的協働への関心は希薄であった。

第二に，複数の移出企業や産業支援組織（産地組合，公設試験場など）の協働による産地製品のブランド化を検討した研究が存在する。例えば，富士吉田産地を対象とした小俣秀雄（2013）は，移出企業による水平的協働の諸次元（購入，製品開発，マーケティング）を捉えている点で重要だが，展示会の実態など，販売における水平的協働の詳細については，明らかにされていない。

第三に，複数の移出企業が一定期間，特定の場所で製品の情報発信や販売を行う展示会への関心が高まりつつある。特定の繊維産地が開催する展示会の研究は乏しいが，複数の産地の企業が出展する展示会に関しては，木野龍太郎（2013）が「こだわりの布」における協働の背景や実態を丁寧に紹介した。また，国際展示会に関しては，Bathelt, Golfetto, & Rinallo（2014）が，グローバル化する知識経済において，産地の枠を超えた企業間の連携を促進する「Temporary Cluster」（展示会など）の役割が増すことを指摘した。いずれも複数産地の移出企業による展示会の研究として貴重だが，木野の調査は研究史との関連が不明確である。

さらに，以上の3種類の研究には，市場創造・適応という視点を導入していないという共通の問題がある。そのため，これらの研究では，市場適応志向から市場創造志向への転換に伴い，移出企業がどのような課題に直面し，その課題を解決するためにどのような水平的協働を必要としているのかが，明確でない。

以下，2では，市場創造・適応志向の競争・協調行動の特徴を整理する。3では，繊維産業を事例に，移出企業の競争・協調行動と水平的協働（特に展示会）の変化について明らかにする。最後に，発見事実と研究史との関連について述べ，地域の枠を超えた市場創造志向の水平的協働の意義を確認する。

2　市場創造志向の競争・協調行動

2.1　市場過程と企業行動

市場過程の視点からみれば，企業の競争・協調行動は，市場創造志向と市場適

応志向に区分できる。市場創造志向の企業は，新製品の企画・開発や販売を通じ，需要の創造を主導する。これに対して，市場適応志向の企業は，既に高い市場地位にある市場創造志向の企業に追随し，拡大しつつある市場機会の一部を自らのものにしようとする。

市場創造と市場適応は対極的な行動であるが，実際には，一企業においても，製品やブランドによって市場創造志向の強さは異なっている。したがって，ある企業が市場創造または市場適応のいずれか一方のみを追求しているとは限らない。また，市場創造と市場適応のいずれか一方が他方よりも企業や産地の存続・発展にとって常に有効なわけではなく，企業や産地のおかれている状況により，それぞれの有効性が変わってくる。産業が成長段階にある場合や，後発工業国の企業や先発工業国の大規模小売業の場合は，市場適応によって一定の事業成果をあげうる。しかし，需要の量的拡大が期待できない成熟産業では，先発工業国の中小企業が市場適応により収益や利益の安定を実現することは，極めて困難である。

市場適応志向から市場創造志向への転換を主導する産地企業は，既存の移出企業，または新たに移出に取り組む企業である。移出を担う卸売商や生産者は，単独，または顧客や同業者と共同で，製品の企画・開発や産地外部の顧客への販売を行い，外注先などに市場機会を提供する役割を果たしているからである。

なお，製品の企画・開発・販売を他社に先駆けて行うか，先行する他社に追随するか，という問題に関しては，Lieberman, M. B., & Montgomery, D. B. (1988, 1998) の先行者優位・劣位の議論や，コトラー (2001) の市場地位別のマーケティング戦略論が，重要な理論や分析枠組みを提示している。しかし，本稿の議論は，新たな技術・市場の形成期ではなく，基本的な製品デザインが確立され，一定の消費市場が存在する状況を想定している点で，先行者優位・劣位の議論と異なる。また，「リーダー」，「チャレンジャー」，「ニッチャー」，「フォロワー」といったコトラーの視点と違い，本稿は，特定の企業が市場において突出した影響力をもたず，市場創造志向の企業が複数存在し，その企業群にある程度共通する競争・協調行動のパターンがみられる状況を想定している。

2.2 市場適応から市場創造へ

続いて，市場創造志向の企業と市場適応志向の企業には競争・協調行動のパ

ターンにどのような相違があり，その相違がなぜ生じるのかを確認しよう。

市場創造志向と市場適応志向とを区別する要因として重要なのは，需要の不確実性に対する企業の姿勢の違いである。市場創造志向の企業は，製品価値の創造に能動的に関与することで，需要の不確実性に対応しようとする。一方，市場適応志向の企業は，既に市場地位の高い企業の製品や大きな需要が顕在化した製品を模倣またはアレンジすることで，需要の不確実性の問題を回避しようとする。

市場適応志向の企業と比べると，市場創造志向の企業の競争・協調行動パターンには，次の特徴がある。第一に，製品の企画・開発から販売に至るまでの活動の先行性である。すなわち，市場創造志向の企業は，他社に先駆けて製品の企画・開発に着手する。それは，彼らが，投資回収の長期化や，市場適応志向の企業による模倣や学習の脅威に直面することを意味している。第二に，解釈的プロセスの重要性である。解釈的プロセスとは，「対話」を通じて製品・消費の新たな意味や言語を創造し，それを体現した製品を開発し，その価値を顧客に受容させ，販売するまでの過程で，企業と利害関係者が行う相互作用である。そこでの調査，議論などは探索的であり，原材料調達，設備投資，人材確保・育成，広報や販売などに投じた資金の回収は，甚だ不確実である（レスター，R. K.＝ピオーリ，M. J., 2006；大田康博，2015）。

中小企業が単独で効果的な市場創造を行うことは，容易ではない。しかし，中小企業が大企業にない資源をもっている可能性はあるし，展示会への出展のような水平的協働により市場機会を豊かにできる可能性もある。ただし，中小企業による資源活用や水平的協働は効果的に行われなければならない。その有効性を吟味するには，上述した市場創造志向の競争・協調行動のパターンを理解しておく必要がある。

次章では，繊維産業における中小企業の出展活動と展示会の事例を検討し，有効な水平的協働の変化を明らかにする。調査では，対象産業・企業に関する文書資料の検討，半構造化インタビュー[注1]，展示会場での観察を併用した。

3 繊維産業の事例研究

3.1 繊維産業における水平的協働

日本の中小繊維企業は，同業者組織を形成し，産地や国の単位で様々な水平的

協働を行ってきた。近代化の初期段階では，欧米の製品・生産技術導入による製品品質や生産性の向上，粗製濫造防止のための品質検査，製品の品質保証と差別化を目的とする商標付与などを実施した。また，産地企業の技術向上や産地製品の販売促進のため，品評会（販売活動なし）や展示会（販売活動あり）を開催した。そして，不況期には，カルテルなどにより，生産・販売を統制した（由井常彦，1964）。しかし，これらの水平的協働は，多くの場合，グローバル競争下での市場創造を目的とするものではなかったし，当時はそうである必要もなかった。

繊維産業における主な移出企業は，製品の企画・販売に事業を特化した卸売商（いわゆる「産地問屋」，「産元商社」），あるいは企画・販売に加え織布・編立も自社で行い，必要に応じて他の工程を外注する企業（いわゆる「親機」など）である。このほか，近年では，織布，編立，染色加工などを受託してきた企業の中からも，糸や生地を自ら仕入れて企画・生産・販売する企業が現れている。そして，これらの移出企業の主な顧客は，衣料向けの生地の場合，アパレル企業の生地バイヤーや大都市の生地問屋（集散地問屋）である。

移出企業を水平的に組織する主な外部組織としては，同業者組織（産地問屋や織布・編立企業の組合など）や地域産業支援組織（地場産業振興センターなど）がある。同業者組織の地域組織と全国組織（連合会）は，素材別（綿・合繊短繊維，絹・合繊長繊維，毛など）・製法別（織物または編物）に編成されている。同じ素材・製法でも，各産地の製品は異なっており，例えば，日本綿スフ織物工業組合連合会傘下の企業数上位3組合（全24組合中）の品目は，播州（兵庫，企業数164）が「ギンガム・ドビークロス・サッカー等先染織物」，天龍社（静岡，同87）が「別珍・コール天・綿織物」，泉州（大阪，同83）が「綿・スフ・合繊織物全般・小巾白木綿・包帯ガーゼ」である[注2]。そして，こうした同業者組織や地域産業支援組織は，別々に産業振興策を実施することが多く，それは，次に述べる展示会についても例外ではなかった。

3.2 産地単位の展示会の限界

産地企業が参加する展示会には，出展者とは独立した組織（地域産業支援組織，展示会運営組織など）が運営するものと，出展者自らが運営するものとがある。大規模な展示会は前者の形態が一般的であり，小規模な展示会にはいずれの形態のものもある。

市場創造の効果的な支援という観点からみれば，産地単位の展示会には，次の点で限界があった。第一に，出展者が少なく，展示内容が限定されていることである。特定産地の企業による展示会の展示品は，その産地が特化した素材・製法の製品が中心となる。しかし，顧客の多くは，特定の素材・製法の素材だけを必要としているわけではない。多様な製品を産出する地域も中にはあるが，その製品構成が顧客にとって魅力的とは限らない。そして，産地の縮小とともに出展者は減少し，出展内容はさらに限定されていった。

第二に，出展者にとって自社の重要情報を開示することのメリットが乏しく，来場者との「対話」（レスター，R. K. =ピオーリ，M. J., 2006, pp. 67-95）が円滑に行われなかった。市場適応志向の企業とともに出展すると，市場創造志向の企業は，同種の商品を扱う市場適応志向の出展者に，開発製品を模倣される可能性があった。そのような状況が生まれやすいのは，同種の製品を手がける企業が集う産地の展示会であった。また，展示会運営組織は，市場創造への関心が乏しく，入場者を生地バイヤーなどに限定しなかったので，不特定多数の人々の入場を許した。しかも，開放的なブースを採用したので，誰もが展示品を自由に手に取り，その素材や製法を確認できた（大田康博，2015）。

第三に，展示会としての情報発信や商談の環境整備が，適切ではなかった。出展者や顧客のほとんどは市場適応志向だったので，開催時期が遅かった。また，展示会全体を貫く魅力的なトレンド情報を来場者に対して発信せず，会場の情報インフラには出展者探索の利便性への配慮が乏しかった。そして，多くの場合，各ブースにはテーブルや椅子がなく，出展者とバイヤーとが落ち着いて商談を行うことはできなかった。

以上を踏まえると，従来の産地の展示会の多くは，市場創造志向の繊維企業と顧客が出会い，市場創造に向けた商談を行う場として望ましいものではなかったといえよう。欧米の高級ブランドのデザイナーや生地バイヤーのような市場創造志向の顧客にとっては，開催時期，出展内容・形式などの点で魅力に乏しかった（上記第一・第三の問題）。また，第二・第三の問題から，市場創造志向の出展者は，こうした展示会への出品に消極的であり，仮に出展しても重要な開発製品や製造技術を展示することは控えた。

このような問題は，バブル崩壊前のように，多くの繊維企業が，国内の顧客を対象として市場適応による存続・発展に努力していた時期には，顕在化しなかっ

た。当時は，欧米の有力なブランド企業などに追随する顧客が多く，彼らの品質・価格・納期要求を満たす素材を提供していれば，多くの繊維企業が存続・発展できたからである。

3.3　市場創造志向の展示会

バブル崩壊以降，国産素材の主要ユーザーであった国内の顧客は，安価な後発工業国製衣料品に日本市場を侵食され，自らも後発工業国製生地・衣料品への依存を大幅に高めた。そのため，繊維事業での存続・発展を目指す中小企業では，国内外の市場創造志向の顧客を開拓する必要が生じた（大田康博，2012）。

市場創造志向の繊維企業にとって重要な顧客の一つは，欧米の有力ブランド企業である。彼らは既に市場地位が高く，最終製品（衣服）の単価も高水準であり，多額の資金を素材調達に投入できる。また，世界各国に販売網を築いているので，大量に販売される最終製品の素材として採用されると，繊維企業は，高い収益性に加え，多くの収益も期待できる。さらに，有力企業は，信用面の安全性が高い。

ただし，繊維企業が欧米の有力ブランド企業への販売を実現するには，市場創造志向の企業の間で支配的な制度的条件に対応する必要がある。第一に，早い時期に製品企画・開発および個別営業を行わなければならない。例えば，市場創造志向の繊維企業は，対象シーズンの1年半前には，新製品の開発に向け重要顧客と連絡を取り始める。また，多くの企業は，対象シーズンの約1年前に開催される欧米の国際展示会（例：Première Vision Fabrics: PVF）に出品する（大田康博，2015）[注3]。

第二に，解釈的プロセスへの参加である。市場創造の過程では，繊維企業は，国内外の顧客や展示会運営組織との間で，製品や消費に関する意味・言語を創造し，製品のアイデアを得るための「対話」を継続しなければならない。しかし，そのために投下する資金の回収は不確実である。また，国際マーケティングを行う繊維企業に至っては，自ら，またはエージェントを確保して，顧客との関係を形成・維持しなければならない（大田康博，2015）。

第三に，展示会場でサンプルを用いた商談ができるよう準備する必要がある。自社の技術力などを示すだけの参考資料としてサンプルを作るのではなく，その価格（仕様変更に伴う価格調整ルールを含め），品質，納期などを展示会場で顧客に回答できなければならない。また，受注生産を想定する企業でも，一定量を

見込生産し，衣服の試作に必要な分量の生地を素早く供給できることが期待されている。自主企画品の場合は，品種を絞り込み「ストック・サービス」（見込みの量産）を行う企業が多い。これは，産地企業が，開発製品の市場性の見極めや運転資金の確保をしなければならないことを意味する。

3.4　出展者の構成と展示会の形式

　従来，日本では，市場創造志向の企業は少数派であり，彼らの活動を有効に支援する展示会もほとんど存在しなかった。しかし，バブル崩壊以降，市場創造を効果的に支援する欧米の展示会に出展する中小企業が増えつつある。また，産業支援組織が全国的な展示会を創設したり，中小企業が自ら新しい展示会を発足させたりしている。

　近年，日本の中小繊維企業が積極的に参加している国際展示会がPVFとMilano Unica（MU）である。これらは，特定の産地あるいは素材・用途の生地の生産者の展示会を母体としていたが，徐々に出展資格者を拡張し，展示内容を多様化していった（大田康博，2015）。パリで開催されるPVFには，各企業が個別に出展しており，テーマ別に区分された会場には，日本を含む様々な国籍の企業のブースが混在している。一方，イタリアの繊維産地・産業支援組織が主催するMUは，2014年9月展から合同展「The Japan Observatory」を企画し，特定の場所で日本企業による個別・グループ出展を受け入れた。

　これらの展示会は，効果的な協働による市場創造を強く意識して運営されている。展示会の開催時期は，対象シーズンの1年前（秋冬物向けの生地の場合，前年の9月）と，日本の展示会に比べ2ケ月程度早い。展示会運営者によって提出書類や生地サンプルが審査され，独創性の高い製品を開発し，国際ビジネスに対応できるとみなされた企業のみが出展を認められる。そして，展示会運営組織が，トレンドやファッションの専門家，繊維業界団体，代表的繊維企業などとの議論を踏まえ，展示会として採用するトレンドを選択し，その情報を，出展者が開発したサンプルとともに会場で展示している。各ブースは，壁で仕切られ，テーブルと椅子が設置されている。

　PVF2014年9月展における日本企業（上場企業を除く）のブース数は，28であった。都道府県別にみると，大阪10，福井4，愛知・岡山各3，東京・和歌山・兵庫各2，石川・岐阜各1である。MU（2014年9月展）の「The Japan Observatory」

に出展した27社の非上場日本企業（団体を除く）の構成は，愛知・福井各6，山梨・大阪各3，静岡・岐阜・石川・滋賀・兵庫・和歌山各1であった。

　東京でも，日本企業を中心に産地の枠を超えた展示会が開催され，市場創造志向の企業による商談の場として機能しつつある。例えば，日本ファッション・ウィーク推進機構が主宰するPremium Textile Japan（以下，PTJ）には，全国の繊維企業と若干の海外企業が出展している（団体出展の可能なJapan Creationを併催）。PTJ2014年11月展で「テキスタイル」と「ニット」に分類された出展者（上場企業を除く）53社を都道府県別にみると，大阪13，兵庫・京都各5，広島4，愛知・福井各3，その他国内18（13都府県），海外2であった。そして，出展者の6割以上は，見込生産や輸出への対応をしている（大田康博，2015）。

　PTJの開催時期は，PVに比べると遅く（秋冬物で例年11月），各ブースは開放的で，商談に十分なスペースはない。しかし，トレンド情報の発信（トレンドエリアを設置）や商談重視（出展者の審査，来場者の限定，招待VIPバイヤーのための個別商談室設置）の点に，市場創造の有効性向上への配慮が看取できる。

　このほか，各地の企業が集う有志のグループによる展示会として，Textile Network（以下，TN）と「こだわりの布」がある。TNは，八王子の織物製造業に携わっていた宮本英治氏が中心となって1997年に組織した小規模展示会である。TN2014年11月展の出展者は16社・グループであり，うち東京と静岡が各3，山形，埼玉，山梨，新潟，愛媛，福井，京都，大阪，兵庫，愛媛が各1という構成であった。この展示会は，発足当初から来場者をアパレル企業のデザイナー，バイヤーなどに限定し，出展者には新作の出品を求めてきた。また，ブースは開放的だが，事業分野が競合しないよう出展者を選定し，安心して「自信作」が出品できる環境を整えている。来場者に素通りされる出展者がいないよう，出展者の上限を20〜30社としている。

　「こだわりの布」は，福井の織物製造業の有限会社三澤機業場の三澤繁幸氏が2007年に組織した小規模展示会である。当初は一都道府県一社の原則で徐々に出展者を増やし，2015年9月展では10府県（大阪・愛知・岐阜・和歌山・岡山・滋賀・静岡・石川・福井・兵庫）から12社が出展した。TN同様に出展者間の競合を避け，少数ではあるが多様な生地と衣服の分野の出展者が揃っている。出展者間で顧客情報を共有し，時には顧客を互いに紹介し合ったり，技術的な問題解決などについて相談したりしている（木野龍太郎，2013）。来場者の「質」を重視しているので，

来場者数を増やそうとはしていない。

以上の国際・国内展示会では、いずれにおいても、9以上の都道府県の繊維企業が出展しており、出展者全体としては、素材（綿、合成繊維、絹、毛）・製法（織物・編物）ともに幅広い内容が揃うようになっている。これらの国際展示会に継続出展している企業の中には、かつては日本の大手アパレル企業や生地問屋を主たる顧客としていた企業が多いが、今や国内相場を遥かに上回る単価での製品販売に成功し続けているものや、輸出比率が50％を大きく上回る企業が存在する。また、上述した国内展示会の出展者からは、当該展示会が繊維企業と対等な関係で魅力的な製品を創造しようとする顧客との貴重な出会いの場になっており、製品の販売価格は国内相場を大きく上回るとのコメントが複数得られた。

4 結論

バブル崩壊以降、複数の国、あるいは一国の様々な産地から市場創造志向の移出企業が集まる展示会が新たな市場機会を創出している。この事実は、産地の分析視角・枠組みに関する次のような問題を提起する。

第一に、従来の産地研究は、移出企業による企画・開発への関与や事業領域の垂直的拡張に注目してきたけれども（中小企業研究センター，2003），そうした活動を有効なものとするには、需要の不確実性への能動的対応を適切に行うことができなければならない。つまり、産地企業や産地の盛衰を検討する上では、業種や自販・下請といった移出企業の形態的特徴のみならず、移出企業の競争・協調行動のパターンを吟味する必要がある。

第二に、個々の企業の行動の異質性・多様性を強調してきた研究史と異なり、本稿では、市場創造の有効性を高める上で、移出企業の水平的協働も重要な市場機会を提供しうることを指摘したい。ただし、その協働にも有効性が求められる。展示会が市場創造の有効性を高める場となるには、例えば、早い時期に、製品・消費の意味や言語を創造・発信したり、顧客との商談に相応しい環境を整えたりすべきである。それには、市場適応志向の企業の出展を制限し、出展者間の競合（模倣や価格競争）、出展内容の魅力低下などを防止することが望ましい。

第三に、移出企業の水平的協働による市場創造では、産地の枠を超えた連携が有効な場合がある。産地には、多数の企業が同じ素材・製法の製品を取り扱って

おり，市場創造志向の企業と市場適応志向の企業が併存している。しかも，産地企業は減少しつつある[注4]。そのため，産地単位の展示会では，出展内容や出展者数が大きく制約され，出展者間の競合が生じやすい。むしろ，市場創造を志向し，異なる製品を手がける企業を複数の産地から集め，全体として補完的な製品群を構成する方が，出展者による重要製品の出品意欲を高め，幅広い魅力的な製品を顧客に提示できるので，望ましい成果をあげる可能性がある。そのような協働のイメージを示したのが，図1である。

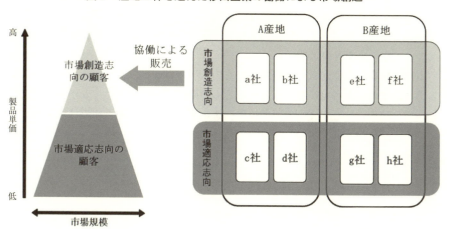

図1　産地の枠を超えた移出企業の協働による市場創造

地域産業の存続・発展メカニズムの構成要素として，①産業を構成する主体，②主体同士の関係，③主体の行動原理，を想定した場合，市場適応志向の移出企業による産地単位の水平的協働の有効性が低下する一方で，市場創造志向の移出企業による産地の枠を超えた水平的な協働が形成され，一定の成果をあげつつある事実は，産地（地域産業）の存続・発展メカニズムの転換の始まりを意味している。この転換を進める上で重要な実践的課題は，新たな協働を誰がどのように組織するのかということである。個別の中小企業や地域産業組織が大規模な展示会を組織するのは容易ではない。それでも，有効な市場創造の事例に学び，複数の産業支援組織や企業グループが情報発信や時期・会場などの点で連携を深めれ

ば，既存の展示会や運営組織によるものでも活動の有効性は高まるであろう。

　新たな存続・発展メカニズムの生成に伴い，市場創造志向の企業と市場適応志向の企業とが一つの産地に併存するようになると，産地企業間の関係は対立的または希薄になりうる。それは短期的な経済成果の追求には合理的だが，長期的にはより多くの企業が市場適応志向から市場創造志向に転換することが望ましい。

　市場適応志向の企業が市場創造を学習する機会としては，例えば，市場適応志向の企業と市場創造志向の企業による産地ブランドの開発が考えられる。そのような協働に市場創造志向の企業が関心を持つとすれば，それは，短期的な経済的利益以上に重要な要因が存在する場合であろう。その要因は，地域や産業への誇り，愛着などを基礎とする積極的な社会関係のような，非経済的なものかもしれない。今後は，経済的・非経済的要因の相互作用が地域産業の盛衰に与える影響についても，分析を進めたい。

　本稿で検討した問題は，繊維産地特有のものではない。流行や季節性が需要に与える影響の大きさは繊維産業と異なるものの，先発工業国の少なからぬ産業において，地域の枠を超えた水平的協働による市場創造への取り組みは活発化している（Bathelt et al., 2014）。様々な産業・地域の事例研究の蓄積も，今後の重要課題の一つである。

謝辞：本研究は，JSPS科研費15330053, 18730269, 23653106, 26590070の助成を受けました。また，調査に際し，業界関係者の皆様から貴重な資料の提供および質問へのご回答を頂きました。記して御礼申し上げます。

〈注〉
1　調査期間は1994年～2015年。対象の個人・組織（繊維企業，販売エージェント，展示会運営組織，コンサルタント，産業支援組織）の国籍と数は，日本86, フランス 4, イタリア36である。
2　綿工連公式Webサイト（http://www.jcwa-net.jp/union.html）2015年11月7日閲覧。なお，比較的大きな産地の場合，織布・編立企業の組合員の多くは専ら受託加工に従事する企業であり，移出企業ではない。
3　1990年代後半の播州先染織物業では，展示会に先立つ秋冬物の企画・開発活動が本格的に始まる時期が9月であった。これは，PVF（当時の名称はPremière Vision）が例年開催される時期である。しかも，当時の播州の産地企業による開発では，欧米

で入手したトレンド情報や生地サンプルが重要な情報源とされていた（大田康博，2007，p.244，p.248）。
4　以上のような産地単位の展示会の限界は，国際展示会のような「Temporal Cluster」（Bathelt et al., 2014）が登場した背景の一つであろう。

〈参考文献〉
1　Bathelt, H., Golfetto, F., & Rinallo, D.（2014）. *Trade Shows in the Globalizing Knowledge Economy*. Oxford University Press
2　中小企業研究センター編（2003年）『産地縮小からの反攻：新潟県ニットメーカーの多元・多様な挑戦』同友館
3　木野龍太郎（2013年11月）「小規模繊維企業における産地間連携による市場開拓及び製品開発の取り組みに関する考察：企業グループ『こだわりの布』を事例として」『立命館経営学』第52巻第2号，pp.217-233
4　コトラー，P.（2001年）『コトラーのマーケティング・マネジメント　ミレニアム版』月谷真紀訳，ピアソン・エデュケーション
5　レスター，R. K. =ピオーリ，M. J.（2006年）『イノベーション：「曖昧さ」との対話による企業革新』依田直也訳，生産性出版
6　Lieberman, M. B., & Montgomery, D. B.（1988）. First-mover Advantages. *Strategic Management Journal*, 9（S 1）, pp.41-58
7　Lieberman, M. B., & Montgomery, D. B.（1998）. First-mover (Dis) advantages: Retrospective and Link with the Resource-based View. *Strategic Management Journal*, 19（12）, pp.1111-1125
8　小俣秀雄（2013年3月）「山梨県富士吉田産地における機屋の経営革新と企業間ネットワークの形成」『経済地理学年報』第59巻第1号，pp.88-110
9　大田康博（2008年6月）「日本・イタリア繊維企業のネットワーク戦略：尾州・プラートを中心に」『徳山大学論叢』第66号，pp.45-103
10　大田康博（2011年）「ファッション創造を支えるテキスタイル・メーカー」イタリア文化事典編集委員会編『イタリア文化事典』丸善，pp.597-603
11　大田康博（2012年）「日本中小繊維企業の国際マーケティング：ネットワーク戦略による制度的条件の変革」小川正博・西岡正・北嶋守編『ネットワークの再編とイノベーション：新たなつながりが生むものづくりと地域の可能性』同友館，pp.115-137
12　大田康博（2015年12月）「繊維産業における市場創造志向の水平的協働：フランス・イタリア・日本の展示会と中小企業」『徳山大学論叢』第81号，pp.43-70
13　由井常彦（1964年）『中小企業政策の史的研究』東洋経済新報社

(査読受理)

自 由 論 題

「地域の雇用を支える中小企業」の量的な実態と3つの地域類型
―雇用面における中小企業の貢献度についての再認識―

日本政策金融公庫 総合研究所　海上泰生

1. 研究のねらいと意義

　アジア新興国市場の急速な拡大，グローバル化の一層の伸展，国内市場の伸び悩みなどを背景に，大企業は，新興市場や低労賃を求めて，国内拠点の縮小・海外立地に動いている。こうした大企業の海外シフトにより，国内労働市場における大企業の雇用吸収力が減退していると考えられるなか，持続的に地域の産業と雇用を担うのは，その地に根差した中小企業であると言われる。

　そもそも，地方に立地している大企業は限られるので，中小企業は，地域住民の有力な就職先となって，地域の雇用を牽引しているとともに，継続雇用を旨として，人を大切にする経営を実践している企業の例も多い。

　このように，「地域の雇用を支えるのは中小企業」という認識は，既にある程度浸透している。この言葉自体に実感として嘘はないが，実際にどの程度量的に貢献しているのか。「地域」と一言で言っても，各県や市町村ごとに差異はないのか。本稿では，そうした問題意識から，地域雇用における中小企業の量的な貢献を明らかにする。そして，そこから導出される示唆が，何らかのかたちで地域再興の一助になることを狙っている。

2. 既存研究との関係

　本研究が対象とする「地域」に関しては，非常に多くの先行研究が存在するが，大まかに整理すると，例えば中小企業研究センター（2000），上野（2007）等のように，燕・三条，鯖江，今治などの地場産業産地や大田区，東大阪などの特定

地域の産業集積等を対象として局所的に注目する例が最も多く，それぞれ特徴的な地域の歴史や成り立ちから始まり，機能や構造，克服すべき課題などを深く掘り下げる論考が多く示されている。また，石倉・藤田・前田・金井・山崎（2003），田中（2004）等のように産業クラスターや地域連携に注目する例も少なくない。さらに，伊藤（2003）等のように総合的に考察する例，池田（2002）等のように中小企業論における地域視点のあり方を説く例など，多様なアングルから考察がなされている。

中小企業の「雇用」に関する先行研究についても，三井（2006）が11の問題点を整理し掲げているように，賃金格差，労働時間，社会保障，労働力不足と人材採用・育成，高齢者雇用，労務管理，非正規雇用・外国人労働力等が主要な論点として挙げられ，広く論じられている。

以上のように，多数の優れた論考を挙げることができるが，本件が対象とするところの"中小企業による地域雇用の量的な重み"について集中して考察した例は，意外にもあまり見受けられない。ここに本研究の意義を見出すことができる。

3．研究の視点と研究方法

研究に当たっては，経済センサス活動調査「企業常用雇用者規模別従業者数—市区町村」及び国勢調査「人口等基本集計」等を用い，都市圏と地方圏との比較でみた中小企業のプレゼンス，個々の都道府県レベルでみる中小企業の雇用貢献，都道府県別の中小企業数従業者数割合と人口の関係，各都道府県・市町村別にみた企業規模別従業者数割合の詳細を掘り下げた[注1]。

4．都市圏と地方圏及び個別都道府県レベルでみる中小企業の雇用貢献

中小企業は，全企業数の99.7％，全従業者数の69.7％という高い割合を占めていることはよく知られているが，これを地方圏に立地する企業に限ると，企業数で99.9％，従業者数で85.2％という極めて高いウエイトになる。

さらに，各都道府県別に中小企業従業者数割合をみると，上述した全国平均69.7％を下回るのは，東京都の41.1％と大阪府の66.4％のわずか2つしかなく，この例外的な1都1府を除く45道府県の加重平均を計算すると，81.9％という高率

図1　個々の都道府県レベルでみる中小企業従業者数のウエイト（下横軸：構成比）

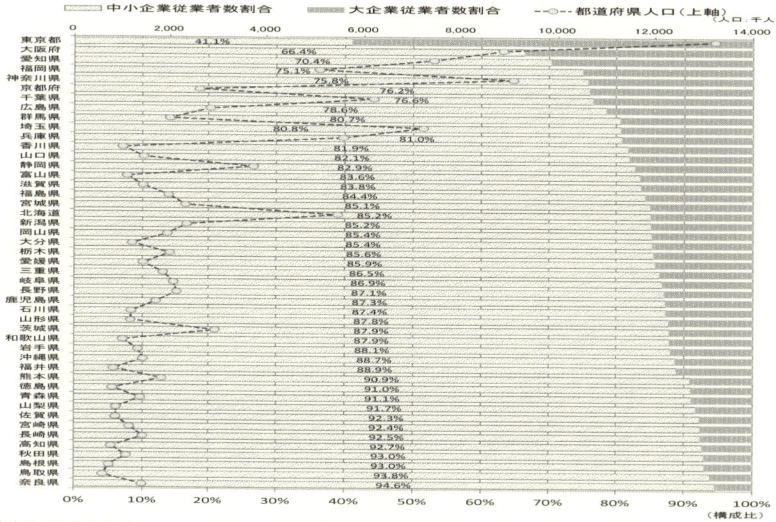

（資料）都道府県人口については，総務省統計局「平成22年国勢調査人口等基本集計」。以下，同じ。

で，東京都と大阪府が加わるだけで全国平均が12ポイント以上も引き下がることがわかる（図1）。つまり，一般的な県における中小企業への依存度はかなり高いことになる。

5．都道府県別の中小企業数従業者数割合と人口の関係

ここで，各都道府県人口を説明変数とし，同じ都道府県の中小企業従業者数割合を被説明変数と置いて，最小二乗法による回帰分析（線型）を試みると，マイナスに有意な結果となった（図2）。このように，都道府県人口の大小が，"地方"であることの程度を示す代理変数だと考えると，より"地方"であるほど，中小企業の雇用に依存する度合いが高いことが，統計的にみても明らかである。

6．各都道府県ごとの個別の状況①（フレームワークの紹介）

以上のような情報を踏まえて本稿では，地域における中小企業の雇用面でのプ

図2 都道府県別の中小企業数従業者数割合と人口の関係（散布図）

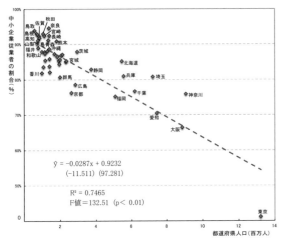

表1 都道府県別の中小企業従業者数割合と人口の関係（データ）

都道府県	中小企業従業者数の割合	都道府県人口（百万人）	都道府県	中小企業従業者数の割合	都道府県人口（百万人）	都道府県	中小企業従業者数の割合	都道府県人口（百万人）
北海道	85.2%	5.460	石川県	87.4%	1.163	岡山県	85.4%	1.936
青森県	91.1%	1.350	福井県	88.9%	0.799	広島県	78.6%	2.848
岩手県	88.1%	1.303	山梨県	91.7%	0.852	山口県	82.1%	1.431
宮城県	85.1%	2.325	長野県	87.1%	2.132	徳島県	91.0%	0.776
秋田県	93.0%	1.063	岐阜県	86.9%	2.061	香川県	81.9%	0.989
山形県	87.8%	1.152	静岡県	82.9%	3.735	愛媛県	85.9%	1.415
福島県	84.4%	1.962	愛知県	70.4%	7.427	高知県	92.7%	0.752
茨城県	87.9%	2.943	三重県	86.5%	1.840	福岡県	75.1%	5.085
栃木県	85.6%	1.992	滋賀県	83.8%	1.415	佐賀県	92.3%	0.843
群馬県	80.7%	1.992	京都府	76.2%	2.625	長崎県	92.5%	1.408
埼玉県	80.8%	7.212	大阪府	66.4%	8.856	熊本県	90.9%	1.807
千葉県	76.6%	6.195	兵庫県	81.0%	5.571	大分県	85.4%	1.185
東京都	41.1%	13.230	奈良県	94.6%	1.390	宮崎県	92.4%	1.126
神奈川県	75.8%	9.067	和歌山県	87.9%	0.988	鹿児島県	87.3%	1.690
新潟県	85.2%	2.347	鳥取県	93.8%	0.582	沖縄県	88.7%	1.409
富山県	83.6%	1.082	島根県	93.0%	0.707			
全国計	69.7%	127.518	平均	84.5%	2.713	標準偏差	8.856	2.664

　レゼンスをより詳しく知るために，東京都と大阪府を除く45道府県の全1,632市町村について，各市町村別の企業規模別従業者数割合を算出し，各市町村レベルまで掘り下げた中小企業の雇用貢献を算定した（分析見本として図3）[注2]。

　そのなかで，とくに，小規模市町村での中小企業従業者数割合の高さ，逆に，小規模市町村なのに例外的にみられる大企業従業者数割合の高さ，などの点に注目した。以下，いくつかの県を例に挙げて説明する。

図3 【分析見本】各市町村における企業規模別にみた従業者数の割合（秋田県の例）
（左図：横軸＝構成比）（右図：横軸＝従業者の実数）

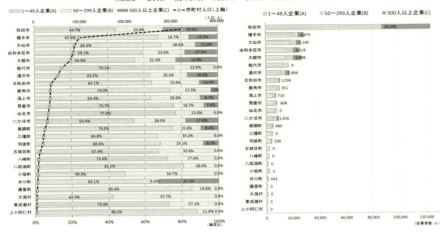

7．各都道府県の個別の状況②（例えば，鳥取県の場合）

　例えば，鳥取県の中小企業従業者数割合は93.8％で全国2番目でもあり，一見して300人未満企業従業者数割合（帯グラフ（A）＋（B））が大部分を占めていることがわかる（図4）[注3]。同県は全19の市町村で構成されているが，そのうち4市2町を除く実に13の町村で，300人未満企業従業者数割合が100％，すなわち，すべての働き手が300人未満企業に属している。[注4]

　一方で大企業の状況をみてみると，鳥取市には，日本セラミック㈱，㈱鳥取銀行など，大手上場企業が立地するものの，常用雇用者数300人以上の大企業の数は，岩美町の1社，琴浦町の3社を含め，県内全域合計で44社というかなり少ない社数にとどまっている。こうした大企業の影の薄さの裏返しで，中小企業の存在感が大きくなっていることがわかる。

8．各都道府県の個別の状況③（例えば，宮崎県の場合）

　次に，宮崎県の例をみると，29市町村のうち7町3村で300人未満企業従業者数割合が100％。なかには，椎葉村（人口約3,000人）のように，常用雇用者数1

図4　鳥取県各市町村における企業規模別にみた従業者数の割合
(左図：横軸＝構成比)(右図：横軸＝従業者の実数)

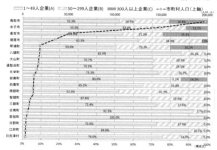
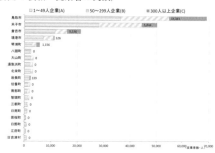

図5　宮崎県各市町村における企業規模別にみた従業者数の割合
(左図：横軸＝構成比)(右図：横軸＝従業者の実数)

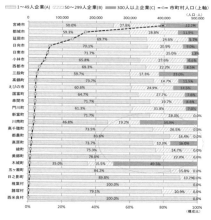
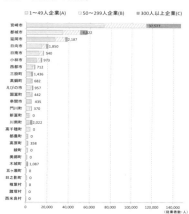

〜19人の小規模企業だけで100％という地域もある(図5)。その中で，異彩を放つのは，人口約5,000人の町ながら，大企業従業者数割合が50％にのぼる木城町と，人口約17,000人で，同34％という川南町である。このうち，木城町は，1979年に誘致した宮崎ダイシンキャノン㈱(カメラ製造)が大きな雇用を創出し，川南町では，国道沿いに造成した工業団地に，㈱児湯食鳥(食肉加工)，宮崎県農協果汁㈱(清涼飲料生産)等の大企業が立地している。鳥取県にはなかったが，大企業が少数立地しているだけで町村の雇用の大半を創出できてしまう例といえる。これらの企業を含めて，県下に，常用雇用者数300人以上の大企業の数は78

社存在するが,やはり,その半数の39社が県庁所在地である宮崎市に集中しているという状態は,先にみた鳥取県や秋田県と同様である。

9. 各都道府県の個別の状況④（例えば,茨城県の場合）

首都圏近郊の茨城県の例をみると,同県は,県人口全国11位の約300万人。鳥取県・宮崎県などとはだいぶ異なり,県内のほとんどの市町村に大企業が分散して立地している。全44市町村のうち大企業の立地がないのは,人口50,000人の鉾田市を含むものの,わずか3市6町にとどまる。県庁所在地の水戸市が市人口・従業者数とも最多だが,県南部にも,むしろ東京都や千葉県,埼玉県などの市場に近く,交通網が発達しているため,つくば市,土浦市など働き手を多く集める地域がある。また,平地が多く臨海部も長いという工場適地が多い土地柄で,日立市など企業城下町として発展した地域もあり,中小企業と大企業の働き手がある程度バランスを持って分布している。常用雇用者数300人以上の大企業の数は,221社にのぼり,大企業従業者数は202,000人を数える。これは,既述した鳥取県などの2〜4倍に相当する。また,県庁所在地への大企業従業者数の集中度合いを測ると,わずか19%にとどまり,偏りなく分散していることがわかる。

図6　茨城県各市町村における企業規模別にみた従業者数の割合
（左図：横軸＝構成比）（右図：横軸＝従業者の実数）

10. 各都道府県における中小企業従業者数割合の類型化

本稿冒頭において既に述べたように,「地域の雇用を支える中小企業」という認識は,抽象的・概念的な意味では既に広く浸透しているが,その認識の数的な根拠は,多くが都道府県単位の中小企業従業者数割合（既出表1）のレベルでしか語られてこなかったのが実状であり,それ以外は,個別の企業や地域で見聞きした限定的な数値や事例,あるいは感覚的なものに頼っていた印象がある。

また,経済センサスが実施される以前の事業所統計では,市町村別企業規模別従業者数の数値が公表されていなかったことから,総務省に個別依頼を求めない限り,市町村レベルまで掘り下げて分析することは難しかったと言える。

そうした問題意識から,本稿では,上述の3県の例と同様に,45道府県の全1,632市町村について企業規模別の従業者数割合についてみたところ,中小企業が各県の雇用に貢献している姿,すなわち「地域の雇用を支える中小企業」の量的な貢献度合いは,決して一様ではなく,それぞれ特徴があることがわかった。とくに,県庁所在地及び周辺市部での大企業従業者数割合の高さ,小規模市町村での中小企業従業者数割合の高さ,小規模市町村で例外的にみられる大企業従業者数割合の高さなどの点で,各県の個性がみられる。

しかし残念ながら,45道府県全てにおいてみられる特徴を,それぞれ漏れなく

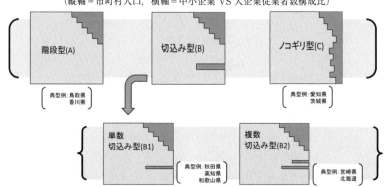

図7　都道府県別中小企業従業者数割合の市町村別構成による類型化
（縦軸＝市町村人口，横軸＝中小企業 VS 大企業従業者数構成比）

（注）図3～6の(A)表グラフをデフォルメしたもの。陰影部分が大企業従業者数の占める割合を示している。

表現するのは紙面の制約もあって難しく,仮にできても,単なる県別グラフの羅列になってしまっては適当でない。
　そこで,こうした各県が持つそれぞれの特徴を,模式的なイメージとして理解できるように,図表3〜6の(A)表グラフの形状に着眼し,その類型化を試みた。その結果,次に掲げる各タイプに分類できた(図7)。

10．1　階段型(Aタイプ)
　このタイプの道府県は,例外なく中小企業従業者数割合が高い。全市町村の半数前後が中小企業従業者数割合100％。大企業が雇用上の貢献をするのは,県庁所在地とその周辺市部のみ。従業者も県庁所在地一極に集中する傾向あり。全類型の中でも,最も中小企業の雇用創出力に依存しているタイプであり,具体的に当該県全体の中小企業従業者数割合でみても,90％前後の高率となっている。

10．2　切り込み型(Bタイプ)
　このタイプでは,小規模市町村に例外的に大企業が立地していることで,特定の市町村だけ突出して大企業就業者数割合が高くなっている点が特徴である。工場団地などを整備し誘致に成功した例もあれば,地場の企業が大企業に成長した例もある。これらは,もともと人口の少ない市町村だけに,大企業の雇用で,地域の求人状況が一変するような環境にある。
　ただし,このタイプのうち「複数切込み型」(B2タイプ)では,その小規模市町村に大企業が立地しやすい何らかの環境的あるいは必然的な要因に基づく可能性があるが,「単数切込み型」(B1タイプ)の場合は,ごく少数の大企業のやや偶発的な振る舞いによるとも考えられる。

10．3　ノコギリ型(Cタイプ)
　このタイプでは,人口の多い市町村はもちろん,人口の少なめの市町村に至っても,中小企業と大企業がある程度のバランスを保って雇用に貢献している。いわば都市型の類型。県下の至るところでマーケットや産業インフラが見込めるため,相対的に小規模な市町村にも大企業が立地し,中小企業と共生している。県庁所在地一極集中にはなっていない。大企業を含め,県全域に分散して働き口が存在しているため中小企業の雇用に依存する割合は,全タイプの中で最も低い。

11. 全45道府県のタイプ判定とその効用

　上述の3類型を前提に，例外的な東京都・大阪府を除く45道府県すべてについてタイプ判定をしたところ，表2のような結果となった。

　同表は，都道府県別の中小企業従業者数割合が最も高い奈良県から降順に並べて表示しているが，これまでは，例えば，同割合の高さが同じ程度の鳥取県・秋田県・島根県などと，上述奈良県との特徴の違いを表す手段がなかった。おそらく各県内おしなべて大企業が少なく，代わりに，中小企業が平均的に高い割合で雇用を創出しているのだろうと，多くが推測していたと思われる。

　今回，各県別にタイプ分類を示したことで，例えば，「切り込み型（複数）」に該当する奈良県では，総じて中小企業従業者数割合が高いものの，小規模市町村でありながら大企業の雇用割合が30％を超えるような例外的な市町村もあることがわかった。その点が「階段型」に該当する鳥取県や秋田県の特徴との明らかな違いであることが，容易に理解できるようになった。

　グラフの形状という見掛けのイメージ形成だけでは説明力が不足するので，今回の分析で算定した数値的な基準についても，表2に掲示した。各タイプ分類と概ね連動している数値である。

　具体的には，①県内全市町村の大企業就業者数割合の平均値，②小規模市町村（ここでは人口5万人以下の市町村とした。以下同じ。）における大企業従業者数割合の平均値，および，③小規模市町村における大企業従業者数割合の最大値などの指標を示した。

　例えば，①・②・③のいずれも低い県（①＝4～10％程度，②＝2～7％程度，③＝30％以下。総じて大企業の立地が少ないことを表している）は，イメージ的な特徴としては，階段型に該当することが多い。

　①・②については階段型よりやや高い程度だが，③が際立って高い県（①＝4～12％程度，②＝3～11％程度，③＝30％超。階段型に近い基盤ながら，例外的に大企業が突出して立地していることを表している）は，切り込み型に該当する。

　①・②がいずれも高い県（①＝10～23％程度，②＝8～20％程度。道府県全域に分散して大企業が立地していることを表している）は，ノコギリ型になる。

　このように，数値指標とタイプ別イメージを併せて利用することで，各県における中小企業の雇用創出面での貢献が，市町村レベルの要素まで含んだかたちで

「地域の雇用を支える中小企業」の量的な実態と3つの地域類型　55

表2　45道府県の企業規模別従業者数割合による類型化と数値的な基準

	中小企業従業者数割合(%)【降順】	従業者数(千人)	市町村数		各市町村の大企業従業者数の割合(%)				タイプ分類	
			うち中小企業従業者数が100%の市町村数	同左の割合	全市町村での平均値(単純平均)	小規模市町村(人口5万人以下)での平均値(単純平均)	小規模市町村(人口5万人以下)での最大値			
奈良県	94.6	252	39	21	53.8	7.45	5.64	44.85	B2	切り込み型 (複数)
鳥取県	93.8	143	20	13	65.0	4.96	2.34	20.32	A	階段型
秋田県	93.0	277	25	11	44.0	8.52	5.48	32.50	B1	切り込み型 (単数)
島根県	93.0	187	19	9	47.4	6.62	4.42	20.51	A	階段型
高知県	92.7	187	34	23	67.6	5.23	4.82	49.14	B1	切り込み型 (単数)
長崎県	92.5	339	21	8	38.1	10.29	8.86	41.91	B2	切り込み型 (複数)
宮崎県	92.4	274	26	10	38.5	9.18	8.89	49.48	B2	切り込み型 (複数)
佐賀県	92.3	212	20	5	25.0	10.60	9.83	23.87	C	ノコギリ型
山梨県	91.7	246	27	9	33.3	9.28	9.28	63.08	B1	切り込み型 (単数)
青森県	91.1	347	40	20	50.0	9.76	8.79	63.41	B2	切り込み型 (複数)
徳島県	91.0	197	24	13	54.2	7.01	4.44	27.90	A	階段型
熊本県	90.9	436	45	23	51.1	7.32	5.51	43.35	B1	切り込み型 (単数)
福井県	88.9	266	17	8	47.1	4.09	4.09	29.01	A	階段型
沖縄県	88.7	370	41	24	58.5	9.87	8.10	68.67	B2	切り込み型 (複数)
岩手県	88.1	331	33	14	42.4	9.36	7.03	32.27	B2	切り込み型 (複数)
茨城県	87.9	734	44	9	20.5	12.88	9.20	49.18	C	ノコギリ型
和歌山県	87.9	267	30	16	53.3	5.88	4.44	32.18	B1	切り込み型 (単数)
山形県	87.8	341	35	15	42.9	8.90	7.06	25.81	A	階段型
石川県	87.4	386	19	5	26.3	11.21	11.21	41.88	C	ノコギリ型
鹿児島県	87.3	426	43	23	53.5	7.11	5.08	25.10	A	階段型
長野県	87.1	641	77	49	63.6	7.42	4.63	34.40	B2	切り込み型 (複数)
岐阜県	86.9	670	43	12	27.9	11.29	8.40	41.34	B2	切り込み型 (複数)
三重県	86.5	489	29	12	41.4	10.21	8.04	32.71	B1	切り込み型 (単数)
愛媛県	85.9	417	20	7	35.0	11.66	8.78	43.97	B1	切り込み型 (単数)
栃木県	85.6	533	26	9	34.6	12.30	8.89	60.75	B1	切り込み型 (単数)
岡山県	85.4	558	27	7	25.9	12.21	10.71	32.41	C	ノコギリ型
大分県	85.4	322	18	6	33.3	11.82	10.43	38.18	C	ノコギリ型
北海道	85.2	1,455	179	129	72.1	4.77	3.53	42.15	B2	切り込み型 (複数)
新潟県	85.2	747	30	10	33.3	10.12	6.49	27.67	A	階段型
宮城県	85.1	584	35	12	34.3	12.12	11.24	46.69	B2	切り込み型 (複数)
福島県	84.4	550	52	30	57.7	8.06	5.27	42.85	B2	切り込み型 (複数)
滋賀県	83.8	352	19	1	5.3	17.55	19.93	40.68	C	ノコギリ型
富山県	83.6	376	15	1	6.7	12.99	9.96	18.76	C	ノコギリ型
静岡県	82.9	1,223	35	6	17.1	14.56	14.56	61.32	C	ノコギリ型
山口県	82.1	399	19	4	21.1	6.56	6.56	24.00	A	階段型
香川県	81.9	321	17	8	47.1	7.09	6.10	19.43	A	階段型
兵庫県	81.0	1,528	41	9	22.0	12.92	7.48	21.25	C	ノコギリ型
埼玉県	80.8	1,664	63	9	14.3	19.05	15.62	47.34	C	ノコギリ型
群馬県	80.7	649	35	17	48.6	9.13	4.00	26.28	A	階段型
広島県	78.6	990	23	6	26.1	19.97	17.06	77.20	C	ノコギリ型
千葉県	76.6	1,292	54	14	25.9	13.10	8.54	28.54	C	ノコギリ型
京都府	76.2	879	26	7	26.9	14.07	10.25	36.40	C	ノコギリ型
神奈川県	75.8	2,231	33	6	18.2	16.70	9.34	26.75	C	ノコギリ型
福岡県	75.1	1,675	60	15	25.0	14.17	12.09	60.31	C	ノコギリ型
愛知県	70.4	3,047	54	6	11.1	23.98	15.46	62.39	C	ノコギリ型
大阪府	66.4	4,105	43	―	―	―	―	―	―	―
東京都	41.1	12,224	40	―	―	―	―	―	―	―

(注)　市町村数には、平成24年経済センサス活動調査のデータがない福島県の楢葉町、富岡町、大熊町、双葉町、浪江町、葛尾村、飯舘村は、含まれていない。
また、平成24年経済センサス活動調査と平成22年国勢調査の調査期日の狭間に市町村合併が行われ、他市町村に吸収されたものについては、含まれていない。なお、特別区は全体を1つとして数えている。

認識しやすくなった点が，本稿分析の効用と考えている。

12．むすびに ～ 地域に根付く中小企業の雇用貢献

　本稿では，中小企業の地域の雇用に対する貢献の数的な大きさについて考察し，各県のタイプ分類や市町村別データを用いた新たな理解の方法を提示した。
　今日のグローバル化の進展のなか，大企業が，その豊かな資本を活かして，いったん決めた拠点配置を柔軟に変えてしまう例は，多くみられる。
　逆に，中小企業は，大企業ほど豊かな資本はなく，商圏や地縁上の制約があって柔軟には立地場所を変えられない。これは，経営的には弱みともいえる半面，地域の産業と雇用を持続的に担う存在として信頼を寄せられるという点で，中小企業の魅力の1つといえる。
　そうした中小企業の姿を評して，「地域の雇用を支える中小企業」という言葉は，半ば常識的に認識されているが，それをデータ的に掘り下げた論考は，あまり見られない。
　そこで，本稿では，マクロ統計データに基づいて，その雇用面の貢献の大きさを定量的な面から裏付けた。とくに，道府県をタイプ分類したことで中小企業の雇用貢献の仕方も一様ではないことが明らかになった。
　一方で，経済センサス調査の歴史が浅いこと，前身の事業所統計ではデータが十分でないこと，などもあって，本稿での分析は直近の一時点でのデータにのみ基づいており，どのような推移を経て今の状態に至っているのかという点までは，分析が及んでいない。近年のグローバル化の進展が国内の雇用に大きく影響していることからみても，今後，時系列の分析を追加していくことが課題となる。
　いずれにしても，中小企業による雇用面の貢献には，今後ますます期待が掛かる。それに伴って追加的研究の必要性もまた高まっていくことだろう。

〈注〉
1　本稿は，日本政策金融公庫総合研究所が，みずほ総合研究所（株）との共同研究結果を一部に利用して作成した『日本公庫総研レポート』No.2015-1「地域の雇用と産業を支える中小企業の実像」（2015年6月）のうち，筆者自身が分析・考察を担当した部分を発展・拡大させたうえで執筆したもの（経営者向け読み物である同レポート

にはない先行研究サーベイなどを加えたうえで，考察対象地域を東京・大阪を除く全45道府県に広げ，新たに数値基準などを導入して精度を高めたもの）である。
2　本稿4で示したように，「地域雇用を支える中小企業」という意味では，例外的な東京都と大阪府は分析対象から除いた。なお，分析見本に秋田県を選んだのは，フレームワーク紹介のための便宜的なものであって，特段の意図はない。
3　経済センサスの企業ベースの集計では，本社が所在する区市町村に，当該企業の全従業者数が計上される。そのため，地域外の支社・支店等に配属され，そこで勤務している従業者数も，本社所在地に属すものとしてカウントされている。この点，大企業の正規社員は，支社等に配属されても本社採用が多数派であり，本社所在地において大きな雇用が創出されるのは確かなので，この集計と現実の間にさほど大きな違和感はないと考えられる。

　逆に，当該地域内に大企業の支社や支店等が立地し多くの従業者がそこに勤務していても，その採用の多くは，地域外にある大企業本社で行っており，その支社所在地での雇用創出効果はあまり大きくないと考えることもできる。むろん，常用雇用者以外では支社採用の例も相当程度あるだろうが，ここではその点は捨象して考えた。
4　ただし，従業者数51～299人の小売業・サービス業と，従業者数101～299人の卸売業は，本来「大企業」としてカウントされるべきだが，統計上の制約から，その区別はできていない。そのため，帯グラフ（B）には，そうした企業が含まれている可能性がある。より堅めに見て大企業の要素を排除したいなら，帯グラフ（A）の構成比「50人未満企業従業者数割合」の方には，確実に大企業は含まれないので，この割合だけに注目する方法もある。

〈参考文献〉
1　中小企業研究センター（2000）『産地解体からの再生―地域産業集積「燕」の新たなる道』同友館
2　池田潔（2002）『地域中小企業論-中小企業研究の新機軸』ミネルヴァ書房
3　石倉洋子・藤田昌久・前田昇・金井一頼・山崎朗（2003）『日本の産業クラスター戦略　地域における競争優位の確立』有斐閣
4　伊藤正昭（2003）『新版　地域産業論―産業の地域化を求めて』学文社
5　上野和彦（2007）『地場産業産地の革新』古今書院
6　猿田正機（2000）「中小企業の労働問題―企業規模別賃金格差論を中心として」『大原社会問題研究所雑誌』No.504，法政大学
7　田中史人（2004）『地域企業論』同文館出版
8　三井逸友（2006）「中小企業の労働問題の今日的様相―中小企業の人材活用，人材育成を考えるために」『商工金融』2006年1月号，商工総合研究所

（査読受理）

産業集積地域における産業観光まちづくりの意義

信州大学　桃井謙祐

1．研究の背景・目的

　経済のグローバル化の進展に伴う競争の激化や，国内市場の成熟化等により，我が国の産業集積地域の多くが縮小・衰退の危機に直面している。こうした中，各地の産業集積地域において，工場見学や体験プログラム，またそれらをめぐるまち歩きイベント等により当該地域全体の魅力を発信するといった，いわゆる産業観光まちづくりの動きが広がりつつある[注1)]。こうした取組みについて，観光あるいはまちづくりといった観点からの研究はあるものの，それに取り組む中小企業あるいはその集積にとっての意義を考察した研究は乏しい。

　本研究ではこうした「産業観光まちづくり」への取組みが，なぜ近年，我が国の中小企業の集積地域に広がり，それに取り組む企業及びその集積地域にとってもいかなる意義があるのか，特に，産業集積地域の再活性化・イノベーション創出をもたらすメカニズムにも着目しつつ，考察を行った。

2．本研究の射程

　「産業観光まちづくり」とは，「産業観光（産業遺産や，現在稼働している産業施設などを活用した観光）」による観光まちづくり」（公益社団法人日本観光振興協会「産業観光ガイド」）を指す。「産業観光」に関して，より具体的・体系的な定義としては「歴史的・文化的価値のある産業文化財（古い機械器具，工場遺構などのいわゆる産業遺産），生産現場（工場，工房等）および産業製品を観光資源とし，それらを通じてものづくりの心にふれるとともに，人的交流を促進する観光活動をいう」とされている（産業観光推進会議，2014, p.28）。

　また，「産業観光」は今や製造業のみならず，一次産業から三次産業まですべ

てを包含する概念となってきているとも言われる(産業観光推進会議, 2014, p.30)。ただし,「観光研究者の間でもその概念が共通理解を得ているわけでない」とし,農業等の一次産業は除外してその意味を捉える研究もある(羽田, 2013, p.233)。

このように,「産業観光」及び「産業観光まちづくり」とは,かなり幅広い概念を含み得,また必ずしも定まったものではないが,本研究での検討対象としては,産業集積地域における地場の中小企業自らが産業観光まちづくりに取り組むことの意義を検討するものであることから,現在稼動していない「産業遺産」を活用した取組みよりも,「現在稼動している産業施設など」を活用した観光まちづくりへの取組みを中心とする。また,一次産業やそれと関連する食品産業における事業者にとっての産業観光の意義については,農商工連携,6次産業化,グリーンツーリズムなどの観点からの研究もある(例えば,斎藤, 2007,2009)ことから,本研究ではひとまず一次産業とその関連産業を中心とした取組み以外のものを検討対象とし,これらを中心とした取組みも含めた検討は今後の課題とする。

3. 先行研究のレビューと問題設定

3.1 産業観光研究における議論

従来の産業観光研究においては,産業観光に参加する産業(企業)への効果として,須田(2009)は「企業への理解を深める効果(顧客への直結)」及び「産業技術の発展と人材(後継者等)育成効果」を,産業観光推進会議(2014)では,「新たな地域産業の創出」,「次世代の人材育成」を挙げている。しかし,産業観光への取組みにも業種や地域,参加企業の規模等様々ある中で,上記はやや一般論に過ぎないように考えられ,各地の産業集積地域で広がりつつある産業観光まちづくりについても皆こうした効果を期待してよいかは,更に検討の余地があろう。

3.2 産業集積・地域イノベーション研究における産業観光

一方,産業集積あるいは地域イノベーションに関する研究において,産業観光の意義について分析した研究は十分行われていない。Porter(1998)は,カリフォルニア州のワイン・クラスターにおける観光との密接なつながりを指摘した(竹内訳, 1999, p.71-74)。ただ,観光がクラスターにどのような効果・影響をもたら

すために重要であるかについて具体的には論じていない。

しかしながら、産業観光はその定義から、人的交流を促進する観光活動であることを考えれば、それがもたらし得る産業集積地域と消費者や域外企業などとの交流の重要性を示す研究は存在する。古くはMarshall（1920）も産業の地域集中については消費者にとっての探索費用の削減というメリットも指摘しており、伊丹（1998）は産業集積の継続において、集積に外部市場からの需要をもたらす需要搬入企業の重要性について論じている。また近年、顧客の需要創造の観点から、Schmitt（1999）は経験価値の提供の重要性について指摘し、またそのためにGilmore and Pine（2007）は、顧客が価値を感じられる場の創造の重要性を指摘している。まさに産業観光は、地域と消費者やバイヤー等とをつなぎ、交流する機会をもたらし、その体験を通じて、参加者が当該地域の企業・産業の経験価値を体感できる場づくりとしての役割を果たしているとも考えられる。

他方、産業集積の再活性化・イノベーションという文脈では、遠山（2010）は既存の発展経路の破壊と新たな経路創造の重要性について論ずる一方、Bathelt et al.（2004）は、新たな知識創造における、地域内部の情報交流のみならず外部とをつなぐパイプラインが果たす役割の重要性について論じているが、こうしたパイプラインとして、Maskell et al.（2006）は、国際見本市や展示会、国際会議などのフェイス・トゥ・フェイスな交流により知識の交換・創造が行われる場を、一時的クラスターとして注目し、地域における（恒常的）クラスターを補完するものとして論じている。つまり、産業観光まちづくりは、見本市や展示会などに代わって、実際の地域で生産現場などを見てもらいながら外部の企業や消費者等と交流し、また彼らを惹きつけるような楽しさを提供するまちづくり活動を行うことにより、日常の事業活動を離れた情報交流、ネットワーク構築を生じさせつつ、新たな知識創造、経路創造をもたらすきっかけとしても考えられ得る。

また、福嶋（2013）は、米国オースティンのハイテク・クラスター形成を事例に、企業・人材誘致における当該地域の認知獲得の重要性について論じ、OECD（2014）は、現在の知識経済下における創造産業の重要性に着目し、地域におけるその発展はツーリズムと密接な関連があることを示している。我が国の地域産業も、一層の高付加価値化が必要とされる中、クリエイティブな人材や創造産業との協業・誘致の重要性が増しており、生産現場への産業観光を通じてこうした人材・企業を地域に惹きつけていくことの重要性も増していると考えられる。

4. 問題設定と研究の手法

4.1 問題設定

上記で見てきた先行研究にかんがみると，産業集積地域における産業観光まちづくりは，産業集積やそれを構成する中小企業にとって，以下のような意義があるのではないかと考えられる。

(1) モノづくりの現場や作り手との交流の体験を通じた，地域外の消費者・バイヤー・小売業者との関係構築による売上拡大や新需要開拓
(2) 産業集積地域の認知拡大・ブランドの構築や，それによる消費者や関連業者，新たな担い手の誘引といった，地域外部の知識・情報をもたらすパイプライン構築
(3) 地域内の学習の組み換えによる，既存の経路破壊・新たな経路創造
(4) 当該地域への創造的人材や創造産業の流入，あるいはネットワーク構築による，当該地域産業の差別化・高付加価値化といった産業集積の進化

4.2 研究の方法

他方で，観光は実際に人を誘客するものであること，また，それにより実際に当該地域の企業の売上拡大等につながり得るかどうか，ということを考えると，産業集積地域における産業観光まちづくりの意義は，当該集積の地理的条件や業態特性によっても変わりうることが考えられる。このため，上述の産業集積地域における産業観光まちづくりの意義に関する仮説を検証するに当たり，地元中小企業がこうした取組みを進める産業集積地域を，(1)「大都市型」か「地方型」か，(2)「最終製品生産型」か「加工型」，と大きく類型化した上で，それぞれごとに意義を探ることとする[注2]。

具体的には，以下の三つの類型の事例地域を採り上げ，事例研究を行った[注3]。

① 「最終製品生産型」×「大都市型」の事例

東京都台東区南部（徒蔵地区）での取組みを分析した。江戸時代以来の大都市に製造業，卸・小売業が集積する典型的な地域であることに加え，近年広がる生産現場などを訪れる産業観光まちづくりの中でも先行し，過去5年にわたる取組みで来場者も国内最大規模と，実施前後での変化も探りやすいため選定。

② 「最終製品生産型」×「地方型」の事例

新潟県三条市・燕市での取組みを分析した。400年にわたる歴史のある大需要地から離れた地方の産地型産業集積の代表的地域であり、地方での取組みの中でも来場者・参加企業も多数で、地方型としての特徴を探りやすいため選定。
③「加工型」×「大都市型」の事例
　東京都大田区での事例を分析した。大需要地への近さと高い技術力等を活かし存続を図る典型的な大都市部の加工型産業集積地域である一方、過去5年にわたり産業観光まちづくりを進め、実施前後の変化も探りやすいため選定。

図1　産業集積の類型化と、今回事例研究を行う産業集積地域の概念図

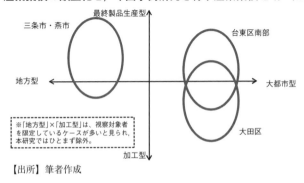

【出所】筆者作成

5．事例研究

5．1　東京都台東区徒蔵地区の事例
(1)　地域の特徴・課題と経緯
　台東区は、比較的小規模な手工業や製造業、並びにそれらの生産の流通を担う問屋・卸売業の集積地として発展した。徒蔵エリアでは、貴金属・宝飾品やアクセサリー、繊維製品の材料・布地、帽子などの製造・卸や、それらのモノづくりをサポートする問屋、小売店など、多様な産業が集積している。しかし、近年その大半が売上・利益とも減少傾向にあった。こうした中、台東区は台東デザイナーズビレッジ（通称：デザビレ）といった創業支援施設の開設などを行い、デザイナー、クリエイターの育成に取り組んできた[注4)]。
　2004年、同エリアに開設されたデザビレは、年1回、入居者である若手クリエ

イターと地元の人々の直接交流の場として施設公開を実施。また，毎年卒業ブランドを輩出し，半数がエリア内にアトリエやショップを構え始めた。2010年，このエリアを「徒蔵（カチクラ）」と名付け，雑誌「東京ウォーカー」がデザビレ施設公開と卒業生ショップめぐりを紹介し，2011年には，デザビレ村長の呼びかけで集まった地元企業や卒業生ショップなどの16社にて，「台東モノマチ」がスタートした。施設公開と地元商店街で開催した「モノづくり市」を柱とし，商店街は30年ぶりとも言われるにぎわいを見せ，来場者のべ1万人の盛況となった。この「台東モノマチ」は，モノづくりやショップめぐりを楽しみながら，飲食店なども含め，下町の街歩きを楽しめるイベントであり，開始以来，参加企業も倍々で増加。規模の拡大，コンテンツの充実を目指してきたが，運営面の負担の増加から，任意団体「台東モノづくりのマチづくり協会」が設立され，運営を組織化・定型化しつつ，規模も適正化していった。2014年時点では，参加企業数約150件，3日間で来場者延べ10万人程度を集めている。[注5]

(2) 実施前後での変化[注6]

まず，消費者やバイヤー，小売業者，クリエイター，デザイナーが多数来訪し，参加企業の売上拡大や新製品開発につながる事例，新たな協業も生まれることとなった。これまで下請け中心で消費者と交流のなかった職人も，消費者との交流により，売れるものをつくろうという意識変化が生じた。BtoBしかやっていなかった職人や問屋も，消費者向けへの見せ方に意識が変わった事例も見られる。

さらに，地域における最も大きな変化は，こうした直接の売上拡大や外部との交流のみならず，台東モノマチの実施・参加をきっかけに，今まで交流のなかった近隣の企業間での交流・協業が多数発生することとなったことである。これは，新製品開発などにつながるのみならず，参加する楽しさの要因にもなっている。

メディアへの露出も増え，同地域への認知やブランド化も進展し，クリエイターや小売店・飲食店，あるいは市民などの同地域への流入も進みつつある。

5.2 新潟県三条市・燕市の事例

(1) 地域の特徴・課題と経緯[注7]

三条市・燕市は，江戸時代から製造業の集積した，金属加工業を中心とした産業集積地である。しかし近年，海外との競争激化に直面しており，付加価値向上，事業転換，新分野進出，などが課題となっている。

同地域の鍛冶屋は，主に地元の金物問屋を通じて販売してきたが，ホームセンターのような大型店の成長やインターネット通販の普及など，流通形態の変化により，問屋任せでは販売が難しくなってきた。このため，鍛冶屋の経営改善には，消費者の声を直接聴くことが重要という問題意識から，三条市では2007年から「越後三条鍛冶まつり」を開催した。これは物販・モノづくり体験などを行うイベントで，2012年まで行われてきたが，それだけでは一般消費者には商品価値がうまく伝わらないという悩みがあった。これに対し，より商品価値を伝えていくためには，自分たちの技術や製造現場を直接見てもらった方がよいのでは，という案が地元企業から出され，参加企業が直接消費者のコミュニケーションを図ることを主な狙いとし，「越後三条鍛冶まつり」を発展的に改組し，2013年より，三条市・燕市全域にわたる工場見学イベント「燕三条 工場の祭典」を開催した。

(2) 　実施前後での変化と課題[注8]

　「燕三条 工場の祭典」は，「燕三条は，工場で，人を繋げる」をコンセプトに，普段入れない工場もオープンにし，職人と直接交流しながら，ものづくりの現場の見学やワークショップの体験などできるイベントであり，2014年は，参加企業数59社，来場者は4日間で約1万3千人に上った。

　直前の「越後三条鍛冶まつり」と比べ，初回から来場者が増える（延べ8千人→1万1千人弱）とともに，売上客単価が約6倍に増加。県外からの来場者の約3割が実際に製品を購入した。特に，県外から，また特に20代・30代といった若年世代が多数来場し，海外からも来場者があった。ものづくり・デザイン・テクノロジーなどに関心の高い層を惹き付けている。また，一般消費者のみならず，バイヤー等も多数来場。商談・成約のあった企業も多い。各企業が消費者とのコミュニケーションにより気付きを得たり，従業員の商品理解や接客・説明等の能力向上にもつながった，との声も聴かれた。

　さらに，全国メディアにも多数露出し，「燕・三条」がものづくりのまちであることが，一般消費者にまで伝わる機会となった。職人になりたい，工場で働きたい，という声も全国から出てきた。

　加えて，もともと本イベントが始まる前から，同地域では工場見学を常時受け入れている企業もあったが，本イベントを通じて地域内での学習が進み，「工場の祭典」期間中に限らず，販売促進等の観点から，常時工場見学を可能としたり，工場にショップを併設する事業者も出てきた。

他方で課題として，参加企業数の更なる拡大や，来場者の見学工場数の更なる増加，そのための来場者の滞在日数の拡大，宿泊業や飲食業等も含めた多様な産業間の連携による魅力向上，いかに地元の人で自立した取組みにしていけるか，などが挙げられている。

5.3 東京都大田区の事例
(1) 地域の特徴・課題と経緯[注9]

東京都大田区は，大都市の需要地に近接した，最終製品よりむしろ金属機械加工を得意とし，高度な部品や試作品や特注品などの製造を担っている産業集積地である。近年，海外との競争激化とともに，都市化の進展により住・工共生が進展し，工場の操業環境として難しくなってきている。

大田区では，1995年，「大田区産業ビジョン」が提言として出され，当時，工業・商業と生活が共存する産業環境の創造が重要な課題と認識され，その中で，区内の工業・産業の価値について区内外の理解を深めるため，「大田オープンミュージアム構想」も盛り込まれた。その後，この動きは具現化していなかったが，2009年，大田区に観光協会が設立された際，工場見学の対象掘り起こしという観点もあり，大学の教員に工場調査を依頼した。その調査での提言で，モノづくりとマチづくりを融合して考え，工場を都市政策に位置付けつつ，「クリエイティブタウン大田」を目指すという構想の中で，オープンファクトリーなども提案があった。これを受け，大学の学生が働きかけたことにより，町工場の工場主の協力が得られ，2011年，「おおたオープンファクトリー」が初開催された。これは，大田区の中でも特定のエリアで工場を公開，工場見学や体験プログラムなどに参加できるイベントとなっており，2014年では，参加企業数74社，来場者は1日で約2千人となった。

(2) 実施前後での変化と課題[注10]

当初の狙いとしては，直接事業者の売上増を狙うというよりは，まずは地元住民などに地元の工場を知ってもらい，理解を深めてもらいつつ，ファンを増やしたり，あるいはついでに展示会への出展代わりにならないかという狙いもあった。実際の参加者も，大田区民が多い。

しかし，開催後の参加工場への調査では，①地域対策事業，②企業のCSRとして，のみならず，③営業活動，④製品開発のきっかけ，⑤社員教育の場としても

意義があったとの結果が得られた。特に，何回か続ける中で，新事業に取り組む機会も少なくなったところ本イベントへの企画を通じて，特に④や⑤の側面の意義を感じているという声が聞かれた。また，最近では，そうした効果を狙い，「モノづくりたまご」という，デザインコンペと組み合わせたモノづくりのプロセスを感じるストーリー型観光企画にも力が入れられている。また，本イベントを通じて町工場に就職する若者も出て，人材確保につながる事例も生じている。長い目で見れば，新分野進出や後継者の確保・育成，さらには同地域へのクリエイター，クリエイティブ企業などの参入も期待する声もある。

他方で課題として，大学主導で開始された取組みである中，運営・推進にいかに地元の人の関わりを強くしながら継続的な取組みとして成長させていけるかや，売上や利益の拡大にすぐ直結しにくい中での，目標・成果の見え辛さ・共有の難しさ，また個別企業の強化に必ずしもつながりにくい中，どのように地域で面的な地域産業振興につなげていけるか，といったことも挙げられている。

6．産業集積地域における産業観光まちづくりの意義

上記三つの事例分析の結果から，4.1で仮説として挙げた産業集積地域における産業観光まちづくりの意義について検討すると，以下のことが言えよう。

まず，(1)地域外の消費者・バイヤー・小売業者との関係構築による売上拡大や新需要開拓，という点に関しては，「最終製品生産型」の方が，「加工型」よりも事業者の直接のメリット（売上拡大，製品・販売方法の改善等）は生じやすいことが示唆された。ただ，「最終製品生産型集積」の中でも，「大都市型」と「地方型」とでは，後者の方が大需要地から遠く，また工場がより地理的に広範囲に分散していることが多いため，一般消費者の来訪者拡大や，参加企業にとってのメリットの均霑は容易でない面もある。

他方，いずれの集積類型にしても，直接の売上拡大は必ずしも参加企業すべてに生じるものでもないため，売上拡大や新需要開拓ばかり考えていても，産業観光まちづくりは継続・成長しにくいと考えられる。

次に，(2)の産業集積地域の認知拡大・ブランドの構築や，それによる消費者や関連業者，新たな担い手の誘引といった，地域外部の知識・情報をもたらすパイプライン構築については，「最終製品生産型集積」の方がそうしたメリットはより

享受しやすいようである。ただ,「加工型集積」でも工夫により可能と考えられる。

なお, バイヤーや小売業者, クリエイターなど地域外の事業者や, 新たな担い手といった, 特別の関心を有する者を惹きつけるという点では,「最終製品生産型集積」であれば「大都市型」でも「地方型」でも, 前者の方が集めやすいとは言え, 後者でも可能であろう。

(3)の地域内の学習の組み換えによる, 経路破壊・経路創造については,「最終製品生産型集積」でも「加工型集積」でも, また前者の「大都市型」でも「地方型」でも, 産業観光まちづくりという, 日頃の事業活動と異なる取組みを地域で行うことにより, 地域内部のネットワーク構築・深化が生じ, 新たな学習や協業がもたらされ, イノベーション創出につながる経路破壊・経路創造が生じうると考えられる。ただ, それが類型によりどの程度差が生じるのかは, 今後更に注視することが重要と考えられる。

(4)の当該地域への創造的人材や創造産業の流入, あるいはネットワーク構築による, 当該地域産業の差別化・高付加価値化といった産業集積の進化については, ある程度時間を要するものであり, また, 各地域の取組みの成果にもよるため確定的なことは言い難いが,「最終製品生産型集積」の方がよりわかりやすいとは言え, どの類型の事例でも創造的人材や創造産業の流入やネットワーク構築の事例が出ており, 中長期的にはどの類型でもそうした効果も期待しうると考えられる。

ただ, 産業集積地域における産業観光まちづくりは, 取り組めば皆が必ず効果が出ると言うものでもない。これによりどのような成果を得られるかは参加企業それぞれの取組みや, 多数の関係者を含む地域のマネジメントによっても異なると考えられ, そこに難しさもあるとも言えよう。

7. むすびに

本研究では, 近年各地の産業集積地域に広がっている産業観光まちづくりの, それに取り組む中小企業や産業集積地域にとっての意義について, 集積類型による差異にも着目しつつ考察を行った。理論的には, 産業観光まちづくりは, 見本市や展示会などが一時的クラスターとして果たす役割を更に発展させ, 地域にある自らの工場や工房をショールームとしつつ, 生産現場や作り手の想いやこだわりに触れられる機会を提供するとともに, その産業を成り立たせてきたまちやそ

の魅力も経験できるようにすることで，消費者や域外の企業を惹きつけ，より当該企業の製品や製法などの経験価値を感じてもらい，また企業にとっても日常の事業活動を超えた地域内外との知識交流，ネットワークをより進化させ得るものと考えられるが，当該産業集積が「大都市型」か「地方型」か，また「最終製品生産型」か「加工型」かによっても効果の得やすさには差異があると考えられる。

ただ，実際に産業集積地域で産業観光まちづくりに取り組む際には，こうした集積類型の違いから来る効果の違い以外にも，地域内の企業それぞれの思惑にも違いや温度差があり，その調整をうまく行いつつ関係者のやる気やコミットメントを引き出すことも重要である一方，消費者や外部の企業等を惹きつけるような魅力あるイベントを実施するには労力を要し，自立的・持続的な運営・推進体制の構築に難しさがある。そうした中で，成功事例を増やすための政策的含意としては，既に取組みが進んでいる所もあるが，全国的に産業観光まちづくりに関心ある者のネットワーク化を図りつつ，産業観光まちづくりに係るノウハウや手法の共有を図ることが重要であろう。また，大都市と違い来訪者や協賛金を集めることが容易ではない地方などでは，取組みが自立していくまでの間，イベント開催等に係る初期費用や体制づくりといった政策的支援も重要と考えられる。

さらに，来訪者の満足度を高め取組みを成長させていくためには，単に当該地域の集積産業に属する企業が参加するのみならず，飲食業・小売業などの商業や宿泊業との連携など，多様な産業を巻き込んだ地域全体での取組みや，生産現場や工場めぐり，街歩きなどのガイド・説明媒体などの工夫・準備も重要であろう。

本研究では，各地で広がりつつある生産現場などを訪れる産業観光まちづくりに関して，三つの代表的・典型的事例をもとにその意義について考察したが，こうした取組みは始まったばかりの所も多く，成果を判断するには時期尚早の所も多い。今回，産業集積地域を類型化しつつ，ある程度一般化した検討を行ったが，本研究の結果の一般化に向け，更に各地の事例の進展を見つつ，事例研究を蓄積していくことが重要と考えられる。それについては今後の課題としたい。

〈注〉
1　例えば，川原ほか(2014) にも各地のオープンファクトリーの事例が整理されている。
2　産業集積の類型化に関しては，先行研究でも様々な分類があり，また，実際の産業集積も多様な中，すべてをきれいに分類整理することは困難とも考えられるが，今回

は産業観光まちづくりの意義が産業集積地域ごとにどう変わり得るかを分析するという目的に照らし，概念的にこのような類型化を試みた。
3　集積類型毎に，産業観光まちづくり大賞を受賞するなどの先駆的地域を選定し，産業観光まちづくりの開始前後での変化について得た情報を分析した。ただ，参加企業の大半が中小企業であるため，財務データの入手には限界があった。
　なお今回，「加工型」×「地方型」の産業集積地域の事例分析は行っていない。視察対象者を限定している場合が多いと見られるため分析対象には加えていない。
4　台東区（2012）に基づく。
5　ソーシャルデザイン研究所（2015）の記述に基づく。
6　数年間にわたり台東モノづくりのマチづくり協会の主要メンバーの方々の話を伺い，特に2015年7月16日のインタビューを参考にしている。
7　主に2015年8月27日の「燕三条 工場の祭典」実行委員会事務局へのインタビューに拠っている。
8　「燕三条 工場の祭典」実行委員会資料，実行委員会事務局へのインタビュー及び2015年6月22日の第2回実行委員長へのインタビューに拠っている。
9　大田区（1995），モノづくり観光研究会（2011），岡村ほか（2014），田中（2014），及びモノづくり観光研究会の主要メンバーであった田中裕人氏への2015年8月28日のインタビューに拠っている。
10　地域の工業団体である工和会協同組合副理事長の佐山行宏氏への2015年9月14日のインタビュー，モノづくり観光研究会の主要メンバーであった田中裕人氏へのインタビュー及び大田クリエイティブタウン研究会（2012）に拠っている。

〈参考文献〉
1　Bathelt, H., Malmberg, A. and Maskell, P.（2004）"Clusters and Knowledge: local buzz, global pipelines and the process of knowledge creation", *Progress in Human Geography*, 28, 1, pp.31-56
2　福嶋路（2013年）『ハイテク・クラスターの形成とローカル・イニシアティブ：テキサス州オースティンの奇跡はなぜ起こったのか』東北大学出版会
3　Gilmore, J.H. and Pine, B.J.（2007）*Authenticity: What Consumers Really Want*, Harvard Business School Press（林正訳（2009年）『ほんもの―何が企業の「一流」と「二流」を決定的に分けるのか？』，ダイヤモンド社）
4　羽田耕治（2013年）「新しい観光としての産業観光－産業観光の現代的意義と課題」日本造園学会『ランドスケープ研究』第77巻第3号 pp.233-236
5　伊丹敬之（1998年）「産業集積の意義と論理」伊丹敬之・松島茂・橘川武郎編『産業集積の本質　柔軟な分業・集積の条件』第1章 有斐閣
6　ソーシャルデザイン研究所（2015年）『オープンファクトリーガイドブック』
7　川原晋・岡村祐・野原卓・豊田純子（2014年）「中小工場集積地の産業観光まちづくり手法としてのオープンファクトリー」日本立地センター『産業立地』2014年11月号

8 公益社団法人日本観光振興協会「産業観光ガイド」 http://sangyou.nihon-kankou.or.jp/taisyou/ 2015年11月7日閲覧
9 Marshall, A. (1920) *Principles of Economics*, Macmilan. (永沢越郎訳 (1985年)『経済学原理 第二分冊』, 岩波ブックサービスセンター)
10 Maskell, P., Bathelt, H. and Malmberg, A. (2006) "Bulding global knowledge piplines: The role of temporary clusters" *European planning studies*, 14, 8, pp.997-1013
11 モノづくり観光研究会 (2011年)『大田モノ・まちBOOK 2011』
12 OECD (2014) *Tourism and the Creative Economy*, OECD Studies on Tourism, OECD Publishing, Paris.
13 岡村祐・野原卓・川原晋・大田クリエイティブタウン研究会 (2014年)「東京都大田区における大田クリエイティブタウン構想と実践」, 学芸出版社『季刊まちづくり』2014年4月号
14 大田クリエイティブタウン研究会 (2012年)『大田モノ・まちBOOK 2012』
15 大田区 (1995年)「大田区産業ビジョン—大田区産業『OTA』戦略—」
16 おおたオープンファクトリーウェブサイト http://www.o-2.jp/oof/ 2015年10月2日閲覧
17 Porter, M. E. (1998) *On Competition*, Harvard Business School Press. (竹内弘高訳 (1999年)『競争戦略論Ⅱ』ダイヤモンド社)
18 斎藤修 (2007年)『食料産業クラスターと地域ブランド 食農連携と新しいフードビジネス』農山漁村文化協会
19 斎藤修 (2009年)『農商工連携の戦略 連携の深化によるフードシステムの革新』農山漁村文化協会
20 産業観光推進会議 (2014年)『産業観光の手法 企業と地域をどう活性化するか』学芸出版社
21 Schmitt, B.H. (1999) *Experiential Marketing: How to Get Customers to Sense, Feel, Think, Act, Relate*, The Free Press (嶋村和恵・広瀬盛一訳 (2000年)『経験価値マーケティング—消費者が「何か」を感じるプラスαの魅力』ダイヤモンド社)
21 須田寛 (2009年)『新産業観光』交通新聞社
22 台東区 (2012年)「台東区産業振興プラン」
23 台東モノマチウェブサイト http://monomachi.com/ 2015年10月2日閲覧
24 田中裕人 (2014年)「"ものづくりのまちづくり"をめぐる「大田クリエイティブタウン構想」前史」学芸出版社『季刊まちづくり』2014年4月号
25 遠山恭司 (2010年)「産業集積地域における持続的発展のための経路破壊・経路創造—日本とイタリアにおける眼鏡産業比較研究—」植田浩史・粂野博之・駒形哲哉編『日本の中小企業研究の到達点』同友館
26 「燕三条 工場の祭典」実行委員会資料
27 「燕三条 工場の祭典」ウェブサイト http://kouba-fes.jp/ 2015年10月2日閲覧

(査読受理)

新規開業企業が顧客・販路を開拓するには何が必要か
―開業時と開業後における新規性とネットワークの効果―

日本政策金融公庫総合研究所　井上考二

1．問題意識

　新規開業企業の多くは顧客・販路の開拓に苦労する。日本政策金融公庫総合研究所（2014）や東京商工会議所起業・創業支援委員会（2014）の調査結果では，約半数の新規開業企業が顧客・販路の開拓に苦労していると回答している。企業の売上は顧客を獲得することによってあがるものであり，また，獲得した顧客から，助言や支援を得て業績の向上につなげたり（岡室，2005），新たな取引先を紹介してもらい売上の増加を図ったり（鈴木，2012）といったことも期待できるようになる。経営を維持・発展させていくうえで顧客の獲得は欠かせないが，新規開業企業における顧客の獲得の要因について，多変量データにより統計的に分析した研究は見当たらない。
　また，売上状況，収支状況，従業者数成長率，存続廃業状況といった指標をもとに開業の成功要因を分析した研究は多くの蓄積があるが（本庄，2004；岡室，2005；熊田，2010；鈴木，2012など），開業時点における開業の成果に言及しているものはない。これらの研究で使用されている開業の成果を示す指標は，開業時から開業後の一定期間，あるいは開業後の一時点での成果を示すもので，開業時点における成果はわからない。開業時点と開業後の段階に分けて分析している研究もあるが（安田，2010；松田・松尾，2013；馬場・元橋，2013），開業時点の指標は，あくまで開業したかどうかという基準であり，開業時点における開業の成果を判断することまではできない。
　本稿は，この二つの問題意識を結びつけて開業の成功要因を分析しようとするものである。すなわち，開業時点での成果を判断することができない従来の指標に代えて顧客の確保・獲得の状況を指標に用いることで，開業時点および開業後

のそれぞれの段階における成功要因を探る（図1）[注1]。段階ごとの成功要因が明らかになれば、開業者に対する支援・アドバイスはより効果的に実施されるようになるだろう。

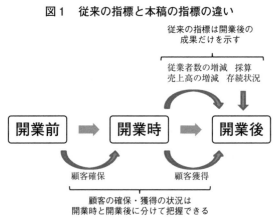

図1　従来の指標と本稿の指標の違い

資料：筆者作成

2．先行研究

　新規開業企業において顧客・販路の開拓が難しいのは、既存企業と比べて不利な条件におかれているからである。まず、資金的、人的な資源が乏しく、専門知識を有していることも稀なため、十分なマーケティング活動ができない（Bygrave and Zacharakis, 2008；鈴木, 2012）。次に、企業が新しいことにより、市場において確たる信用や認知を得られていない（Stinchcombe, 1965；鹿住, 2015）。新規開業企業が顧客・販路を開拓するには、これらを乗り越えることが重要であり、先行研究からは主に二つの方策が見出せる。

　一つは商品・サービスの新規性を拠りどころとするものである。商品・サービスを実際に購入してもらうためには、既存のものよりも優れた価値があると顧客が認識しなければならない（Bygrave and Zacharakis, 2008）。柳（2002）は、新規性は効用面における新規性と価格面における優位性に分けられ、効用価格比でより優れたものが競争に勝つと述べている。ただし、新規性を拠りどころとす

る方策は，スイッチングコストや新しい企業との取引リスクの存在が障害となるほか，新規性を認知・受容してもらうには時間がかかる（柳，2002）。

　もう一つは起業家個人のネットワークを活用するものである。新しい企業との取引のような，情報の非対称性がある社会的不確実性の高い状態では信頼が必要とされるが（山岸，1998），ネットワークはブリッジ的な紐帯により分断されている複数のグループをつないだり，制度的，能力的，意図的な信頼関係を構築したりする（若林，2009）。Aldrich（1999）は，創業期企業家の個人的ネットワークは社会的，感情的および物質的支援にアクセスする際に影響を及ぼし，なかでも紐帯の多様性をもつことで潜在的市場に関する情報へのアクセスが増す，強い紐帯は取引関係での信頼というメリットを提供すると述べている。日本の企業家のネットワークについては，ビジネス関係により構築されたネットワークが活用されることが多く，便益としては販路開拓に関するものが中心となっているようである（鹿住，2015；三輪，2010）。しかし，起業家が起業以前から保有しているネットワークの効果は起業後に薄れてしまう可能性がある。創業初期段階は強い紐帯および弱い紐帯が重要となるが，ある程度の安定性を達成した後は見知らぬ者との取引関係や接触が重要となる（Aldrich，1999），手間とコストをかけ続けなければ紐帯は途切れてしまううえ，ネットワークの陳腐化を脱し新たに広げるためにはさらに時間とコストが必要である（木村，2012）といった主張があり，Greve and Salaff（2003）の研究では，「動機付け」「事業の計画」「起業」の起業家活動の各段階でのネットワークのサイズは8人，14.7人，12人で，事業の計画の段階から起業の段階で減少している。

　以上の先行研究を整理すると，新規性とネットワークは新規開業企業における顧客の確保・獲得を促進すると考えられるが，その効果は開業時と開業後では異なる可能性がある，ということが指摘できる。そこで本稿では，開業時と開業後における新規性とネットワークの影響の違いについて，それぞれの段階での成果を判断できる指標を用いた計量分析により検証する。

3．分析の方法

3．1　使用データ

分析には日本政策金融公庫総合研究所が2014年8月に実施した「2014年度新規

開業実態調査(特別調査)」のデータを用いる。同調査は、日本政策金融公庫の国民生活事業および中小企業事業が2013年4月から同年9月にかけて融資した企業のうち、融資時点で開業後5年以内の企業(開業前の企業を含む)1万1,356社を対象に行った調査である。調査票の送付・回収は郵送で行い、回収数は2,699社(回収率23.8％)であった。

　開業時における顧客確保の状況は、「十分に確保していた」が8.7％、「十分ではないが、ある程度は確保していた」が54.7％、「まったく確保していなかった」が36.6％である。また、開業後の顧客獲得の状況は、「順調に獲得できている」が34.6％、「順調ではないが、ある程度は獲得できている」が61.6％、「まったく獲得できていない」が2.2％、「新たな顧客を獲得する必要はない」が1.6％である。顧客の確保・獲得の状況と業績との関連は、表1のとおりである。「開業時の顧客確保の状況」と「売上状況が増加傾向の割合」の関係以外は、顧客を確保・獲得している程度が高い方が業績は良好という傾向にあり、顧客の確保・獲得の状況は開業の成功を示す指標として問題はないと考えられる。

表1　顧客の確保・獲得の状況と業績との関連

		売上状況が増加傾向の割合(％)	採算状況が黒字基調の割合(％)	黒字基調になるまでの期間(カ月)	開業前の予想月商を達成した割合(％)
開業時の顧客確保の状況	十分に確保していた	62.3	85.8	5.9	76.7
		(n=228)	(n=225)	(n=192)	(n=215)
	十分ではないが、ある程度は確保していた	60.7	70.5	8.3	59.7
		(n=1,447)	(n=1,419)	(n=988)	(n=1,389)
	まったく確保していなかった	68.6	59.9	9.6	47.6
		(n=966)	(n=953)	(n=569)	(n=903)
開業後の顧客獲得の状況	順調に獲得できている	86.3	83.3	7.9	74.7
		(n=913)	(n=896)	(n=740)	(n=873)
	順調ではないが、ある程度は獲得できている	54.0	60.1	8.8	47.3
		(n=1,620)	(n=1,594)	(n=949)	(n=1,530)
	まったく獲得できていない	13.6	37.9	9.7	29.8
		(n=59)	(n=58)	(n=22)	(n=57)
	新たな顧客を獲得する必要はない	36.6	87.8	8.2	72.5
		(n=41)	(n=41)	(n=36)	(n=40)

資料：日本政策金融公庫総合研究所「2014年度新規開業実態調査(特別調査)」(以下同じ)

3.2 変数

被説明変数は，開業時の顧客確保の状況，および開業後の顧客獲得の状況の二つである。それぞれについて，「十分に確保していた」「順調に獲得できている」を3，「十分ではないが，ある程度は確保していた」「順調ではないが，ある程度は獲得できている」を2，「まったく確保していなかった」「まったく獲得できていない」を1とする順序尺度と設定し，累積ロジスティック回帰による推計を行う。被説明変数の値が大きいほど顧客を確保・獲得できている程度が高くなるため，説明変数の係数がプラスであれば顧客の確保・獲得に正の関係性が，マイナスであれば負の関係性があることになる。

なお，開業後の顧客獲得の状況における「新たな顧客を獲得する必要はない」については，獲得状況が不明のため分析から除外した。さらに，既存企業の関連会社として開業した企業と家業を発展させる形で新会社を設立した企業についても，顧客の確保・獲得に資する経営基盤がすでにあり，まったく新しく開業した企業と同一には扱えないと考えられることから，分析から除外している。

また，顧客の確保・獲得にかかるプロセスは事業所が顧客となるビジネスと一般消費者が顧客となるビジネスでは異なる（柳，2002）ことから，主な販売先が「事業所」の企業と「一般消費者」の企業をわけて推計する。したがって，推計は，①開業時における事業所向けビジネスの顧客確保（推計1-1），②開業時における消費者向けビジネスの顧客確保（推計1-2），③開業後における事業所向けビジネスの顧客獲得（推計2-1），④開業後における消費者向けビジネスの顧客獲得（推計2-2），の4つについて行う。

説明変数には，事業内容の新規性と起業家個人のネットワークに関する変数のほか，コントロール変数として起業家要因と企業要因に関する変数を用いる。起業の成功要因を分析する研究は岡室（2005）によると，Storey（1994）の成長に影響を与える三つの要因の枠組みに依拠しているものが多い。三つの要因とは，企業家の経営資源，企業，経営戦略で，企業家の経営資源は企業が設立する以前に確定する要素，企業は事業が開始された時に示される要素，経営戦略は開業後の経営活動により示される要素である（Storey，1994）。本稿においても先行研究に倣いStorey（1994）の枠組みを援用する。ただし，開業後の経営活動である経営戦略については，開業後だけではなく開業時の成功要因も分析する本稿の目的にあわないため，説明変数には採用していない。

新規性に関する変数は，同業者と比べた際の「事業内容の新しい点」が，「大いにある」「多少ある」場合を1，「あまりない」「まったくない」場合を0とするダミー変数である。新規性が顧客に認知・受容されるのに時間がかかる（柳，2002）とすれば，新規性による顧客の確保・獲得の影響は開業時よりも開業後の方が強いと予想される。

　ネットワークに関する変数は，「元勤務先，その勤務者」「元勤務先の取引先，その勤務者」「仕事で知り合った友人・知人」「学生時代の友人・知人」「地域の友人・知人」「親戚」「開業前から面識があったその他の人」の七つである。開業時および開業後にそれぞれのネットワークを活用した（顧客となってもらうための営業をした，または顧客を紹介してくれた）場合を1，活用していない場合を0とするダミー変数を設定した[注2]。日本ではビジネス関係をもとに構築されたネットワークの方が活用されていること（鹿住，2015；三輪，2010），ネットワークの効果は薄れてしまう可能性があること（Aldrich, 1999；木村，2012）から，顧客の確保・獲得との関係性が強いのは，開業時における「元勤務先，その勤務者」「元勤務先の取引先，その勤務者」「仕事で知り合った友人・知人」などであると予想される。

　起業家要因に関する変数は，「開業時の年齢（対数）」「女性（ダミー変数）」「大学・大学院卒（ダミー変数）」「斯業経験年数（現在の事業に関連する仕事の経験年数，対数）」「営業経験（顧客への営業や接客，マーケティングに関する仕事の経験がある場合を1とするダミー変数）」「管理職経験（管理職として働いた経験がある場合を1とするダミー変数）」である。企業要因に関する変数は，「開業時の従業者数（対数）」「株式会社（ダミー変数）」「開業後の経過月数」「開業費用（万円，対数）」「業種（12業種のダミー変数，推計結果等への記載は省略）」である。これらの変数は，「営業経験」を除いて，第1節で言及した開業の成功要因に関する先行研究（本庄，2004；岡室，2005；熊田，2010；鈴木，2012；安田，2010；松田・松尾，2013；馬場・元橋，2013）の少なくとも一つで関係性があるとされた変数である。

　以上の説明変数の基本統計量は表2のとおりである。

表2 説明変数の基本統計量

		平均値	標準偏差	最小値	最大値
事業内容の新しい点		0.698	0.459	0.0	1.0
ネットワーク（開業時）	元勤務先，その勤務者	0.403	0.491	0.0	1.0
	元勤務先の取引先，その勤務者	0.484	0.500	0.0	1.0
	仕事で知り合った友人・知人	0.629	0.483	0.0	1.0
	学生時代の友人・知人	0.435	0.496	0.0	1.0
	地域の友人・知人	0.506	0.500	0.0	1.0
	親戚	0.441	0.497	0.0	1.0
	開業前から面識があったその他の人	0.525	0.499	0.0	1.0
ネットワーク（開業後）	元勤務先，その勤務者	0.472	0.499	0.0	1.0
	元勤務先の取引先，その勤務者	0.565	0.496	0.0	1.0
	仕事で知り合った友人・知人	0.737	0.440	0.0	1.0
	学生時代の友人・知人	0.511	0.500	0.0	1.0
	地域の友人・知人	0.600	0.490	0.0	1.0
	親戚	0.516	0.500	0.0	1.0
	開業前から面識があったその他の人	0.605	0.489	0.0	1.0
開業時の年齢（対数）		3.707	0.233	2.8	4.4
女性		0.153	0.360	0.0	1.0
大学・大学院卒		0.387	0.487	0.0	1.0
斯業経験年数（対数）		2.103	1.112	0.0	3.9
営業経験		0.634	0.482	0.0	1.0
管理職経験		0.688	0.463	0.0	1.0
開業時の従業者数（対数）		1.002	0.809	0.0	4.6
株式会社		0.359	0.480	0.0	1.0
開業後の経過月数（対数）		2.961	0.606	0.7	4.4
開業費用（対数）		6.395	1.253	0.0	11.1

4．推計結果

　推計結果は表3のとおりである。

　「事業内容の新しい点」は，開業時の顧客確保についての推計である推計1-1と推計1-2では係数の符号がマイナスで非有意となっており，顧客の確保との関係性は確認できない。対して開業後の顧客獲得についての推計である推計2-1と推計2-2では係数の符号が有意にプラスとなっており，顧客の獲得と正の関係性が認められる。新規性による顧客の確保・獲得の影響は，開業時よりも開業後の方が強いといえ，新規性の認知・受容には時間がかかるという柳（2002）を裏付ける結果となった。

　ネットワークについてみると，推計1-1では「元勤務先の取引先，その勤務者」だけが有意であり，係数もプラスで他の項目と比べて大きな値となっている。推計1-2では「元勤務先の取引先，その勤務者」以外に「親戚」と「開業前から面識があったその他の人」も有意である。係数の値は「元勤務先の取引先，その勤務者」が推計1-1と同様にプラスで最も大きいが，「親戚」についてはマイナスとなっている。推計2-1は「開業前から面識があったその他の人」が10％水準で有意となっているのみであり，推計2-2では有意となったものがない。これらの結果を整理すると，ネットワークと顧客の確保・獲得との関係については2点あげられる。まず，開業以前に構築されたネットワークは，開業時の顧客確保との関係性はあるが，開業後の顧客獲得との関係性はあまりないことである。次に，開業時の顧客確保において強い関係性をもつのは「元勤務先の取引先，その勤務者」とのネットワークであることである。したがって，ネットワークに関する結果は，概ね先行研究と整合しているといえる。

　なお，「親戚」と「開業前から面識があったその他の人」が有意になっている点については理由が不明であるが，Aldrich（1999）は，家族とのネットワークは起業家を感情的に支えるものの，起業家にマイナスの影響をもたらすこともあると述べている。これらのネットワークの影響については事例研究等により今後詳細に検討していくことが必要である。

　起業家要因，企業要因の結果に目を向けると，「開業時の年齢」と「開業時の従業者数」が開業時と開業後で有意となっている。「開業時の年齢」は推計1-1，推計2-1，推計2-2で有意にマイナスであり，年齢が高いほど顧客を確保・獲

表3 推計結果

	推計1-1		推計1-2		推計2-1		推計2-2	
	開業時				開業後			
	事業所向け		消費者向け		事業所向け		消費者向け	
	係数	標準誤差	係数	標準誤差	係数	標準誤差	係数	標準誤差
事業内容の新しい点	-0.026	0.218	-0.142	0.125	0.618	0.240 ***	0.520	0.136 ***
ネットワーク(開業時) 元勤務先,その勤務者	0.047	0.225	0.083	0.143	—		—	
元勤務先の取引先,その勤務者	1.126	0.234 ***	0.637	0.145 ***	—		—	
仕事で知り合った友人・知人	0.024	0.226	0.235	0.155	—		—	
学生時代の友人・知人	-0.133	0.277	0.018	0.162	—		—	
地域の友人・知人	0.374	0.274	0.038	0.162	—		—	
親戚	-0.327	0.307	-0.555	0.153 ***	—		—	
開業前から面識があったその他の人	-0.107	0.220	0.385	0.140 ***	—		—	
ネットワーク(開業後) 元勤務先,その勤務者	—		—		-0.285	0.221	-0.016	0.150
元勤務先の取引先,その勤務者	—		—		-0.006	0.250	0.080	0.152
仕事で知り合った友人・知人	—		—		0.152	0.258	-0.200	0.171
学生時代の友人・知人	—		—		0.056	0.269	0.089	0.164
地域の友人・知人	—		—		0.043	0.263	-0.055	0.176
親戚	—		—		-0.367	0.282	-0.163	0.157
開業前から面識があったその他の人	—		—		0.372	0.220 *	-0.021	0.150
開業時の年齢	-1.020	0.509 **	-0.399	0.270	-1.909	0.539 ***	-2.249	0.297 ***
女性	0.161	0.406	0.239	0.157	-0.333	0.459	0.374	0.164 **
大学・大学院卒	0.358	0.209 *	-0.356	0.126 ***	-0.224	0.217	-0.086	0.134
斯業経験年数	0.381	0.098 ***	0.238	0.055 ***	-0.026	0.105	0.008	0.059
営業経験	0.507	0.225 **	0.136	0.123	0.112	0.237	0.022	0.131
管理職経験	0.345	0.255	0.090	0.128	0.433	0.277	0.132	0.136
開業時の従業者数	0.519	0.140 ***	0.333	0.081 ***	0.253	0.142 *	0.348	0.085 ***
株式会社	0.042	0.213	-0.065	0.154	0.033	0.224	0.033	0.164
開業後の経過月数	—		—		-0.016	0.180	0.019	0.107
開業費用	-0.093	0.073	-0.072	0.057	-0.061	0.076	0.120	0.063 *
閾値1	-3.161	2.127	-2.125	1.204 *	-12.441	2.430 ***	-11.518	1.398 ***
閾値2	0.748	2.121	1.096	1.205	-7.561	2.381 ***	-6.675	1.359 ***
観測数	535		1343		509		1320	
-2対数尤度	800.904		2170.123		676.265		1816.426	
Nagelkerke R2乗	0.240		0.159		0.143		0.143	

(注) ***は1%,**は5%,*は10%水準での有意を示す。

得する確率は低くなるといえる。「開業時の従業者数」は，推計2-1は10％水準であるものの，四つの推計すべてで有意にプラスとなっている。従業者数が多いと顧客を確保・獲得できるという関係性が想定されるが，逆の解釈，つまり，開業時に顧客を確保できたから，あるいは開業後に顧客を獲得できる見込みがあるから，その対応のために多くの従業員を採用したという関係性も考えられる。どちらのケースによるものかは，今回の推計で使用したデータからは判別できない。開業時の従業者数が顧客の確保・獲得の要因であるかどうかは，さらなる検討が必要となる。

　起業家要因に関する他の説明変数では，「斯業経験年数」が推計1-1と推計1-2でプラスに有意，「営業経験」が推計1-1でプラスに有意である。いずれも開業時の顧客確保にかかる推計で有意であり，開業時の顧客確保において起業家の人的資本は重要な要因となることを示唆する。一方で，「大学・大学院卒」については，推計1-1はプラスに有意であるのに対し，推計1-2ではマイナスに有意である。推計1-2でマイナスに有意となっている背景については，データのバイアスが理由の一つとして考えられるが，詳しくはわからない[注3]。

　企業要因に関する他の説明変数は，推計2-2の「開業費用」が10％水準で有意になっているのみである。どちらかといえば，企業要因は起業家要因ほど顧客の確保・獲得に影響は及ぼさないようであり，起業活動においては起業家本人の果たす役割が非常に大きいとする研究と整合する結果といえる（柳，2002；高橋，2005）。

5．おわりに

　本稿では，顧客の確保・獲得の状況を指標に用いることで，開業にかかる成果を開業時と開業後の二つの段階で把握した。そして，それぞれの段階においての成功要因を新規性とネットワークの観点から計量分析により検証した。これは従来の指標では困難であった分析であり，その結果として，新規性の影響は開業時ではなく開業後に認められること，開業前に構築されたネットワークの影響は開業時こそ大きいものの開業後はあまり期待できないことを明らかにすることができた。

　新規性やネットワークは新規開業企業が経営資源の制約や市場における信用の

欠如などを乗り越える糸口となりうるが、その効果は常に有効というわけではないといえる。開業時は構築してきたネットワークを活用、開業後は新規性をアピールというように、段階に応じた顧客の確保・獲得の取り組みが必要となる。また、経営の維持・発展を図るという視点からは、次の二つの示唆が得られる。第1に、新規性を拠りどころに顧客を獲得しようとする場合は、事業が軌道に乗るまでの間の資金を手当てしなければならないこと、第2に、既存のネットワークに依存した経営をするだけでは新たな顧客を獲得できないため、新たなネットワークの構築や他社との差別化による新規性の創出などに努めなければならないことである。しかし、事業が軌道に乗る前の新規開業企業がこうした取り組みを独力で実行するのは負担が重いと思われる。新規開業企業の顧客獲得を支援するうえでは、金融や補助金・助成金などの支援や、新たなネットワークを構築できる場や機会の提供なども重要となるだろう。

　最後に、今後の課題として2点をあげる。一つは、いくつかの説明変数の結果の解釈である。推計した結果については理由が判然としないものが残されている。事例研究や異なるサンプルでの検証などにより、詳細に検討していく必要がある。もう一つは、動的な分析である。新規開業企業における顧客の獲得手段として既存の顧客からの紹介は重要であるが（岡室，2005；鈴木，2012）、本稿ではその影響を考慮していない。開業後の顧客獲得の実態を明らかにするうえで、開業時に顧客を確保したことによる影響の分析は欠かせない。

〈注〉
1　開業時と開業後のどちらの状況かを区別しやすくするため、開業時は「確保」、開業後は「獲得」と表記している（以下同じ）。
2　ネットワークを活用したかどうか（顧客となってもらうための営業をしたかどうか、または顧客を紹介してくれたかどうか）による区分であり、実際に顧客を確保・獲得できたかは問わない。
3　2014年度新規開業実態調査（特別調査）における消費者向けビジネスは、「美容業」「あん摩マッサージ指圧師・はり師・きゅう師・柔道整復師の施術所」など、資格取得や技術習得のために専門学校を卒業していることが多い業種の割合が高い。これらの業種では勤務時に担当していた顧客を開業後も引き続き顧客とするケースが多く、そのことによって、大学・大学院卒と比べて大学・大学院卒以外の方が顧客を確保しやすいという結果となっている可能性がある。

〈参考文献〉
1 Aldrich, Howard E.（1999）*Organizations Evolving*, Sage Publications.（若林直樹・高瀬武典・岸田民樹・坂野友昭・稲垣京輔訳『組織進化論―企業のライフサイクルを探る』東洋経済新報社，2007年）
2 馬場遼太・元橋一之（2013年）「起業活動と人的資本：RIETI 起業家アンケート調査を用いた実証研究」RIETI Discussion Paper Series 13-J-016
 http://www.rieti.go.jp/jp/publications/dp/13j016.pdf　2015年10月20日閲覧。
3 Bygrave, William and Andrew Zacharakis（eds）（2008）*Entrepreneurship*, Wiley & Sons Inc.（高橋徳行・田代泰久・鈴木正明訳『アントレプレナーシップ』日経BP社, 2009年）
4 Greve, Arent and Janet W. Salaff（2003）"Social Networks and Entrepreneurship." *Entrepreneurship, Theory and Practice*, Vol.28（1），pp.1-22
5 本庄裕司（2004年）「開業後のパフォーマンスの決定要因」国民生活金融公庫総合研究所編『2004年版新規開業白書』中小企業リサーチセンター，pp.89-118
6 鹿住倫世（2015年）「企業家活動と社会ネットワーク―創業に役立つネットワークとは？―」『日本政策金融公庫論集』No.26，pp.36-59
7 木村元子（2012年）「中小企業ネットワークの理論的背景と特性―ブリッジの役割と地域産業政策への含意―」日本中小企業学会編『中小企業のイノベーション 日本中小企業学会論集31』同友館，pp.284-296
8 熊田和彦（2010年）「起業意識と経験が起業パフォーマンスにあたえる影響」『VENTURE REVIEW』No.16，pp.21-30
9 松田尚子・松尾豊（2013年）「起業家の成功要因に関する実証分析」RIETI Discussion Paper Series 13-J-064
 http://www.rieti.go.jp/jp/publications/dp/13j064.pdf　2015年10月20日閲覧。
10 三輪哲（2010年）「新規開業における世代間再生産と社会的ネットワークの影響」『日本政策金融公庫論集』No.6，pp.79-100
11 日本政策金融公庫総合研究所（2014年）「『2014年度新規開業実態調査』～アンケート結果の概要～」
12 岡室博之（2005年）「取引関係とパフォーマンス」忽那憲治・安田武彦『日本の新規開業企業』白桃書房，pp.101-125
13 Stinchcombe, Arthur L.（1965）"Social Structure and Organizations," in James G. March（ed.），*Handbook of Organizations*, Rand McNally,pp.142-193
14 Storey, David J.（1994）*Understanding the Small Business Sector*, Thomson Learning Europe.（D.J.ストーリー『アントレプレナーシップ入門』，忽那憲治・安田武彦・高橋徳行訳，2004年，有斐閣）
15 鈴木正明（2012年）「どのような取引関係が創業期の業績を高めるのか」日本政策金融公庫総合研究所編・鈴木正明著『新規開業企業の軌跡』勁草書房，pp.167-185
16 高橋徳行（2005年）『起業学の基礎―アントレプレナーシップとは何か』勁草書房

17　東京商工会議所 起業・創業支援委員会（2014年）『創業の実態に関する調査報告書』
　　http://www.tokyo-cci.or.jp/file.jsp?id=41790　2016年1月14日閲覧。
18　若林直樹（2009年）『ネットワーク組織―社会ネットワーク論からの新たな組織像』
　　有斐閣
19　山岸俊男（1998年）『信頼の構造―こころと社会の進化ゲーム』東京大学出版会
20　柳孝一（2002年）「マーケティング戦略」金井一頼・角田隆太郎編『ベンチャー企業経営論』有斐閣，pp.153-179
21　安田武彦（2010年）「起業選択と起業後のパフォーマンス」RIETI Discussion Paper Series 10-J-020　http://www.rieti.go.jp/jp/publications/dp/10j020.pdf　2016年1月14日閲覧。

（査読受理）

海外生産化の進展と地方中小企業
―長野県上伊那地域における地域外需要獲得中小企業のメカニズム―

大阪商業大学　粂野博行

1．はじめに

　海外生産化が進み，国内産業の空洞化が言われて久しい。本稿は海外生産化が展開される中，地方工業の担い手である中小企業の在り方を探るべく，長野県上伊那地域工業集積の中小企業に焦点を当てる。この地域でも地域内の中核的大企業が海外生産化を進め，地域内への発注を縮小させている。しかし上伊那地域には地方都市に存在しながら，集積外の地域より受注を行う下請企業が存在していた。つまり海外生産化が進展し，地域の経済環境が大きく変化する中で，その変化に対応し，地域外から受注する企業（地域外需要獲得企業）が創出されている。自社製品の開発や，海外への進出など，従来の下請企業にとってハードルの高い方法ではなく，従来の方法をより高める方向で，地域外からの需要を獲得している。上伊那地域工業集積のケースは，国内地方工業集積地域のひとつの在り方を示すと考えられる。

　またこの地域にはこれまで数多くの研究蓄積が存在する。本稿では，従来の研究を踏まえたうえで2014年・2015年に行った調査をもとに，地域中小企業に焦点を当て分析を行う。

2．上伊那地域の概況

　長野県上伊那地域とは，長野県南部の岡谷・諏訪地域と飯田地域に挟まれる場所であり，伊那市を中心に駒ケ根市，上伊那郡の二市一郡からなる地域である。長野県の製造品出荷額等でみるならば松本地域，長野地域に次いで第3位となっている。工業地域の事例として取り上げられる岡谷・諏訪地域が4位であるから，

県内有数の工業地域といえよう。

上伊那地域の工業で特徴的なことは，地域内に中核的大企業（以下「地域内中核企業」とする）が存在することである。つまり地域に雇用だけでなく，需要や産業の在り方に様々な影響を与えるという意味で，「中核的」大企業が存在し，これらの企業と関係を持つ地域内中小企業の存在をめぐって様々な議論が交わされた。

3．上伊那地域に関する従来の研究[注1]

3．1　戦後から1980年ごろまで

1941年に上伊那地域へ興亜工業（現 KOA㈱）が移転してくることで，この地域の工業化が本格的にスタートする。1952年には同じく電気部品のメーカーである有限会社日本電解製作所（現ルビコン㈱）も操業を開始し，上伊那地域に電気部品企業の創業が相次ぐ。このころの研究は，竹内（1968）など経済地理分野での研究が行われた。

この時期，上伊那地域では電気部品企業が相次いで創業され，農村納屋工場とよばれるような工場が広範に存立するようになる。この動きに伴い農村の女性労働力を中心に内職が組織化されてゆく。このころ農政面では減反政策も行われ，その結果，農村の工業化が進展してゆくのである。このような上伊那地域における農村の就業構造や労働構造の変化についても検討が行われた。これらについては中央大学経済研究所編（1982）など一連の研究が存在する。

また1967年には，松本諏訪地区が新産業都市に指定され，諏訪地域周辺の工業化が進展し，隣接している上伊那地域へも大企業の分工場が進出をはじめる。さらに1981年には中央高速道路が開通し，この地域への大企業の分工場が誘致され，部品工業の産地から地方工業集積へと発展してゆく。このような産業構造の変化に関しては信州地理研究会（1973）や地域産業研究会（1987）などの研究が詳しい。

3．2　1980年代から2000年まで

1980年代になると日本製造業の効率的な生産システムの要因の一つとして，大企業と中小企業との下請取引関係が注目された。この流れの中で，上伊那地域の下請分業構造の特徴が注目される。日本の下請制論・効率性論の議論の中で，上伊那地域における専属的な下請取引関係に注目し，そのことが効率的な生産をも

たらすとされる議論である。この研究に関しては池田正孝氏の一連の研究（池田（1978）など）があげられる。

上伊那地域における工業の進展は結果として，地域内に大企業を中心とする広範な生産分業構造を構築した。そのため上伊那地域は地方工業都市の中でも有数な集積地として存在することになる。地域を「集積」および主たる業態という視点からとらえなおしたものが，粂野（2001）であった。この論文では，上伊那地域の集積を，①大規模完成品メーカー，②大規模完成部品メーカー，③加工型中小企業，④組立型中小企業，⑤自社製品中小企業の5つ（もとは8つに分類）に分けて検討している。

3.3　2000年以降

この時期の研究としては，藤田・小田（2004）「駒ケ根市における開発型中小企業群の展開」がある。ここでは上伊那地域の一部である駒ケ根市の中小企業に焦点を当て検討されている。駒ケ根市を中心とする地域においてモーター技術を基礎とした「開発型中小企業」が展開していることなどを指摘しており，2000年以降における上伊那地域の新たな動きを明示したものといえる。しかしながら地域下請中小企業と開発型の中小企業との関係について具体的な説明がなされておらず，開発型中小企業への転換メカニズムについても十分に検討されているとは言い難いものであった。

3.4　小括　上伊那地域における従来の研究

従来の研究では，地域内中核企業と下請中小企業との分業関係を中心に研究が進められてきた。研究蓄積は多いが，2000年代初め以降あまり議論されておらず，一部「新たな動き」の存在は指摘されているものの，そのメカニズムに関しては十分解明されていないといえる。

4．上伊那地域中小企業調査について

4.1　調査対象および方法

2014年から2015年にかけて，粂野（2001）の調査企業をもとに調査依頼をおこなった。しかしながら返答があった企業は少数であった（2001年の調査企業のう

ち返答のあったものは3社のみ）ため，伊那市商工会，南箕輪村商工会，箕輪町商工会からの紹介をもとに調査を進めた。調査を行った企業は，地域内中核大企業（4社）と中小企業（25社）行政，銀行等（9団体）である。

4.2 調査企業一覧

調査企業一覧を掲示するが，個別企業に関する記載については紙幅の関係上，別稿で行う予定である。

表1　2014・2015年調査企業一覧

①下請企業

	事業内容	地域	従業員	創業年	前の加工内容	納め先地域 以前	納め先地域 現在	その他	諏訪との関係
A	設計・試作	伊那	7	1970	なし 注1	なし 注1	東京、関東圏		有（勤務）
B	機械加工	箕輪	30	1972	加工・組立	上伊那	広島、上伊那	前回調査	有（取引）
C	分電盤	箕輪	15	1975	分電盤	長野	長野、甲府		
D	メッキ	伊那	150	1949	メッキ	上伊那	広島、大阪	電機から自動車	
E	梱包	伊那	12	1952	段ボール	上伊那	長野、中部		
F	機械加工	伊那	60	1960	組立	上伊那	上伊那、名古屋	前回調査	
G	ソフト	箕輪	7	2000	なし 注2	なし 注2	長野、関東		
H	分電盤	箕輪	1	2013	なし 注2	なし 注2	上伊那		
I	機械加工	駒ケ根	20	1979	機械加工	上伊那	名古屋・岐阜		
J	機械加工	箕輪	23	1960	機械加工	上伊那	上伊那	内容が変化	
K	機械加工	箕輪	1	1975（岡谷）	機械加工	諏訪	諏訪・岡谷		有（出身）
L	機械加工	箕輪	5	1990（岡谷）	機械加工	岡谷	松本・岡谷・埼玉	重装備	
M	機械加工	箕輪	5		機械加工	岡谷	名古屋・群馬・須坂	大物	
N	機械加工	駒ケ根	210	1947 疎開	機械加工	上伊那	東芝、GE	タービン加工	
O	機械加工	箕輪	15	1967	機械加工	岡谷	松本・岡谷・上伊那	仲間仕事あり	有（勤務）
P	板金・塗装	箕輪	70	1960（下諏訪）	板金	上伊那	甲府、富山、熊本		
Q	機械加工	駒ケ根	20	1961	機械加工	上伊那	名古屋		
R	材料加工	箕輪	6	1987	材料販売	諏訪・岡谷	上伊那・諏訪・岡谷		有（勤務）
S	機械加工	箕輪	10	1967	機械加工	上伊那	名古屋・岐阜		有（勤務）
T	鋳造加工	箕輪	4	1960（岡谷）	鋳造	松本・長野	松本・東京		
U	基盤製造	箕輪	35	1978	機械加工	上伊那	関東、名古屋	設備を開発	有（勤務）

注1）創業年が1970年となっているが休眠していた祖父の会社を引き継ぎ創業したためである。業務内容は祖父の会社とは関連がない。
注2）近年、独立創業したため。

②自社製品企業

	事業内容	地域	従業員	創業年	前の加工内容	納め先地域 以前	納め先地域 現在	その他	諏訪との関係
あ	電動工具	伊那	3	1968	作業工具販売	全国	全国	販社、加工外注	
い	センサー	箕輪	14	1998	開発・生産	なし	全国	元気な300社	有（出身）
う	装置メーカ	箕輪	23	1953（疎開）	加工・自社製	上伊那	部品は関東	販社、部品40%	
え	浄水器メーカ	伊那	25	1973	浄水器の生産・販売	全国	全国	販社あり	

4.3 調査企業まとめ

(1) 地域内中核大企業の存在と地域内発注の減少

上伊那地域には「地域内中核大企業」と呼べるような企業が現在でも存在する。電子部品メーカーでは，KOA，ルビコン，そして大手セットメーカーとしては，オリンパス，キッツなどである。これら大手の部品メーカーやセットメーカーは現在でも生産を継続している[注2]。しかしながらこれらの企業では生産内容を変化させ，地域内への発注を大幅に減少させていた[注3]。

(2) 地域中小企業の変化

次に93年調査との比較から地域中小企業の変化を見てみよう。

表2　調査企業・地域別・加工別分類

①1993年調査（29社）

	伊那市	駒ケ根市	箕輪町他	計
組立	8	3	5	16
機械加工	2	1	3	6
自社製品	3	1	0	4
その他	3	0	0	3
計	16	5	8	29

②2015年調査（25社）

	伊那市	駒ケ根市	箕輪町他	計
組立	0	0	0	0
機械加工	1	3	11	15
自社製品	2	0	1	3
その他	3	0	4	7
計	6	3	16	25

注）箕輪町他には辰野町，南箕輪村の企業も含めて表示してある。その他は，表面処理，設計，梱包，ソフト開発，材料などの企業である。

表3　下請企業取引先地域比較

	93年調査	15年調査
地域内	23	2
地位外	2	20

注）地域内とは上伊那地域（伊那市，駒ケ根市，上伊那郡の二市一郡をさす）内である。

　この表2「調査企業・地域別・加工別分類」は，前掲論文の調査記録である付表1「上伊那地域調査企業一覧」と今回の調査企業を比較するために，地域と加工内容によって整理したものである。ここからわかることは第一に，今回の調査では組立を行う企業が激減しているという事実である。組立を行う企業（以下組立企業とする）が93年調査時で16社あったものが全くなくなっていた。それは伊那市だけではなく駒ケ根や箕輪町・辰野町・南箕輪村（以下では箕輪町他とする）も同様であった。つまりこの地域の特徴とまで言われていた組立企業が激減していたのである[注4]。

　その一方で加工企業の増加も指摘することができる。93年調査では3地域で6社だったものが15社へと増加し2.5倍にもなっていた。同時に地域別に見てみると，箕輪町他の地域では3社から11社へと4倍ほど，駒ケ根市でも1社から3社へと3倍となっている。このように地域内で増加している加工企業であるが，伊那地域では逆に2社から1社へと減少していた。つまり伊那市周辺では組立企業・加工企業ともに減少し，箕輪町他周辺地域では組立企業は減少したものの，加工企業が増加していたといえる。

　ただし調査対象の中心地域が箕輪町他へと変化したことに注意が必要であろう。

しかしながら調査地域がずれたとしても、組立企業は、調査準備時の手紙による回答の少なさやHPでの確認ができないことから、かなりの数の企業が減少したと理解してもよいであろう。

(3) 地域内下請企業の特徴

今回の調査企業は地域内中核大企業を除くと、取引関係から2つに分けられる（表1参照）。一つは、客先の仕様に応じて生産する「下請企業」[注5]と呼べる企業であり、もう一つは自社製品をもつ企業、「自社製品企業」である。本稿では下請企業に焦点を当てて検討する。なぜならば研究紹介でも述べたように、この地域は大企業の下請を専ら行う地域として成長・拡大してきた。それが海外生産化の中でどのような変化を遂げているのかをまずもって分析することが、これまでの研究との関係の中で必要であると考えたからである。

調査を行った下請中小企業についての特徴であるが、第一は加工企業が多いということである。反対にこの地域の特徴とされてきた組立企業は激減していたことも特徴といえよう。第二に地域外企業と取引を行っている企業が9割を占めているという点である。93年調査では地域内企業との取引が9割だったものが今回の調査では逆転している（表3参照）。そしてその取引先は何度も変更されていた。第三に当該企業において、中核的な技術は創業当初から変わらないところが多い。ただし大きく転換していた企業も一部に存在する。そして第四に、取引先である顧客の要望に積極的に対応することで需要を開拓していた企業が多くみられた。

5．地域内下請企業をどうとらえるか

5．1　加工企業への変化

組立企業の多かった上伊那地域が、加工企業を中心とする地域へと変わったことをどのように考えたらよいのであろうか。そのヒントは箕輪町企業を調査した際に伺った話にある。箕輪町は岡谷市から自動車で40分程度の距離にあるため、箕輪町から岡谷の企業に通っていた人も多くいた。そして岡谷で培った技術をもとに、箕輪町で独立開業した企業も多い（調査企業U社）。また岡谷で働いていた人たちが独立や工場の拡張をしようとしたが、土地の狭い岡谷では土地の値段が高く購入できないので、箕輪町や南箕輪村に土地を購入し独立開業や工場の拡張をした。調査企業のT社は岡谷で創業し、その後、工場拡張のために箕輪町へ

引っ越してきたそうである。このように岡谷・諏訪地域と関係の深い人々が多く住む地域を「岡谷村」と呼んでいたのである。

　当然この箕輪町周辺で独立した人たちは，創業（操業）当初は岡谷や諏訪の企業と取引を行っており，後に伊那の企業や地域外企業と取引を行うことになる。表1の「諏訪との関係」という部分を見ていただければわかるように，岡谷や諏訪出身者や勤務先が当該地であった経営者の企業が10社もある。全体で25社であるから4割の企業経営者が岡谷・諏訪と何らかのかかわりを持って操業していた。そしてこれらの企業の大半が加工を中心とする企業であった。

5.2　岡谷・諏訪地域からの影響

　ここで考える必要があるのは，このような岡谷・諏訪とのかかわりを強く持った企業が，地域内に存在することの意味である。まず岡谷・諏訪企業と同様な行動様式を持つ可能性である。岡谷・諏訪企業については岸本・粂野（2014）でも記したように，関東圏において海外生産化の影響を相対的に早い時期に受けた地域である。つまり海外生産化の影響を，上伊那地域企業の中でも早く知ることや見ることができた地域といえる。また取引先が岡谷・諏訪の企業であるならば直接的に海外生産化の影響を受けたということも考えられる。その結果，岡谷・諏訪企業の行動を見ながら自分たちの行動を選択したということは十分考えられる。それが後述するような，企業間の結びつきの重視や展示会等への積極的な対応の根底にあると思われる。さらに地域内にこのような企業が存在することで，商工会やその他のつながりから伊那市や駒ケ根市の企業家も，影響を受け積極的な行動をとる地域的な背景になっていると考えられる。

5.3　ケースから見た上伊那地域企業

＜調査企業D社のケース＞

　D社はもともと地域企業からの仕事を中心に行っていたが，技術の向上に結び付かず新たな展開を考えていた。その際，東京からHD部品のメッキの問い合わせが来たのである。要求が厳しく他社では不良が多く困っているという仕事であった。D社はこの困難な仕事にあえてチャレンジすることで，自社の技術を向上させると同時に大手企業からの受注を獲得した。そこで獲得したノウハウを強みとして，自動車部品のメッキへ，さらにはメッキ技術を応用し自動車部品の加

工までおこなうようになる。

　筆者が注目したのは，新たな需要を開拓する際の行動である。企業とのやり取りの中で「こんな仕事で困っている」といった相談＝情報を，D社は確実にとらえ[注6]，それを自社が持つ蓄積された専門技術と現場での対応で克服し，新たな仕事に結び付けていたのである。

　顧客の「困りごとを聞く」ことにより，新たな，他地域の需要を開拓している企業が，今回の調査では多くみられた。顧客の要求に対応する点は，加工内容や取引地域に関わらず，大半の企業で聞くことができた。実に調査企業の25社中18社が，顧客の「困りごとを聞く」ことを受注に結びつけていたのである。

　個人企業向けの会計ソフトを作っているG社は，小規模小売店で定形外の伝票を処理するのに困っているということを聞き，自社のソフト技術を用いて，小売店の現場で様々な商品に対応できるように調整できるソフトを作り上げた。また材料販売のR社は，原材料を指定された寸法でカットし，簡単な加工を行い顧客に提供している。それにより顧客は余分な材料を持たずに済み，さらに初期段階の加工までしてもらうことで生産効率も上がったということである。それを始めるきっかけは，現場の作業員が材料づくりに手間を取られているという「困った」ことを聞いたことがきっかけとのことだった。このほかの企業も，専門加工に関する内容，とくに手間のかかる部分について引き受けることで顧客の要望に応え受注に結び付けていたのである。

　以上を踏まえて，本稿では以下の4つの項目から事例を整理してみたい。a) どんな需要を受注・獲得しているのか，b) どのように生産しているのか，c) なぜ需要（仕事）を獲得できるのか，d) 社内の仕組み，の4点である。

　a) どんな需要を受注・獲得しているのか
＜製品需要＞
　まず当該企業の持つ専門的な技能を必要としている分野の需要である。他企業が現在行ってはいるものの，品質面やコスト，納期などで顧客は満足せず「困っている」，つまり顧客の要求が満たされていない部分である。具体的には，手間がかかり面倒で人の嫌がるものではあるが，他ではできないものではない。開発支援や試作もあるが，リピート品で一定量のあるもの（単品ではない）が多い。

ただし主導権は発注側にあり，下請取引関係の中で行われているものである。
<市場の存在と集積>
　今回事例として取り上げた「困っている」製品は，上伊那地域集積とは異なる地域の製品・需要であることが多かった。つまり集積として同一地域にあるのではなく隣接する，もしくは自動車で3時間程度の「工業圏」に存在する需要であった。具体的に述べると，「困っている」製品の需要は，中部圏などに存在していることが多かった。この場合，当該需要を巡って直接的に競争する企業は，名古屋周辺などの異なる集積に存在している場合が多い。このように当該製品を巡って競合する企業が，異なる集積（日常的に取引する範囲としての集積ではない地域）に存在することは，両集積内における競争の程度が，それぞれの地域で異なることを示唆している。上伊那地域の場合，需要を発生させていた企業群が生産の縮小や海外生産化を進めたために，地域内で需要を巡る競争圧力が高くなっていた。その一方で，名古屋周辺の地域集積においては，自動車産業を中心に需要を生み出す企業群が現在でも存在しているため，競争圧力は大きく変化していない。したがってそこでは「困っている」製品が存在しても積極的に対応する要因は低くなる。一方，需要発生企業が減少している地域となった上伊那では，一時的に競争圧力が高くなり，地域外に需要を獲得する活動を行ったり，「困っている」製品を積極的に受注しようと活動するようになったのである。
　このように上伊那地域の企業は，他地域でやりたがらない製品に対し，自社のノウハウや蓄積した技術によって利潤が出るように改善してゆく仕組みを，需要を獲得する過程で社内に作り上げたのである。
　b）どのように生産しているのか
　これらの企業に共通に存在していることは，顧客の要求とその対応を考える「現場」が存在しているということである。後述するように営業活動からの情報を，製造現場まで伝え，その要求に対し現場がもつ対応力により生産を可能とさせている。営業だけでもなく製造だけでもない。営業と製造が密接に関われる場としての「現場」が企業内に存在している。このような対応力を可能とさせているのは，当該企業が培ってきた経験である。具体的には上伊那地域における地域内企業との取引関係とその変化に対応してきたことで，生産現場での対応力を蓄積してきたといえる。つまり当該企業がこれまで経営を継続してきた中での取引先の変化，内容の変化をとおして（海外生産化の影響も含めて），企業内に中核

技術と対応能力を,「現場」という形で企業内に蓄積してきたのである。

c) なぜ需要を獲得できるのか

第一に,上伊那の下請中小企業においては営業活動の重要性に対する認識が高い点を指摘することができる。一般的に下請中小企業においては特定の企業との取引関係が主であるため,営業活動に対する認識はそれほど高くないことが多い。特に需要が安定しているときは現在取引している企業に対し,取引先の求める要求,コストや品質など,に注力していれば取引関係が維持される。しかしながら現在のような経済環境変化が大きいときは,取引先との関係を維持するにおいてもより積極的な活動が必要とされる。具体的には提案やコスト低減に結びつくような改善などがあげられる。

d) 社内の仕組み

次に全社的な企業内メカニズム＝社内の仕組みの存在をあげることができる。具体的には営業活動から生産現場に至るまでの活動である。まず経営者・営業が,顧客や人的ネットワークとの接触において「困っていること」を拾い上げる。その拾い上げた情報から,自社の持つ中心的な技術をもとに,解決策を考え,提案を行っていた。そして製造は顧客のニーズに対し,自社の中核技術をニーズに適応する形で対応させていた。

このように顧客や人的ネットワーク→営業→製造現場→営業→顧客のやり取りを繰り返す中で,顧客の求める形にして提供している企業が多く存在した。この企業内での仕組みとは,営業活動から生産現場に至るまでの密接な関係を中心とし,顧客への対応を蓄積する仕組みである[注7]。

これらの動きは特別な企業だけで行われているものではない。今回調査した上伊那地域の下請中小企業全般に見られた。

6. まとめ

6.1 地域内分業構造の変化

上伊那地域の中小企業に関する従来の議論においては,地域内中核企業から受注している下請分業関係を前提に議論されていた。しかしながら今回の調査をみると地域内中核企業は生産内容の変化とともに,地域内中小企業にあまり依存していないこと,また地域内中小企業においても地域内中核大企業から受注してい

る企業が減少していたことが明らかになった。また地域内中小企業においては，上伊那地域外から受注する企業が多くみられた。つまり現在の上伊那地域においては，従来議論されてきた地域内中核企業を中心とした分業構造とは異なるロジックで，地域内中核企業も地域内中小企業も活動していることが明確になったのである。

6.2 変化への対応を可能とする「仕組み」の存在

調査した地域内中小企業は，需要の減少・生産内容の変化に対応し，受注先企業・産業を変え，地域外から受注することで，生き残ってきたといえる。このような変化への対応は，基本的には個別企業内での仕組みを通じて変化への対応を可能にしていた。このような仕組みが上伊那地域で成立可能となった要因として，「地域的な背景」と「人的ネットワーク」の存在をあげることができる。

(1) 前提となる地域的な背景

上伊那地域の中小企業が，なぜこれまで見てきたような営業活動や顧客への対応を重視するようになったのであろうか。それはこの地域の経済発展の経緯に関係している。

第一に地域内中核大企業の存在と変化である。上伊那地域において中核大企業は現在でも存在しているものの，これら企業の地域への発注は時代に応じて大きく変化している。たとえば1980年代に地域部品メーカーと取引していた企業は数多く存在していた。しかし現在，部品メーカーは地域に発注していなかった。このことはそれまで当該企業の下請をしていた企業が，ほかの企業と取引せざるを得なくなった状況であることを意味する。このように地域内中核企業における製品内容や需要の変化によって，自社への発注も大きく変化することを，経営者は取引関係の変化から学んだのである。

このような変化に対応するために地域の多くの中小企業は，80-90年代に展示会への出展活動や地域外からの需要獲得に向けた営業活動に力を入れ始めた。さらに隣接する諏訪地域における展示会活動や活発な営業活動も，情報として地域内企業へ伝えられ，その後の企業行動へ影響を与えたものと考えられる。また岡谷・諏訪地域との人材や仕事の関連も無視できない要因であろう。岡谷・諏訪では上伊那地域よりも早く海外生産化に伴う需要の減少が生じていた。そこでの出来事や情報，経験などが人や仕事を通じてこの地域に流れ込み，企業行動にも影

響を与えたと考えられる。

(2) 人的ネットワークの存在

地域内の人的ネットワークの存在も営業活動の補完をするものとして挙げることができる。つまり同業者，材料屋，機械屋等からの情報も，新たな需要獲得のきっかけとなっていることが多い。前述したD社の場合も，営業が現在の取引先へ行って，他地域の他産業での困り事に関する情報を入手すると同時に，取引先が間に立ち紹介等をしていた。この地域に存在している人的ネットワークは，当該企業にとって重要な営業情報の一部となっている。またこれまで行ってきた取引関係に基づく信頼関係を前提としているため，提示された情報も信頼性が高く，新たな需要獲得へと結びつきやすいと考えられる。

6.3 上伊那の中小企業が意味すること

今回の調査企業から言えることは，第一に海外生産化の影響を受けている地方の下請中小企業であっても，自社製品企業やオンリーワン企業へと変化することなく，従来の方向性をより深め，顧客にあわせて適応する仕組みをもつことで下請中小企業として存立が可能であるということである。第二に，組立を中心とする企業よりも，加工を中心とする企業のほうが事業継続をしている可能性が高いということである。そして第三に「困ったこと」とは，市場がありながらも既存企業が不十分な対応しかしていない部分であり，需要獲得の可能性を持つ市場といえる。これらの市場への対応は特別なネットワークや熟練技術などがなくても，個別企業の信頼関係やノウハウに基づく営業活動で対応可能であるということである。

上伊那地域の下請中小企業は地域外からの需要を獲得していたが，地域内大企業の生産内容変更や海外生産化が，変化へのきっかけとなっていた。つまり従来からの下請中小企業が，他地域よりも相対的に早期である70年代から生じた外部環境変化や，その後の変化に対応することで，結果的に地域外需要獲得企業へと転換してきたのである。

近年，大企業から創業したスピンアウト型企業や自社製品企業，企業間ネットワークに関する議論は今後の課題としたい。

〈注〉
1　上伊那地域の研究に関する整理は粂野（2001）にて行っている。
2　日経新聞2015年2月15日では「ＮＥＣが国内2工場閉鎖へ　埼玉・長野,700人異動」という記事で伊那の事業所が閉鎖されることを伝えている。
3　2014年10月24日に行ったKOA㈱へのヒアリング調査に基づく。しかしながら地域内企業への発注や取引の減少については他の大企業でも同様の回答を得ている。
4　これらの地域の事業所数の変化を見てみると，伊那市は平成13年には231だったのが平成23年には193となっている。伊那市の数字は周辺地域と比較して特別企業の減少が激しかったわけではない。
5　下請という言葉には様々な定義が存在する。しかしながら本稿では，取引関係そのものに焦点を当てるというよりは，当該中小企業が行っている仕事の内容について焦点を当てるため，広い定義を用いている。
6　この点に関しては黒瀬（1998）の「つぶやき」にも通じるものがある。しかしここで重要なのは調査企業の多くがその点に気付いて，積極的に取り入れている点である。
7　岸本・粂野（2014）で「製品・工程アレンジ能力」として議論されているものとほぼ同じものである。

〈参考文献〉
1　池田正孝（1978年）「不況下における農村工業と地方労働市場の変動」中央大学経済研究所編『農業の構造変化と労働市場』所収，pp.331-396
2　小川正博（2015年）『中小企業のビジネスシステム』同友館
3　岸本太一・粂野博行（2014年）『中小企業の空洞化適応』同友館
4　『国民金融公庫調査月報』，国民金融公庫総合研究所，pp.40-43
5　黒瀬直宏（1998年）「中小企業の市場創造戦略」『豊橋創造大学紀要』，第2巻,pp.59-71
6　粂野博行（2001年）「長野県上伊那地域の工業集積　―組立型工業集積の事例として―」，『地域と社会』第4号，pp.145-179
7　信州地理研究会（1973年）『変貌する信州』信州教育出版
8　地域産業研究会（1987年）『低成長下における地方工業化』
9　中央大学経済研究所編（1978年）『農業の構造変化と労働市場』中央大学出版部
10　藤田和史・小田宏信（2004年）「駒ケ根市における開発型中小企業群の展開」地域地理科学会編『地域地理研究』第9巻，pp.42-53
11　渡辺幸男（1997年）『日本機械工業の社会的分業構造』有斐閣

（査読受理）

起業無縁社会日本における小規模企業の役割

東洋大学　安田武彦

1. はじめに

　本論は，起業家研究と言いながら起業とはおよそ関係のないと思われる「起業無関係層」に焦点を合わせる研究である。ここで〈起業家研究の対象となる〉起業無関係層とは，過去2年間に新しく事業を始めた人を個人的に知っておらず，かつ，新しいビジネスを始める知識，技能，経験を持っていると思っていないと自身を認識している者である[注1]。このように，起業活動とはもっとも縁の遠い起業無縁者に注目する理由は以下のとおりである。

　すなわち，起業家研究では従来，経済学等の分野で，どういう者が起業を志向し，また実際に起業家になるのかという問題を起業家個人の属性（年齢，性別，学歴等）と結びつける研究が数多く行われてきた。

　しかしながら，現実を熟視するならば，一つの経済社会の中での起業家の誕生は個人の属性によってのみで決まるのではない。すなわち，起業家精神に富んだ個人が一定数いたとしても，それを取り巻く社会環境が，起業家気質に富んだ人にとってあまりに厳しいものであるならば，起業家が輩出できないという状況が生じうるのである。この意味で起業家を拒む人は起業学論にとって重要だ。

　こうした観点から，本稿は起業活動を動機や資金状況等の個人の属性から捉えようとする経済学のアプローチではなく，起業家という存在を知らず，起業家になる技能もなく，かつ，後述のように起業家に対して社会的に否定的な評価を有しがちな起業無関係層が，経済社会全体の起業活動に対して与える影響に焦点を当て起業論を展開する。

　まず，2.において我が国の起業活動の状況について量的把握を行い，起業の現状についての通説の批判的検討を行う。3.～5.では起業無関係層が支配的な日本のような経済社会では起業活動が生じにくい可能性を言及する。そして6.

で起業無関係層の属性について，独自に実施したWEB調査をもとに明らかにする。7．ではまとめとして日本を起業家社会に近づけるための小規模事業者の役割を再評価する。

2．日本の起業活動

2．1 開業率から見た日本の起業活動とその謎

最初にわが国の起業活動状況の推移を見ていこう。厚生労働省「雇用保険統計」からみた有雇用者事業所の開業率を通して起業活動を見ると（図１），1980年代後半，低水準に陥ったわが国の起業家活動は，下げ止まりはしたものの低水準にとどまっている。

注意するべきことは，この時期は政策的に創業支援に初めて本格的に力が入れられた時期であるということである。わが国が中小企業政策の中に創業支援という考え方を取り入れたのは1999年の中小企業基本法改正である。そして法施行後の2001年には「新創業融資制度」が整備され，国民意識の変革のため創業ベンチャー国民フォーラム等も始まった。その後も株式会社設立に係る最低資本金制度の撤廃など起業活動を支援する制度は2000年代に入り，急速に充実していった。

しかしながら，現実の起業活動は図１で見るように必ずしも政策の効果を反映したものとはなっていない。それは何故なのか。

2．2 謎への従来の解答と反論

日本の起業家研究においてはこの点について主として二つのことが主張されてきた。

第一は「創業を希望する者は多いものの，その多くは資金制約に阻まれ創業に至らない」というものである。この議論は経済理論的には情報の非対称性を根拠とし，新規の起業する者は既存の事業者と違い実績がなく，それ故，事業者としての能力を図りがたく，資金調達面で既存事業者とに比べ不利な状況にあるというものである。

政府はこうした指摘を踏まえ，前述のように日本政策金融公庫（以下，「公庫」という）の新創業融資制度等融資の充実等に力を注いできた。だが，第一の仮説ではその効果は十分に発揮されていないことになる。

第1図　有雇用者事業所開業率（単位％）からみた起業活動の推移

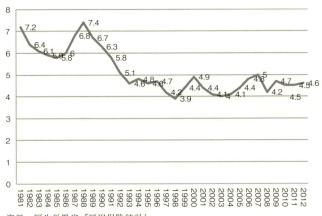

資料：厚生労働省『雇用保険統計』

　日本の起業活動の不調を説明する第二の仮説は，自営業者の被雇用者に対する相対的所得の低下である。

　1970年代以降，自営業者の収入は被雇用者のそれに比して相対的に低下しており，自営業は被雇用者より不利な選択となっており，これが自営業選択（つまり独立起業）を阻んでいるというものである。

　しかし，筆者の考えるところ，これらの仮説のみでは2000年代に入っての創業支援策の投下の中で，起業活動の停滞は説明がつきがたい。

　まず，第一の流動性制約説については，2000年当時，金融機関が大量の不良債権を抱え，融資能力に欠いていた時代にはあてはまった議論であろうが，2000年代半ば以降，リーマンショック等にもかかわらず，創業金融を巡る状況は改善している。

　まず，開業に係る費用が大幅に減少した。公庫（2013）によると，2000年には開業費用の平均値が1537万円，中央値が1269万円であったところ，2012年度にはそれぞれ1269万円，682万円に低下している[注2]。

　かつ，今世紀に入っての15年，政府も努力した。当初550万円であった新規創業融資制度の融資限度額は現在（2015年11月）では3000万円である。つまり，開業費用中央値の3倍近い水準に設定されている。

　こうした状況を反映してか，中小企業白書のアンケートにおける「創業時の課

題」も変化しつつある。中小企業庁（2000）では，「創業時の課題」として「資金調達」が第一に取り上げられているのに対して，中小企業庁（2014）では，同項目は第3位に後退している。

　もちろん別々の調査を単純に比較することは適当ともいえないが，大容量のアンケートデータから導かれた両結果を単純に無視することも出来ない。ということで，起業に係る流動性制約のみで今世紀に入っての起業活動の停滞を説明することは無理ではないか。

　また，自営業者の被雇用者に対する相対所得の低下についても十分なデータの精査が必要であろう。というのは，2000年代に入り①自営業者は被雇用者に比べ急速に高齢化しつつあり，かつ，②高齢の自営業者と高齢の被雇用者では所得が全く違うからである。まず，①について総務省『就業構造基本調査』でみると，2002年には自営業者で60歳以上の割合は44.5％であったところ，2012年には53.9％となっている。他方，被雇用者では同じ数字が4.3％から6.3％となるにとまる。そして，②については，自営業者の60歳以上の者の所得分布は50万円以下が最も多いL字型をしている（ちなみに50歳代までは被雇用者と同じ凸型の分布となる）。

　とすると，被雇用者に対する自営業者の相対的高齢化が，自営業者の総所得の低下を招く可能性があるのである。

　また，そもそも自営業者と被雇用者の相対所得の水準を自営業者と被雇用者の選択の決定要因とするのは妥当なのか。公庫の経年調査によれば，起業の最大の動機としては「自分の技術，アイデアを実現したかった」や「自由に仕事をしたかった」が上位を占め，「収入を増やしたかった」は，中位にとどまる。起業という一生ものの営為を大学生的「コスパ感覚」で語るのは軽すぎるのではないか。

　ここまで総括すると，従来，わが国の起業活動の水準の低さについて指摘されてきたことは，今世紀に入り，わが国で行われてきたことが，何故，実を結んでいるとは言えないとことの有効な説明になっていないのではないだろうかとの疑問がわく。

3．起業家は個人がなるのか，社会が生むのか？

　では，起業活動が盛んにならない背景には何があるのか。

3. では,従来の起業家研究のアプローチについて,その方法論を問い,さらに新しい道を探ることとする。

従来の研究は,ある個人が起業するかしないかについて,当該個人の属性(性別,年齢,学歴や職歴等)との関係を実証的に検証することが中心であった。そしてその中で保有資産と起業選択の関係や独立と勤務の期待所得の関係が特に注目され,先述のような流動性制約説や相対所得仮説がまとめられた。

こうした理論の流れを経済全体の起業活動という視点でフローチャート化すると,図2のとおりとなる。

個々人がそれぞれ背負う属性を背景に起業という選択をとるかとらないかを決める。そしてその総和が経済全体の起業活動の水準を決める。

図2　既存研究における起業選択の分析方法

(出所)筆者作成

しかしながら,社会の中で生きる人は,大きな人生の岐路である起業について,それを社会がどのように受け止めるのかということを考慮するのではないか。

昭和初期,有能な学生は軍人を志願することが多かったといわれる。起業選択についても同じように社会全体での個人の行動への評価が少なからぬ影響を有すると考えられないか。そうであるとすると,図2は図3のように書き換えられ,起業家社会の実現のため知の世界で主役になるのは経済学ではなく,社会学ということになる。

実際,既に社会学的視点からの起業研究は,いくつもの名著を生んでいる。例えば,産業集積研究ではシリコンバレーとボストン近郊のルート128を比較し,シリコンバレーでは如何に起業を受け入れやすい文化・環境が整っているかを示したSaxenian (1994) や都市部の「クリエイティブ・クラス」の集積とイノベーション活動の関係に注目したFlorida (2002) が代表例であろう。

また,こうした一連の社会学系研究に先立ち,それらの理論的整理を行ったのがGranovetter (1985) である。Granovetter (1985) の提唱する「埋め込み理論」

図3 社会学的視点からの起業選択の分析方法

(出所）筆者作成

によると,「経済行動は歴史や文化に拘束」されるものであり, この考え方によると必要なのは「誰が起業家になるのか」の解明ではなく, 人々が起業家的に振る舞える社会的コンテキスト」の解明である（高橋, 2007）。

こうした社会の受容性から起業を分析する研究は, 日本では起業促進政策の効果が上がらないことについて, 何か示唆を与えてくれるのか。

次節ではこの点について述べる。

4．日本における起業活動の社会的受容性

まず, 日本における起業活動の社会的受け止められ方は, どのようなものであるか。

ここでは, GEM調査を用いてこの点について考察する[注3]。

最初にGEMの質問事項から, 日本人の起業活動に対する「心理的距離」の特徴を参加各国（地域）実感と比較してみよう。

このため, 本論ではGEMにおける起業態度関係の以下の3つの質問に注目する。

Q1　過去2年以内に新たにビジネスを始めた人を個人的に知っている。
Q2　これから半年のうちで住んでいる地域で事業を始める良い機会があるだろう。
Q3　新しいビジネスを始めるために必要な知識, 能力, 経験を持っている。

そして, これらの質問, いずれにも「はい」と答えている層については, 起業活動を即座に実施する素地があると見做し, これを「起業関係層」とし, Q1,

Q2，Q3のいずれにも「いいえ」と答えている層は，起業活動に加わりにくいと考えられることから，「起業無関係層」とし，その中間（Q1，Q2，Q3のいずかに，「はい」，「いいえ」と回答している層（「中間層」と呼ぶ，うち1問に「はい」と回答した者を「中間層1」とし，2問に「はい」と回答した者を「中間層2」と呼ぶ）とする。このようにGEM回答者を分割し国際比較したものが図4である。

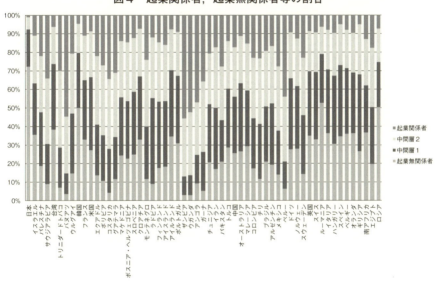

図4　起業関係者，起業無関係者等の割合

資料：GEM（2010）より作成

ここから明らかなように，日本は他のGEM調査対象国と比べ「起業無関係層」の割合が格段に高く，「起業関係層」，「中間層」の幅も薄い。つまり日本では起業活動に多くの者が関係していないのである。

さらにGEM調査（2010）ではでは起業活動への評価として，

Q　あなたの国の多くの人たちは，新ビジネスを始めることが望ましい選択であると考えている。（はい，いいえ，わからない，無回答）

という質問を入れている。一見して，居住国の一般的な評価を訪ねているように見える本質問は，実は回答者の起業家への評価そのものを訊いているものである。図5ではそれをもとに起業活動との距離と起業活動への評価の関係を示した。

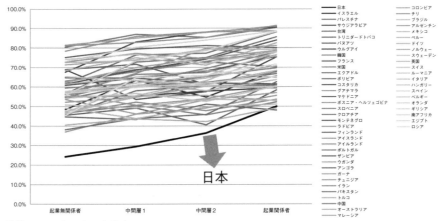

図5　起業家活動への評価（起業との距離別）

資料：GEM（2010）より作成
注：「あなたの国の多くの人たちは，新しいビジネスを始めることが望ましい職業の選択であると考えていますか」の質問に「はい」と答えた割合。

　ここから分かることは，日本ではGEM調査対象国・地域と比べ①起業家への全般に評価が低く，②特に起業無関係層で低いことである。

5．起業無関係層の意味

　こうした観察結果を踏まえ，改めてみると，日本が起業者に冷たい国であることを示す事例は少なくない。例えば官公需始め大きく企業体への受注資格では過去の実績が重視される。
　こうして「新しもの嫌い，食わず嫌い」が経済社会のルールとして定着しているならば，そうした社会は起業を実現するのに厳しい環境であろう。
　単純な例を挙げると新装開店店には絶対に行かないという客が100％の町で新規開業を行う者はいないであろう。そしてこの率が減るにつれ新規開業の試みは

増えるだろう。

かくして新参者に対する既存者の受け入れの態度によって，個人の起業意志の強さ如何にかかわらず起業活動の水準は変わるわけであり，起業への尊敬が薄く，かつ，起業と距離を置いた起業無関係層の多いわが国は，「起業無縁社会」ともいえ，政策的創業支援が容易に功をなさない可能性があるのである。

6．起業無関係層の実態

では起業無関係層とは，どのような人であろうか。本論ではGEM調査のQ1，Q3（前掲，p.8），に回答者の性別，年齢，学歴，職業を加えた独自のWEB調査により起業関係層の浮彫を試みた[注4]。

対象は男女合計1000人（日本人，20歳以上70歳未満の男女各500人）である（年齢構成等は紙面の関係で省略する）。以下はその計量分析結果の紹介である。

第一列は全サンプルを使った結果である。ここからは，起業に縁遠い人として

表1 起業関係層の属性分析

被説明変数：起業無縁ダミー	モデル1	モデル2 (学生，主婦，無業者を除いたモデル)	モデル3 就業者を自己雇用者と被雇用者に分けたモデル
女性ダミー	0.416*** (0.091)	0.189 (0.150)	0.200 (0.150)
就業者年齢	−0.002 (0.024)	0.092** (0.039)	0.091** (0.039)
年齢（二乗）	0.000 (0.000)	−0.001** (0.000)	−0.001** (0.000)
自己雇用ダミー			−0.486*** (0.154)
大卒以上ダミー	−0.200** (0.090)	−0.196* (0.122)	−0.235* (0.123)
定数	0.542 (0.505)	−1.509 (0.853)	−1.484* (0.854)
観察数	1034	495	495
LR (Chi) 値	36.25***	11.06**	21.01***
疑似相関係数	0.032	0.0178	0.034

(注) 1 ***＝1％有意，**＝5％有意
 2 （ ）内は標準偏差

女性があげられ,高学歴者（大卒以上）が,その逆となる。

しかしながら,この結果はサンプルの構成を再編成することで大きく変わる。第二列は全サンプル中,学生,専業主婦,無業者を除いた就労者を対象に推計した結果である。ここでは性別ダミーは有意性を失う。これはいわゆる性差の影響が,起業という分野では単に,男女の社会進出の差に起因する可能性を示している。

同時に年齢ダミーの影響が有意になる。年齢の2乗項がマイナスに有意に作用するとともに,推計結果からは40歳代半ば（46歳）が,起業から縁遠い存在となることになる。

さらに第三列は,就労者を①自営業者,自由業者,経営者・役員と②その他に分けて,①を1,②を0とする自己雇用者ダミーを説明変数に加えた分析である。いわば,「自分で仕事を見つけ,雇う人」と「仕事をもらい,こなす人」の違いに注目した分析であるが,ここからは自己雇用ダミーが起業無関係度に対して強い負の相関を有することがわかる。つまり,自営業者,自由業者,経営者・役員といった総じて「自分で仕事を見つけ,雇う人」は,そうでない者の比べ起業活動に対する距離が近い。

これらの観察結果は何を意味するか,検証結果を踏まえたまとめに入る。

7．まとめ－起業家社会と小規模企業の意義

本論では様々な政策的刺激にもかかわらず,日本において起業活動が活性化しないことについて指摘し（2.）,その背景について,主として経済社会的角度から考察を行った（3.～5.）。そして,経済社会の中での取引のルールとして,新規参入者を忌避する者が多い経済社会では起業のハードルは高く,日本は世界的にも最もそうした傾向の強い,いわば「起業無縁社会」とも言えることを指摘した。

それらの考察を基に,6.では,起業無縁社会を形作る構成員ともいうべき,起業無縁者がどのような属性を有する者から構成されるのかについて分析を行った。分析からは,少なくとも就労者に限るならば,①起業活動への接近度に性別の差は影響しないこと,②自営業者,自由業者,経営者・役員等「自分で仕事を見つけ,雇う人」は,起業活動への接近度が高いこと等が観察された。

これらの結果は，日本の起業活動を活性化する上でヒントになる。
　すなわち，①の観察結果は，「女性の社会進出」といった場合，起業活動活性化の観点に限っていうと重要なのは，既就労女性の社会での一層の活躍の場の提供というより専業主婦等の社会への接近であることを示唆すると考えられ，また，②の観測結果は自営業者，自由業者，経営者・役員（実態としては小規模企業者にほぼ等しい。）が，経済社会において一定水準存在できる状況が起業活動推進のためには必要であることを示しているといえる。
　政府は2013年，中小企業基本法を改正し，小規模企業政策の重視を前面に打ち出した。そのときの小規模企業重視の根拠は，その現状における圧倒的存在感であった。だが，実際には小規模企業の絶対数は減少している。
　本論の分析を経て，筆者としては一定量の小規模企業層の存在の意義をその存在感ではなく，起業家社会醸成の土壌であるということに力点を置きたい。経済社会において「仕事をもらう」のではなく，「仕事を探し，こなす」「自活層」の存在が，経済社会の起業無縁性を軽減するからである。
　さらに言うと「自活層」の経済社会的な位置づけと起業家活動の水準との間には，実は相互関係があると考えられる。すなわち，「自活層」の経済社会的な位置づけが高まると起業活動がしやすくなり，そのことがまた，「自活層」の経済社会的な位置づけを高める可能性がある。
　では，「自活層」の重層化のためには何が必要か。私見では，①「起業家教育」ではなく，寧ろ「非起業家教育」，つまり起業と縁遠い層に対する啓発であろう。
　例えば，学生時代での雇われる「インターンシップ」ではなく，自身が契約する「フリーランス」での経験の積重ねを重視する教育等が重要であろう。
　但し，この点については議論が深い。別途，論じることとし本論の筆をおく。

〈注〉
1　詳細は4．で述べる。
2　公庫（2013）はこの開業費用低下の理由として，「不動産価格や不動産賃料の低下などの物価の下落」，「ネットショップの普及などのＩＴ化の進展」をあげている。
3　同プロジェクトの概要については，高橋（2009）参照。
4　調査は株式会社マクロミルのデータをもとに行われた。

(参考文献)

1 Florida, R. (2002). *The Rise of the Creative Class: And How it's transforming work, leisure, community and everyday life*. New York: Perseus Book Group
2 Granovetter, M. (1985) "Economic action and social structure, The problem of embedness," *American Journal of Sociology*, Vol.91, pp.481-510
3 Saxenian, A. (1994), *Regional Advantage: Culture and Competition in Silicon Valley and Route 128*, Harvard University Press.
4 高橋勅徳（2007年）「企業家研究における制度的アプローチ―埋め込みアプローチと制度的企業アプローチの展開」『彦根論叢』 第365号, pp.53-69
5 高橋徳行（2009）「起業活動の新しい捉え方―GEMが捉えた起業活動」『日本ベンチャー学会誌』, 日本ベンチャー学会, No.14, p.1-10
6 日本政策金融公庫総合研究所編（2013）『新規開業白書』, 同友館
7 中小企業庁編『中小企業白書』（各年）
8 安田武彦（2015年）「経済の新陳代謝を阻むもの―「何故, 日本で起業家社会は実現しないのか」―」『商工金融』第65巻第7号, pp.5-44

（査読受理）

中小企業における海外からの撤退要因
―海外直接投資を中心に―

　　　　　　　　　　　　　日本政策金融公庫総合研究所　丹下英明
　　　　　　　　　　　　　　　　　　　　　　　　　　　金子昌弘

1．問題意識

　近年，海外展開を目指す中小企業が増加している。その一方で，海外で様々な課題に直面し，撤退を余儀なくされる中小企業も存在する。中小企業による海外からの撤退は，近年，増加傾向にある（丹下・金子 2015）。
　中小企業の海外撤退を詳細に分析することは，海外展開を目指す中小企業にとって，多くの示唆を与えうる。しかしながら，後述するように，中小企業の海外撤退に関する研究蓄積は十分ではない。成功事例の分析が中心であった中小企業の海外展開研究において，撤退した中小企業のデータを加えて分析することができれば，中小企業の海外展開に関する理論のさらなる発展が期待できるだろう。
　そこで，本稿では，中小企業の海外撤退に影響する要因について，撤退企業を含むアンケートデータを用いて分析を行う。
　本稿の構成は次の通りである。2では海外撤退に関する先行研究をレビューし，その意義と課題を整理する。3では，分析に使用するデータの概要と仮説を示す。4では，分析結果とそれにもとづく考察を行う。5で本稿の結論と今後の課題について述べる。
　本論に入る前に，本稿における「撤退」を定義しておく。洞口（1992）は，撤退を「本国の親企業が在外子会社の企業活動に対する支配を放棄すること」と定義している。中小企業庁（2014）では，「直接投資先の清算，倒産等による解散や吸収・合併等によって出資比率が0％になること，又は株式の売却等により出資比率が著しく低下すること」としている。これらを踏まえて，本稿では，洞口（1992）の定義を採用し，具体的な撤退形態として，中小企業庁（2014）の定義

を採用する。したがって，本稿で分析対象とする撤退とは，海外直接投資からの撤退であり，海外への輸出や海外企業への技術供与，生産委託からの撤退は含まない。

2．先行研究

海外撤退に関する研究は，国際的にみても十分には行われておらず，更なる蓄積が求められている（McDermott 2010）。そうしたなか，海外撤退に関する数少ない研究を発表してきたのがBoddewynである。Boddewyn（1979）では，撤退に影響する要因として，①財務上の理由，②投資前の分析不足，③不利な環境条件，④適合性およびリソースの不足，⑤構造的および組織的な要因，⑥外的な（撤退）着手への圧力，⑦国の違いを指摘する。

Boddewyn（1983）では，次の三つの条件のうち，いずれか一つが当てはまると，撤退が起こるとしている。第一に，直接投資を行っている企業が他国企業に対する競争上の優位性を持たなくなること。第二に，仮に競争上の優位性を保持していたとしても，自社で内部化しているよりは，外国企業に売却したり賃貸したりした方が利益があがること。第三に，企業が，母国外でそうした内部化された競争上の優位性を利用しても利益が上がらなくなる，すなわち，外国市場に対しては輸出で，自国市場に対しては自国生産で供給した方が有利か，または外国，自国のどちらか一方ないしはその双方を放棄した方が有利な場合である。これらは，企業の海外進出を説明するDunningの折衷理論（eclectic theory）を逆転させたものであり，撤退要因を論理的に導き出している（洞口，1992）。

日本企業の海外撤退については，洞口（1992）の研究が先駆的である。Boddewyn（1983）らの議論を踏まえて，日本企業の海外撤退に影響する要因について分析している。その結果，①親会社が保持する経営資源の優位性を示す研究開発能力と②親会社の企業規模の二つが，海外子会社の撤退と有意な負の相関を持つことなどを明らかにしている（洞口，1992，p.144）。

以上の先行研究は，大企業を主な研究対象としている。では，中小企業の海外撤退に絞ってみると，どのような研究が行われてきたのだろうか。中小企業の海外撤退に焦点を当てた研究としては，中小企業事業団（1996,1997），米倉（2001），加藤（2011），中小企業基盤整備機構（2012）などがある。これらは，中小企業

の海外撤退をテーマにした数少ない研究であり，大変意義のある研究といえる。
　中小企業の海外撤退要因に関連したものとしては，足立（1994），鷲尾（1996），丹下・金子（2015）などがある。足立（1994）は，撤退に至るケースの多くは，当初の意思決定，とりわけパートナーの選定にかかる問題が多い点を指摘する。そして，社長や派遣駐在員，パートナーなどの「人的要因の重要性」が最も重要な教訓であるとしている。丹下・金子（2015）は，アンケート分析から，撤退理由として「製品需要の不振」「現地パートナーとの不調和」「管理人材の確保困難」が多い点を明らかにしている。
　こうした先行研究を踏まえると，中小企業の海外撤退には，販売面やパートナーとの関係，海外拠点[注1]の管理といった要因が影響している可能性が指摘できる。一方で，先行研究の課題として，①統計的検証が行われていない，②研究時期が古いことがあげられる。中小企業の海外展開を取り巻く環境が変化するなかで，撤退にどのような要因が影響しているのかを分析することが必要と考える。

3　分析の概要と仮説

3.1　仮説
　以下では，先行研究を踏まえながら，中小企業の海外撤退要因に関する仮説を提示する。分析のフレームワークは，①親会社の属性，②海外拠点の属性，③海外進出前の準備，④海外拠点の管理体制，といった四つの視点から中小企業の海外撤退要因を探るものである。
(1)　親会社の属性に関する仮説
　大企業を研究対象とした先行研究では，親会社の規模と，経営資源の優位性を示す研究開発能力の二つが，撤退比率と有意な負の相関を持つ点が指摘されている（洞口，1992）。企業規模が大きければ，信用リスクが少ないとみなされるため，資金調達が容易であるなど，海外拠点を維持できる可能性は高い。逆に，企業規模が小さい場合には，信用リスクが高いとみなされ，資金調達が難しくなり，海外拠点を維持できる可能性は低くなることが想定される。
　また，親会社がもつ経営資源の優位性が失われた場合，大企業だけでなく，中小企業においても海外拠点が撤退を余儀なくされる可能性は高いことが想定される。したがって，以下の仮説を設定する。

仮説1：親会社の規模が小さいほど，撤退しやすい
仮説2：親会社がもつ経営資源の優位性が少ないほど，撤退しやすい

(2) 海外拠点の属性に関する仮説

　Boddewyn（1979）では，海外拠点の属性のうち，撤退に影響する要因として，財務上の理由と，国の違いを指摘している。ここでは，財務上の理由として，海外拠点の業況を採り上げる。Boddewyn（1979）に従えば，海外拠点の業況悪化は，撤退を促す方向へ影響することが想定される。

　また，進出国によって法規制や労働コストの変化などが異なっており，こうした点が撤退に影響するものと想定される。ただし，先行研究では，進出国によって，撤退にどのような影響があるのかについてまでは議論されていない。そのため，進出国の違いが撤退にどのような方向で影響するのか，事前に仮定することは難しい。したがって，以下の仮説を設定する。

仮説3：海外拠点の業況が悪いほど，撤退しやすい
仮説4：進出国によって，撤退が発生する確率が異なる

　先行研究では，パートナーとの関係が撤退に影響する可能性が指摘されている（足立，1994）。パートナーとの関係性を直接観察できる代理指標はないものの，海外拠点に対する親会社の出資比率を活用することが可能である。出資割合が100％に近づくほど，親会社が海外拠点の主導権を握るため，パートナーとの様々な調整はそれほど必要ではなくなる。一方，出資比率が低いほど，パートナーが主導権を握るため，利害調整が難しくなるだろう。すなわち，出資比率が低いほど，撤退が発生することが想定される。そこで，次の仮説を設定する。

仮説5：親会社の出資比率が低いほど，撤退しやすい

(3) 海外進出前の準備

　Boddewyn（1979）では，撤退に影響する要因として，投資前の分析不足を指摘する。丹下・金子（2015）でも，フィージビリティ・スタディ（Feasibility Study; F/S）の実施が重要である点を指摘している。特に，撤退経験を有する企業でこの割合が高いことから，F/Sの実施の有無が撤退に影響している可能性が指摘できるだろう。もちろん，準備をどの程度行えばよいのかを厳密に明示する

ことは難しいが，少なくともまったく行わないよりは，準備をしっかりしたほうが撤退に至る確率は低くなると想定される。そこで，以下の仮説を設定する。

仮説6：F/Sが不十分な海外拠点ほど，撤退しやすい

(4) 海外拠点の管理体制

最後に，海外拠点の管理体制が撤退に影響するとの仮説を設定する。足立(1994)は，社長や派遣駐在員などの「人的要因の重要性」が最も重要な教訓であるとしている。中小企業基盤整備機構(2012)では，「生産・品質管理の困難性」が撤退理由の上位に挙げられている。こうした点を踏まえると，海外拠点の管理体制が十分でなければ，撤退につながることが想定される。

仮説7：海外撤退には，海外拠点の管理体制が影響している

3．2　データの概要と推計方法

以上の仮説を検証するため，日本政策金融公庫総合研究所が2014年10月に実施した「中小企業の海外事業再編に関するアンケート」(以下，アンケート)のデータを使用する。調査対象は，日本政策金融公庫中小企業事業の取引先であり，回収数298社(回収率31.5％)のなかから，海外直接投資経験があると回答した248社を抽出した。内訳は，海外直接投資先からの撤退経験がある企業が88社(35.5％)，撤退経験がない企業が160社(64.5％)である。

以下では，中小企業の海外撤退に影響する要因を探るため，二項ロジスティック回帰分析を行い，仮説を検証する。

被説明変数の海外撤退は，アンケートの回答に基づく。アンケートでは，回答企業に対して，①撤退した海外拠点の有無と概要，②現存する海外拠点の有無と概要，について，回答してもらっている。これに基づき，ある海外拠点が撤退していれば「1」，存続していれば「0」とするダミー変数を拠点ごとに割り当てた。したがって，回帰分析によって導き出された各説明変数における係数の符号がプラスであれば撤退確率を高める方向に，マイナスであれば撤退確率を低める方向に，それぞれ影響することを意味する。

3．3　変数

回帰分析に用いた説明変数の記述統計量を表1に示す。それぞれの定義は以下

のとおりである。

(1) 親会社の属性

仮説1で示した「企業規模」の代理変数には，親会社の国内従業者数（10年前）の対数を用いた。仮説2「経営資源の優位性」には，親会社における差別化製品・サービスの有無を採用している。

なお，コントロール変数として業種および業歴の対数を説明変数に加えることで，業種の違いと業歴の違いを考慮に入れて分析している。

(2) 海外拠点の属性

海外拠点属性については，海外拠点の業況，進出国，親会社の出資比率を説明変数としている。

海外拠点の業況については，仮説3を検証するために説明変数に加えている。設問では，海外拠点の最近の業況（撤退拠点は撤退直前の業況）について，「赤字」「トントン」「黒字」に分けて回答してもらっている。「赤字」に該当する場合を「1」，それ以外に該当する場合を「0」とするダミー変数を採用した。

進出国については，仮説4を検証するために説明変数に加えた。「北米（アメリカ・カナダ）」「台湾」「中国（香港・マカオを含む）」「韓国」「インドネシア」「マレーシア」「フィリピン」「タイ」「ベトナム」「インド」「その他」に分け，該当する場合を「1」，該当しない場合を「0」とするダミー変数を採用し，「その他」を参照カテゴリーとした。これによって，進出国の違いが撤退に影響するかを分析する。

親会社の出資比率については，仮説5を検証するために説明変数に加えた。その他，コントロール変数として，海外拠点の進出年を説明変数としている。

(3) 進出前の準備

「進出前の準備」については，F/S実施の有無を説明変数として加えた。「十分に実施した」「多少実施した」に該当する場合を「1」，該当しない場合を「0」とする。これは，仮説6を検証するために説明変数に加えたものである。

(4) 海外拠点の管理体制

最後に，仮説7で示した海外拠点の管理体制である。海外拠点の経営責任者，日本本社への財務データ提出，日本本社から経営管理職が定期的に訪問の三つを説明変数に加えている。

海外拠点の経営責任者については，「経営者・後継者」「本社役員・従業員」「そ

表1　説明変数の定義と記述統計

説明変数	定義	平均値	標準偏差	最小値	最大値
親会社の属性					
国内従業者数(人,対数)	国内従業者数(10年前,常勤役員,正社員,非正社員の合計)の対数	4.150	1.095	0.693	7.508
差別化ダミー	「大いにある」「多少ある」=1,「ほとんどない」「まったくない」=0	0.682	0.466	0	1
業種ダミー	「食料品・飲料」「繊維・繊維製品」「パルプ・紙,木材」「化学・医薬」「プラスチック製品」「鉄鋼,非鉄金属」「金属製品」「はん用・生産用・業務用機械」「電子部品・デバイス,電気機器等」「輸送用機器」「非製造業」のそれぞれについてのダミー変数。参照カテゴリーは「製造業その他」。	–	–	0	1
業歴(年,対数)	業歴の対数	3.945	0.465	1.792	5.024
海外拠点の属性					
赤字ダミー	「赤字」=1,「トントン」「黒字」=0	0.408	0.492	0	1
進出国ダミー	「北米(アメリカ・カナダ)」「台湾」「中国(香港・マカオを含む)」「韓国」「インドネシア」「マレーシア」「フィリピン」「タイ」「ベトナム」「インド」のそれぞれについてのダミー変数。参照カテゴリーは「その他」。	–	–	0	1
進出時の出資比率(%)	進出時における親会社から海外子会社への出資比率	81.945	26.940	2	100
進出年(年)	海外子会社の進出年	2000	8.971	1952	2014
海外進出前の準備					
F/S実施ダミー	「十分に実施した」「多少実施した」=1,「どちらともいえない」「あまり実施していない」「まったく実施していない」=0	0.581	0.494	0	1
海外拠点の管理体制					
海外子会社の経営責任者					
経営者・後継者ダミー	現在(撤退拠点の場合は撤退直前)における海外子会社の経営責任者が「経営者自身」「後継者・後継者候補」=1	0.244	0.430	0	1
本社役員・従業員ダミー	現在(撤退拠点の場合は撤退直前)における海外子会社の経営責任者が「進出前から勤めていた日本本社の役員・従業員」「海外に派遣するために採用した日本本社の役員・従業員」=1	0.439	0.497	0	1
その他ダミー	上記以外=1(参照カテゴリー)	0.317	0.466	0	1
財務データ提出ダミー	「日本本社への財務データの提出」を実施=1	0.787	0.410	0	1
経営管理者訪問ダミー	「日本本社から経営管理者が定期的に訪問」=1	0.604	0.490	0	1

(注)1　集計対象企業数は217社である。

の他」という三つのダミー変数を説明変数に加えた。それぞれ該当する場合を「1」とするダミー変数とし，分析では「その他ダミー」を参照カテゴリーとした。

　日本本社への財務データ提出，経営管理職が定期的に訪問については，それぞれ実施している場合「1」，そうでない場合は「0」の値をとるダミー変数である。

4．推計結果と考察

　以上を踏まえて，回帰分析を行った。回帰分析の結果は，表2のとおりである。以下，仮説1〜7に関連した説明変数を中心に分析を行う。

表2 海外撤退に影響を与える要因

説明変数			係数	オッズ比	有意確率	
親会社の属性						
	国内従業者数(人)		-0.349	0.705	0.234	
	差別化ダミー		-0.517	0.596	0.276	
	業種ダミー	食料品・飲料ダミー	0.203	1.225	0.872	
		繊維・繊維製品ダミー	0.562	1.753	0.596	
		パルプ・紙, 木材ダミー	1.418	4.128	0.420	
		化学・医薬ダミー	2.664	14.358	0.082	*
		プラスチック製品ダミー	0.598	1.818	0.589	
		鉄鋼, 非鉄金属ダミー	0.223	1.250	0.892	
		金属製品ダミー	0.195	1.215	0.846	
		はん用・生産用・業務用機械ダミー	0.164	1.178	0.873	
		電子部品・デバイス, 電気機器等ダミー	1.419	4.133	0.128	
		輸送用機器ダミー	0.548	1.730	0.597	
		非製造業ダミー	0.247	1.281	0.792	
	業歴(年, 対数)		0.201	1.223	0.748	
海外拠点の属性						
	赤字ダミー		2.357	10.558	0.000	***
	進出国ダミー	北米(アメリカ・カナダ)	0.465	1.593	0.686	
		台湾	2.484	11.987	0.074	
		中国(香港・マカオを含む)	1.003	2.727	0.306	
		韓国	0.200	1.221	0.880	
		インドネシア	0.746	2.107	0.752	
		マレーシア	2.987	19.824	0.055	*
		フィリピン	0.652	1.920	0.611	
		タイ	0.847	2.333	0.463	
		ベトナム	0.753	2.123	0.564	
		インド	-0.188	0.829	0.925	
	進出時の出資比率(%)		-0.018	0.982	0.015	**
	進出年(年)		-0.145	0.865	0.000	***
海外進出前の準備						
	F/S実施ダミー		-0.210	0.811	0.633	
海外拠点の管理体制						
	海外子会社の経営責任者					
		経営者・後継者ダミー	-0.186	0.830	0.748	
		本社役員・従業員ダミー	0.998	2.713	0.049	**
	財務データ提出ダミー		-0.449	0.638	0.368	
	経営管理者訪問ダミー		-0.277	0.758	0.505	
定数項			289.145			
-2対数尤度			178.5			
Nagelkerke R2 乗			0.478			
観測数			217			

(注)1 二項ロジスティック回帰分析による推計。
2 *は有意水準が10%, **は同5%, ***は同1%を意味する。

4.1 親会社の属性

まず,親会社の属性についてみてみると,有意となった説明変数はみられな

かった。「企業規模」の代理変数である「国内従業者数」は，有意ではなく，「仮説1：親会社の規模が小さい企業ほど，撤退が発生しやすい」は，支持されなかった。「経営資源の優位性」の代理変数である「差別化ダミー」についても，有意ではないため，「仮説2：経営資源の優位性が少ない企業ほど，撤退が発生しやすい」も支持されなかった。ただし，「国内従業者数」「差別化ダミー」とも，係数の符号は仮説のとおりマイナスとなっている。

「企業規模」「経営資源の優位性」の代理変数がいずれも有意とならなかった理由として，先行研究と代理変数が異なる点が影響した可能性がある。洞口（1992）では，企業規模の代理変数として売上高を採用しており，優位性の代理指標としては，売上高研究開発費比率を採用している。本稿ではそれぞれ国内従業者数と差別化ダミーを用いており，そうした点が影響した可能性が考えられる。

データの制約が影響した可能性も指摘できる。特に，撤退拠点に関して，本来は，「国内従業者数」「差別化ダミー」ともに，撤退拠点が稼働していた期間のデータを分析に用いる必要がある。だが，データ入手の制約から，本稿では「国内従業員数」については10年前の数値を，「差別化ダミー」については現在の値を用いて分析を行った。こうした点が分析結果に影響している可能性もある。

4.2　海外拠点の属性

次に，海外拠点属性についてみてみよう。ここでは，2つの説明変数が有意となった。まず，「赤字ダミー」が有意にプラスとなっている。したがって，「仮説3：海外拠点の業況が悪いほど，撤退が発生しやすい」は支持される。海外拠点の業況が赤字である場合，赤字を補てんするために資金調達が必要となるケースが多い。中小企業では，現地金融機関から資金調達をするのは難しく，多くの場合，親会社からの調達に頼らざるをえない。しかし，資本力に乏しい中小企業では，親会社から支援するにも限界がある。そのため，海外拠点が赤字になると，親会社は支援しきれずに，撤退を選択せざるをえないものと考える。

「進出時の出資比率」も有意にマイナスとなっている。したがって，「仮説5：親会社の出資比率が低いほど，撤退が発生しやすい」は支持される。この結果は，親会社の出資比率が低い，つまり合弁による進出のほうが，撤退が発生しやすく，独資による進出のほうが，撤退が発生しにくいと解釈できる。合弁のほうが，パートナーとの関係悪化などによって，撤退につながりやすいことが要因として

考えられる。例えば、家具製造業者のA社は、国営家具会社と合弁で1996年に中国上海市に進出した（出資比率55％）。合弁先から現地従業員を供給してもらったが、モラルが低く、合弁先に改善を求めたが一向に改善しなかった。そのため、2001年に合弁を解消し撤退、同年に独資で再進出する。再進出後は、優秀な人材を自由に採用できたことや、日系企業として認識されることが多くなったことなどから、業況は堅調に推移している。

　出資比率と撤退との関係を分析するうえで留意しなければならない点が二つある。第一に、進出年の違いが出資比率に影響している可能性である。表2をみると、進出年は撤退に対して有意にマイナスである。仮に、進出年が出資比率に影響していると、撤退と出資比率との間に見せかけの関係性が見出されてしまう可能性が考えられる。実際、アジア各国では、自国の産業振興を目的として、現地企業との合弁による進出しか認めないなど、過去には出資比率に関する規制が多く存在していた。一方、近年は、アジア各国の発展に伴い、規制は徐々に減ってきている。こうした動きも勘案すると、出資比率と進出年との関係性を確認しておく必要がある。そこで、進出年と出資比率との相関関係をみると、相関係数は、0.100であり、相関関係にあるとはいえない。進出年と出資比率は独立した関係にあることから、撤退には出資比率が影響していると判断してよいだろう。

　第二に、将来的な撤退を意識し、進出当初から出資比率をあえて低く抑えていた企業が存在する可能性である。出資比率が少ない場合、出資額も少ないことが想定される。こうした場合には、撤退による負担も少ないことから、撤退が発生しやすくなる可能性があるだろう。

　「進出国」ダミーは、マレーシアで、10％水準ながら有意にプラスの係数をとっている。マレーシアについては、過去、電気機器産業を中心に中小企業の進出が相次いだが、その後の人件費高騰などから、多くの中小企業が撤退を余儀なくされた。そうした経緯が影響しているものと考える。

　一方で、マレーシア以外の国については、いずれも有意ではない。したがって、「仮説4：進出国によって、撤退が発生する確率が異なる」は、支持されない。進出国の違いそのものは、中小企業の海外撤退には影響しているとはいえない。

　なお、仮説に関連する変数以外では、進出年が有意にマイナスとなっている。進出年が最近であるほど撤退が発生する割合が低いといえるだろう。

4.3 進出前の準備

進出前の準備について，F/S実施ダミーは有意ではない。そのため，「仮説6：F/Sが不十分な海外拠点ほど，撤退が発生しやすい」は支持されない。

丹下・金子（2015）で示したように，一定の成果をあげていたにもかかわらず撤退したとする企業が4割も存在する。こうした企業においては，F/Sをしっかりと行っていた可能性もある。そのため，F/S実施の有無と撤退とは，必ずしも直接的に結びつくものではないと判断される。

4.4 海外拠点の管理体制

海外拠点の管理体制はどうだろうか。これをみると「本社役員・従業員ダミー」のみが有意にプラスの係数をとっている。現地経営責任者が日本本社から派遣された役員や従業員である場合，撤退が発生しやすいということになる。「財務データ提出ダミー」「経営管理者訪問ダミー」については，いずれも有意ではないものの，係数の符号はマイナスとなっている。これらを踏まえると，「仮説7：海外撤退には，海外拠点の管理体制が影響している」は概ね支持される。

ただし，どのような管理体制が撤退確率を高めることにつながるのかについては，慎重な解釈が求められる。特に，「本社役員・従業員ダミー」が有意にプラスの係数をとっている点について，慎重に解釈する必要があるだろう。この点に関しては，日本本社から派遣された役員や従業員だからだめということではなく，派遣される役員や従業員の質が影響していると考える。日本で建設業を営むB社は，2001年に中国大連にコーヒーショップを出店したが，2003年に撤退した。現地法人の総経理は，B社で技術者として勤務していた人材であり，経営経験はほとんどなかった。結果的に，B社が中国から撤退した要因は，当時流行したSARS（重症急性呼吸器症候群）による影響と，総経理による売り上げや仕入れのごまかしと横領であったという（日本政策金融公庫総合研究所，2013）。B社の事例を踏まえると，日本本社から派遣された役員や従業員だからだめというよりも，派遣される役員や従業員の質が重要と考える。

5．結論

本稿では，中小企業の海外撤退に影響する要因について分析を行った。その結

果，三つの要因が影響していることが明らかとなった。第一に，海外拠点の業況である。赤字であるほど，撤退が発生しやすい。第二に，進出時の出資比率である。出資比率が低いほど，撤退が発生しやすい。最後に，現地の経営責任者である。日本本社の役員・従業員が現地の経営責任者であるほうが，撤退が発生しやすい。ただし，事例研究を踏まえると，この点については，日本本社の役員・従業員だからというよりも，日本本社から派遣される役員や従業員の質が大きく影響しているものと考える。

　本稿の結論からは，日本中小企業は独資で進出したほうが，撤退が起こりにくい，という示唆が得られる。こうした示唆をどのようにとらえればよいのだろうか。日本中小企業による海外直接投資は，これまで現地生産を主な目的としており，本稿で分析した海外拠点の多くも同様と推測される[注2]。そのため，本稿から得られる示唆は，主に生産目的で進出する場合に有効と考える。一方で，近年増加する市場開拓目的の進出においては，必ずしも該当しない可能性がある。実際，現地市場開拓では，合弁などによる海外企業の活用が重要との指摘もある（丹下2015など）。したがって，常に独資による進出がいいのではなく，海外拠点の事業目的を踏まえたうえで，出資比率を考えることが重要と考える。

　最後に，本稿の課題を挙げたい。第1に，バイアスの存在である。サンプルは，日本政策金融公庫中小企業事業の取引先のうち，海外進出の経験を有する企業であるため，必ずしも日本の中小企業全体の業種構成を反映したものではない。また，海外から撤退した後に倒産・廃業した企業は，調査対象には含まれていない。こうしたサンプル抽出に伴うバイアスに留意する必要がある。

　第二に，本稿では，海外撤退に影響する要因のすべてを分析に組み入れることができていない。撤退の決定には，進出国の景気動向や産業構造，親会社の業績，撤退時における海外拠点数など様々な要因が影響するだろう。中国のように，地域によってその様相が大きく異なる国については，進出地域を考慮した分析も必要と考える。本稿で撤退要因の一つとして示した出資比率についても，自社や合弁相手先の技術力，資金力など，さまざまな要因が影響している可能性がある。

　第三に，撤退には多様な形態が存在する点についても考慮する必要がある。積極的な海外事業再編に伴う撤退と，業況悪化に伴う撤退とでは撤退に影響する要因が異なるだろう。こうした点を取り入れた研究が今後は求められる。

〈注〉
1　本稿では，海外拠点を「企業の出資により設立した海外法人及び企業が資本参加した海外法人」と定義する。
2　アンケートでは，撤退拠点についてのみ，主な機能を聞いている。これをみると，「生産」が68.2％，「販売」が21.2％となっており，生産を目的とした拠点が多いことがわかる。

〈参考文献〉
1　足立文彦（1994年7月）「中小企業のアジア進出―成功の条件と失敗の原因―」商工総合研究所『商工金融』第44巻7号，pp.26-40
2　加藤秀雄（2011年）『日本産業と中小企業―海外生産と国内生産の行方』新評論
3　丹下英明（2015年5月）「中小企業の新興国メーカー開拓戦略：中国自動車メーカーとの取引を実現した日系中小自動車部品メーカーの戦略と課題」日本政策金融公庫総合研究所『日本政策金融公庫論集』第27号，pp.21-42
4　丹下英明・金子昌弘（2015年2月）「中小企業による海外撤退の実態：戦略的撤退と撤退経験の活用」日本政策金融公庫総合研究所『日本政策金融公庫論集』第26号，pp.15-34
5　中小企業基盤整備機構（2012年）『平成23年度中小企業海外事業活動実態調査報告書』
6　中小企業事業団（1996年）『海外進出中小企業撤退事例集　平成7年度』
7　中小企業事業団（1997年）『海外進出中小企業撤退事例集　平成8年度』
8　中小企業庁（2014年）『中小企業白書 2014年版』日経印刷
9　日本政策金融公庫総合研究所（2013年）「中小企業の海外撤退戦略：アジア市場開拓からの撤退経験とその後の事業展開」日本政策金融公庫総合研究所『日本公庫総研レポートNo.2013- 4』
10　洞口治夫（1992年）『日本企業の海外直接投資―アジアへの進出と撤退』，東京大学出版会
11　米倉穣（2001年）『21世紀型中小企業の国際化戦略』税務経理協会
12　鷲尾紀吉（1996年9月）「海外撤退企業の実態と国際経営戦略の構築」『産業立地』35巻5号，一般財団法人日本立地センター
13　McDermott,Michael.C.（2010）"Foreign Divestment." *International Studies of Management & Organization*, Vol.40（4），pp.37-53.
14　Boddewyn, Jean. J.（1979）"Foreign Divestment: Magnitude and Factors." *Journal of International Business Studies*, Vol.10（1），pp.21-27.
15　Boddewyn, Jean. J.（1983）"Foreign Direct Divestment Theory: Is it the Reverse of FDI Theory?" *Weltwirtschaftliches Archiv*, Vol.119, pp 345-355.

（査読受理）

太田市域における機械産業集積の発展要因に関する分析
―自動車産業の下請関係の役割を踏まえて―

高崎経済大学　河藤　佳彦
井上真由美

1．太田市域の機械産業集積の現状

　太田市域の産業集積においては，自動車産業を中心とする機械産業とそれを支える基盤技術産業が大きな構成比率を占め，中核企業である富士重工業株式会社（以下，富士重工とする）の企業城下町型産業集積としての性格が強く表れている。例えば2013年の『工業統計調査』によれば，太田市内の製造業のうち「輸送用機械器具製造業」は従業者数で46.9％，粗付加価値額で67.4％を占めており，また2009年の『経済センサス基礎調査』の産業（小分類）民営事業所従業者数（全数）の統計データによれば，同市における「輸送用機械器具製造業」の従業者数13,923人のうち「自動車・同付属品製造業」は13,663人（98.1％）となっている。
　ところで近年は，国内市場の縮小や生産拠点の海外移転などの要因により，全国的に見ると産業集積の規模は縮小傾向が顕著であるが，この状況のなかで太田市域の産業集積は，長期的に一定の活力を維持しているように見える。実際，太田市の製造業の事業所数は，ここ30年以上ほとんど変化していない（図1）。また『工業統計調査』に基づいて，太田市の製造業における製造品出荷額等と粗付加価値額のリーマンショック前後の数値を見ると，いずれも増加傾向にあることが分かる（製造品出荷額等：205,997,245万円［2007年］／234,913,099万円［2013年］，粗付加価値額：68,149,964万円［2007年］／68,683,858万円［2013年］）。この傾向は，従業者数と労働生産性についても同様である。
　では，産業集積の活力が維持される背景には，何があるのだろうか。この点を以下，太田市の機械産業の現状に関するアンケート調査（河藤，2013）に新たな視点を加えて検討する。この調査結果（回答企業数107件，回答率30％，非製造業，

図1　製造業事業所数の推移

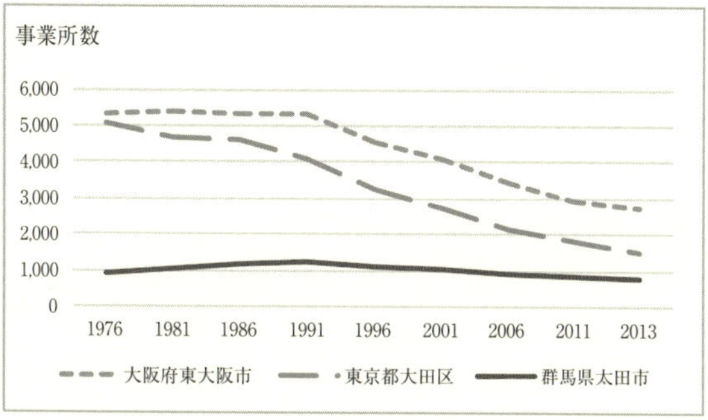
事業所数
6,000
5,000
4,000
3,000
2,000
1,000
0
1976
1981
1986
1991
1996
2001
2006
2011
2013
大阪府東大阪市
東京都大田区
群馬県太田市

出典：経済産業省『工業統計調査』各年より作成。

大企業等を除く）が示す対象の輪郭は以下のとおりである。

①資本金300万円以下が90.6%，従業員300人以下が99.0%であり，大部分が小・零細企業であった。②特定の大手企業との下請取引の程度という観点から見ると，総売上高に占める取引額が5割以上の企業が54.1%，5割未満および取引なしの企業が45.9%であった。③産官学連携，異業種交流会，同業種交流会など，外部との連携を行っている企業は43.2%であった。④技術革新や市場開拓に関する取り組みを行っている企業は77.1%であった。

本稿の関心事項は，このような産業集積の活力維持の要因を見出すことであるが，それにはソーシャル・キャピタル論が有益であるように思われる。例えば同論では，社会的資本→知的資本の交換と結合→知的資本の形成→社会的資本という連環がモデル化されている（Nahapiet and Ghoshal, 1998）。上記の外部連携の有無（③）と技術革新や市場開拓の有無（④）は，このモデルの中に置かれることによって考察することができるようになる。すなわち「外部連携」の有無はこの連環における「社会的資本」のカテゴリーに，また「技術革新／市場開拓」の存在については，（既存の）「知的資本の交換と結合」というプロセスに当てはめることによって，両者を（新たな）「知的資本の形成」（本稿の文脈では産業集積の活力の維持・向上）に寄与する要因であると捉えることができるのである。そこで両者に対するクロス分析を試みたところ，次のような結果を得た。a）外部との連携を行っている41企業のうち，技術革新や市場開拓に関する取り組みを行っているのは39企業であった（95.1%）。b）他方で，外部との連携を行っていない

54企業のうち，技術革新や市場開拓に関する取り組みを行っているのは35企業であった（64.8％）。

このように，外部との連携に積極的である企業ほど技術革新や市場開拓にも意欲的であることが示唆されている。したがって，あらためて問われるべきは，「外部連携」と「技術革新／市場開拓」との相関の実相ということになるであろう（「技術革新／市場開拓」の積極的な取り組みが産業集積の活力に正の効果を及ぼすことは，すでに上記したモデルへの当てはめのなかで仮定されている）。

2．産業集積のなかの自動車メーカー・サプライヤー関係

先の連関モデル（社会的資本によって知的資本の交換と結合が促される）が示唆しているのは，ある種のローカリティーの範囲内における企業間関係を考察するにあたっては，「協調」という要因が考慮されねばならないということである。この点をより明確にするために，関連する二つの議論を概観しておきたい。いずれも，グローバル化がもたらすインパクトを論じていることが特徴である。

近年の自動車メーカーとそのサプライヤーの関係についての研究（e.g. 近能，2004a）によれば，80年代に競争力の源泉とまでいわれた日本独自の関係性は急速に解体されつつある，という一般の評価はあまり正確ではないという。むしろ取引先の多様化の動き（オープン化）と先行研究開発のための協力関係の強化（緊密化）という反対方向の動きが同時に進行しているというのが実相であるという（e.g. 近能，2004b）。しかしながら「緊密化」は肯定できるとしても，筆者らの観点からすれば，近能氏の言う「オープン化」という概念（現象ではない）の現実妥当性については再検討の余地があると考えられる[注1]。

まず「オープン化」が，かなり抽象度の高い概念であることを確認しておこう。近能（2003）によれば，メーカーとサプライヤーとの間で取引される自動車の部品ベースで見たときの，各メーカーによるその部品の「平均調達先数」，および各サプライヤーによる「平均納入先数」の同時的増加，これを「オープン化」と呼ぶ。アクターの「オープン化」の動機については，次のように説明されている。まずメーカーの立場からは，調達先を多様化することにより，「サプライヤー間に競争圧力をかけること」，「1社のサプライヤーに依存することからもたらされるリスクの分散」，「購入する部品の品質等にかんする情報収集」，「部品技術の情

報蓄積」,「調達条件にかんする選択肢の増加」が可能になると考えられている(近能, 2003)。他方でサプライヤーの立場からは, 同じ部品を複数のメーカーに納入することにより,「規模の経済の享受」,「経験効果の享受」,「顧客(メーカー)に対するバーゲニングパワーの獲得」などの利点が得られるとされる(延岡, 1996)。

　このように先行研究は,「オープン化」の動機について, 慎重にも様々な可能性をあげているが, その趣旨は次のように整理することができる。まず「オープン」という言葉は,「競争」や「自立」を示唆している。この三者はいずれも, 市場取引という概念と親和的だからである。また「オープン化」がとなえられた背景には, 自動車産業のグローバル競争の激化とそれを不利に導く円高の進展があり, さらに国内自動車市場の飽和という事情もあったことを認識しておく必要がある。したがって「オープン化」には, 次のような含意があると考えられる。すなわち自動車メーカーにとっては, サプライヤー間の「競争」を促すことによって最適な部品調達を可能にする手法, またサプライヤーにとっては, メーカーからの「自立」に伴う生き残りのための様々な戦略という意味合いである。

　このような想定に基づけば,「オープン化」と見られる現象の進展につれて, サプライヤー間の競争の激化とその結果としてのサプライヤーの淘汰という予測が導き出されることになる。実際, 近能氏は, 今後「オープン化」によって「サプライヤー間の競争関係」が強化され(近能, 2003, p. 82),「単なるオペレーションの担い手としての役割しか果たせないような限界的な企業群は, 次第に淘汰されてゆくだろう」(近能, 2004b, p. 14)と予測している。

　しかしこの予測は, 本研究におけるヒアリング調査の結果とはそぐわない。結論を先取りして言えば, 富士重工とそのサプライヤーを含む太田市域の産業集積では「競争の結果, 淘汰が生じている」のではなく,「協調行動やネットワークの再構築によって, 淘汰は今のところ目立っていない」のである。そしてこの調査結果を理解するためには,「オープン化」(取引の多様化)と見られる現象の背後には,「競争」と「淘汰」というメカニズムからだけでは捉えきれない要因があると見なければならないのである。

　この点については, 渡辺(2012)の議論が参考になる。同書は, 産業集積の発展と衰退を考察するに当たって, 需要構造に基づく産業集積の類型化, 産業集積内外の企業間の競争, および同類型の産業集積間の競合などといった興味深い観点を提示しているが, とりわけ「産業集積間の競合」は重要である。なぜならそ

れは，90年代以降の自動車メーカーに対するグローバル供給体制の現状を説明しているだけでなく，産業集積に包摂された存在として，個々のサプライヤーを捉えなければならないことに気づかせてくれるからである。これにより，個別サプライヤー間の比較優位のための取り組みから産業集積間の比較優位に向けた取り組みへ，という観点の拡張が可能になるのである。

太田市域の産業集積の活力について考察するには，個別企業群，さらには自動車メーカー・サプライヤー関係をも包摂する産業集積という要因を考慮に入れる必要がある。それによって，企業間の「競争」だけでなく「協調」という視野も開けてくることになる。産業集積全体としての競争力は，この両者に依存すると考えられるからである。したがって前章で提示された課題（「外部連携」と「技術革新／市場開拓」との相関の実相）は，「経営・技術革新は，多くの場合，企業間の連携という「協調」行為を伴っているとすれば，それはどのような内容を持った「協調」なのであろうか」という論点へと変換され得るであろう。

以下の第3・4章は，この論点にこたえるためのヒアリング調査の記述にあてられる。第3章の対象は中核企業である富士重工および富士重工の1次サプライヤーである。そして第4章は前述のアンケート調査で「外部連携」と「技術革新／市場開拓」の双方に取り組んでいると回答した企業のうち，富士重工と関係が薄い企業（3社）が対象である。

3．中核企業と1次サプライヤーへのヒアリング調査

3.1　富士重工へのヒアリング調査

ここでのポイントは，中核企業（富士重工）が考えるサプライヤーとの関係性である。富士重工へのヒアリング調査は2015年4月7日に実施された。

スバル圏取引先　富士重工は1次サプライヤーのうちの近在の主要な取引先を「スバル圏取引先」（以下，「スバル圏」とする）として位置づけている。その定義・特徴は次のとおりである。①富士重工向け売上高比率が20%を超え，かつその会社の売上高の中で富士重工がトップの比率を占める。②一部を除き，太田市近郊に本社及び工場を構え，開発と生産の面で深い関係にある。③中小企業（資本金3億円以下）と大企業（資本金3億円超）が混在しており，その大半がオーナー企業である。④企業数は22社，1次サプライヤーに占める「スバル圏」は8%で

あり，そのうち太田市内に本拠を置いているのは10社である。なお富士重工関係者の話によれば，メンバー企業は固定的であるという。⑤富士重工の国内年間調達額9,194億円のうち，「スバル圏」からの調達額は2,376億円（26%）である。以上は2013年度の実績である。

富士重工のサプライヤー支援活動　富士重工は，大物コア部品を担う「スバル圏」を「一蓮托生，将来に亘り密接不可分」の関係であるとし，2000年代に入ってから，技術開発力や生産性の向上のための様々な支援を積極的に行っている。「スバル圏」への支援は大きく分けて，モノ造りのシステム，生産現場の改善を目的とした「モノ造り強化活動」と個別企業の課題を解決するための「個別支援活動」がある（表1）。例えば前者に含まれる「テンプレート活動」とは，富士重工の生産管理部がこれまでの取引先との交流から得たノウハウをもとに，現場レベルで取引先の稼働時間のロス，工数のロスといった問題点を発掘し，取引先と共同で解決を図るという活動である。また表2は，富士重工のこのような関与が，とりわけ近在のサプライヤーを対象としていること，また「スバル圏」に限定されていないことを示している。「近在メーカー改善活動」と総称されている富士重工のこの支援活動は，当初は近在の「スバル圏」のみを対象としていたが，2006年から約4年にわたって続けられた原価低減のための支援活動は，希望する全ての取引先（1次サプライヤー）が対象だったのである[注2]。

　このような富士重工の取り組みの背後に，厳しい原価管理の要求などサプライヤーに対する厳しい要請があることも確かである。しかしこうした技能の底上げ支援は，グループ全体の競争力の向上という観点に基づいていることに注意しなければならない。

　淘汰が見られない理由は，他にもいくつか数えられる。第一に，近在サプライヤー重視からも示唆されるように，富士重工は地域経済という観点から地元企業にできる限り仕事を割り振ることを意識している。それは，急な増産や資材購入の必要が生じた場合，あるいは災害時などの緊急事態に，頼れる地元企業の存在が重要だという考え方に基づく。第二に，富士重工の車づくりに対するこだわりは確実なすり合わせの作業を必要とするが，そのためには気心の知れた企業と協力する必要があるということである。実際，同社はそれまでに取引のなかった企業とスポット的な取引をしたこともあった。しかし互いに勝手がよく分からず，トラブルを起こすケースも多くあったのだという。

表1　富士重工の地場取引強化支援活動

モノ造り強化活動	物流改革・生順生産
	テンプレート活動（生産性改善活動）
	TPM（Total Productive Management）
	保全ネットワーク
	計画保全
	開発コンカレント
	SPM活動 (Supplier Progress Meeting活動)
個別支援活動	品質強化
	物流コラボ活動
	基礎技術強化　先行開発
	プレス技術交流会
	サポイン（サポイン事業：戦略的基盤技術高度化支援事業の活用支援）
経営体質強化	中期経営計画確認

出典：ヒアリング調査の結果に基づき，筆者作成。

表2　近年における富士重工の「近在メーカー改善活動」の経過

活動名称と活動時期	実施対象
1991年度～93年度　SPS（Subaru Production System）活動（創成期）	近在メーカー（板金・樹脂13社）
1994年度～96年度　SPS活動（5S・無駄取りコンサル指導期）	近在メーカー（板金・樹脂18社）
1997年度～2001年度　SPS活動（LCA：Low Cost Automationコンサル指導期）	近在メーカー（全業種28社）
2001年度～2006年度　SPS活動（開発SPS／自主活動期），開発車コンカレント活動（2004年度～2015年度）	近在メーカー（全業種18社）→近在メーカー（全業種12社）・板金部品メーカー全社（6社）
2006年度～2009年度　お取引先困り事改善活動	近在メーカー（全業種12社）・板金メーカー全社（6社）→取引先全社・板金部品メーカー全社（6社）
2009年度～2011年度　テンプレート活動＋お取引先困り事改善活動	近在19社（物流改革は全社活動）・板金メーカー全社（6社）
2012年度～2013年度　生産技術コラボ活動	近在19社（物流改革は全社活動）・板金メーカー全社（6社）
2014年度～2015年度　生産技術コラボ活動，保全ネットワーク，物流改革	近在19社（物流改革は全社活動）・板金部品メーカー全社（6社）

出典：ヒアリング調査の結果に基づき，筆者作成。

3.2　「スバル圏」へのヒアリング調査

　逆に「スバル圏」のメンバーは富士重工のことをどのように考えているのだろうか。2社に対して2015年7月7日，22日にヒアリング調査が実施された。

調査結果　ポイントは次の3点である（詳細は表3）。①富士重工からのF社とS社への支援と連携が確認された。特にF社の場合，前掲した富士重工関係者の発言（一蓮托生，将来に亘り密接不可分）を裏付けるような現場レベルでの支援がみられた。②このような富士重工との関わりを持ちつつ，両社は外部連携を行って技術力や製品力を高めている。F社はさらに大学とも連携している。③両社は取引先企業の協力会を形成しており，協力会社に対して業務支援，改善指導等様々な支援を行っている。この関係は，富士重工と「スバル圏」の関係と同じである。「――部品購買では普段足元で支えてくれている地元企業から買いたいという思いがある」。このように富士重工と全く同じ見解をF社の関係者は示した。

3.3　富士重工と「スバル圏」の関係

　以上の結果からわかるように，富士重工と「スバル圏」との間には，淘汰につながりうるような競争関係は志向されていない。
　その理由として考えられるのは，富士重工の技術的なこだわりである。同社は水平対向エンジンや運転支援システムなどの独自技術で知られているが，他にもスバル車特有のスタイルを顧客と共有している。ところで「こだわり」とは，標準化されていない知識やスキルへの愛着のことである。このような知識やスキル

表3 スバル圏へのヒアリング調査結果

企業および企業概要	富士重工からの支援・同社との連携	外部連携・その他の企業との取引や協力関係
F社（自動車部品の開発・設計・製造） a) 企業概要（※注1） 設立：1938年，資本金：7,000万円，従業者数：526名（2015年4月1日現在） (b) 主な製品・技術：自動車部品（ボデーメタルプレス，溶接部品），産業用空調部品（大型空調機械，板金部品）	・当社の生産方法改善の取り組みであるFPSは，富士重工のSPSを独自に改良したものであり，富士重工から定期的に技術指導を受けている。 ・当社は富士重工のOBを受け入れ，弱い点については支援を受け，ノウハウを得ている。 ・当社の設計者は富士重工の設計部門に出向し，設計に参画している。設計者は，設計図を仕上げる過程において，軽量化，安全性や生産性の向上に関する提案をし，当社の独自技術の活用も提案していく。	・自動車の環境対応が求められる中，プレス板金を主にしている当社では軽量化を重要な課題とし，鋼板メーカーと連携して新素材の研究を行っている。また，群馬大学とも連携している。 ・当社は富士重工以外の完成車メーカーの関連企業とも取引している。メーカーは，企業秘密の保持についてはあまり求めていない。ノウハウが相手方に漏れるデメリットより，F社の技術レベルが高まることにより得られるトータルとしてのメリットの方が大きいという。 ・当社では取引企業による協力会がある。協力会企業との関係については，資本関係を持たず，協力会企業が独立性を維持している。その上で，当社と協力会企業との協賛による展示会の開催，協力会以外の優良企業の見学会，当社から協力会企業に対する業務支援や改善指導，ISO認証取得支援などを行っている。
S社（吸排気系，燃料系製品の製造・販売） (a) 企業概要（※注2） 設立：1960年，資本金：3億1,156万9,700円，従業員数：720名（2015年4月1日現在） (b) 主な製品・技術：燃料タンク（金属製／樹脂製），マフラー，エキゾーストパイプ，エアークリーナー等	・富士重工との連携は，完成車メーカーとの共同開発が必要不可欠なため，実施している（実際に走行する自動車における部品の性能試験等）。	・完成車メーカー以外の企業との連携については，同業種間との連携（製品供給等）がある。 ・当社では取引企業による協力会がある。主要な取引先については，様々な支援（金融機関への働きかけ等）を行っている。安全関係については，昨年度から安全パトロールについて指導している。

（※注1）F社ホームページ（2015年7月12日取得）による。
（※注2）S社ホームページ（2015年8月15日取得）による。
出典：ヒアリング調査の結果に基づき，筆者作成。

をサプライヤーと共有するためには，富士重工の関係者が述べたような「一蓮托生」あるいは「気心知れた所とガッチリ組む」というようなことが必要になるだろう。なぜなら，その際に取り交わされるやり取りの性質は，基本的に全体のイメージと細部の技術との間の「すり合わせ」という試行錯誤であるが故に，普段づきあいをするようなフランクな間柄を要請するからである。したがって，このような関係性自体が一種の社会的資本になりうる。

ところで，本研究で採り上げた事例において，この関係性には二重の広がりがみられた。第一に富士重工と「スバル圏」との間だけにこの関係性が構築されたのではなく，表2にみられるように「スバル圏」を含む1次サプライヤー全体が対象になっている。第二に「スバル圏」と2次以下のサプライヤーとの間にも同様の関係が存在する。このことは，富士重工を中心とする支配が広がっていることを意味するのではなく，「ものづくり」意識を共有するメンバーの広がりと捉えることができる。このように富士重工と「スバル圏」および少なくとも一部の1次サプライヤーは依然として価値観を共有した共同体を形成しており，その範囲を拡大しているのであって，淘汰が進展しているわけではないのである[注3]。

4．機械産業の中小企業へのヒアリング調査

この章では「スバル圏」以外の企業の実相が分析される。分析の際の観点は，

前掲した論点，すなわち経営・技術革新に伴う企業間の連携という「協調」行為の内容とは何か，である。対象企業は，先述のアンケート調査（河藤，2013）の対象企業のうち，「外部連携」と「技術革新／市場開拓」を同時に行っている企業から選ばれた。ここで紹介するのは，OG社（ヒアリング調査日：2015年3月27日），O社（ヒアリング調査日：2015年4月14日），Y社（ヒアリング調査日：2015年4月21日）である。

4.1 調査結果

OG社 同社は，外部連携が同社の技術革新に決定的に重要な意味を持った事例である。同社の経営者O氏はもともと太田市において大手金型メーカーを経営していた。しかしリーマンショック後の不況の煽りでその会社は買収され，O氏は2009年に金型の手配・エンジニアリングサービスを主に提供するOG社を立ち上げた。この新たな会社と連携した企業・組織は以下のとおりである。

　（国立研究開発法人）理化学研究所／㈱アルゴグラフィックス／㈱アマダ／日本ハイコム㈱／矢島エンジニアリング㈱／（国立大学法人）群馬大学／（一般財団法人）地域産学連携ものづくり研究機構

O社 同社もOG社と同様，外部連携が技術革新に重要な意味を持っている。同社は富士重工の2次サプライヤーであるが，各社との共同開発によって富士重工向けの自動車用ランプの成形工法の技術革新に成功し，2002年から納入を始めた。さらにこの成果により，富士重工の提携先にも販路が開かれた。この技術革新にあたり提携した企業・組織は以下のとおりである。

　㈱日本製鋼所／イガリモールド㈱（現キャノンモールド㈱）／新明和工業㈱／㈱矢野／（国立大学法人）群馬大学／㈱ミツバ／その他の地元企業

Y社 同社は外部連携が市場開拓につながった例である。同社の経営者H氏は，リーマンショック前後からの受注の減少に危機感をいだいて，地域の企業家ネットワーク「両毛ものづくりネットワーク」に参加するようになった。そして，そこで知り合った人たちと，ものづくり技術の様々な分野への応用のための会社「（株）下請の底力」を立ち上げた。彼らは地元農家のために農機具の改良に乗り出すなど，地域の諸課題を解決していった。こうした新事業は同社の営業力の向上と取引先の増加につながった。実際，同社の取引先は，リーマンショック前までは20社であったが，その後は40社にまで増えたのである。

4.2 考察

　第1章のクロス分析が示したように,「外部連携」と「技術革新／市場開拓」という2条件を同時に満たした企業は39社を数えた。ここで検討したのはそのうちの3社に過ぎず,それらの結果を一般化することはできない。しかし2条件の結び付きの現実的な根拠を示唆しているという点においては意味があると言えるだろう。

　事例において確認したように,OG社とO社においては,「外部連携」は「技術革新」にとって決定的な意味を持っており,Y社においては,それは「市場開拓」へと繋がっていた。つまりこの3社は,他社・他機関との交流によって,初めて広い意味での革新を成し遂げたことになる。

　革新を可能にしたこのような連携は,そもそもなぜ可能だったのだろうか。連携先の企業・組織に金銭的な対価等の短期的な利益がもたらされたという理由は考えられる。つまり,それはあくまでビジネスとしての連携にすぎないという可能性である。しかしOG社とO社の連携先に公的な研究機関が含まれていることに注意する必要がある。このような研究機関は,公的な見地から研究テーマが選ばれるはずである。したがって両社の成し遂げた技術革新にも,地場あるいは産業全体にとって有益な何らかの公的な意義が含まれていると見なければならない。実際OG社の場合,理化学研究所と共同で開発している金型設計のための廉価なシュミレーションソフトは,地元金型メーカーの負担を軽減することを企図しており,また彼らに対する技術支援も同時に行っている。分かりやすいのはY社である。同社は「両毛ものづくりネットワーク」で知り合った経営者たちと共同で企業を立ち上げたのであって,それは地域の中小企業の力を結集して地域社会が抱える問題を解決するためだったからである。

　したがって3社が示した連携は,打算的にあるいはビジネスとして行われたとは言い難い。そこには,「地域」や「社会」などといった,全体性を意味する用語で表現すべき何らかの要因が介在しているように見える。次章では,富士重工と「スバル圏」の事例も含めたうえで,この点をもう少し掘り下げてみたい。

5. 結語

　これまでの考察を踏まえると,本研究の課題に対する結論的主張は次のように

なる。まず第一に，富士重工と「スバル圏」は，淘汰を伴う競争というよりは共存を志向する「協調」（外部連携）に基づいて「技術革新」や「市場開拓」を行っている。こうした協調関係が，他の1次サプライヤーをどの程度包摂しているかについては確かめられていない。しかし事例で説明したように，2006年から2009年まで続けられた全ての1次サプライヤーを対象とした原価低減支援活動という富士重工の経験や，また同社と関係の薄い企業にもこのような連鎖が見られたということを考慮に入れれば，少なくとも同社の方針の中に「協調」という精神が盛り込まれていると言えるだろう。

　第二に，この「協調」の背後には，集団内における共通の思想（ソーシャル・キャピタル論に基づけば「規範」）がある。富士重工とそのサプライヤーの場合で言えば，それは「ものづくり意識」の共有ということになろう。

　第三に，産業集積としての太田市域が，企業間の「協調」を容易にする基盤を提供している可能性がある。産業集積ということで言えば，近接性から生まれる取引コストの低減や，集積地へ需要を搬入してくる（cf. 渡辺，2012）富士重工のイニシアチブなどが考えられる。特に富士重工の1次サプライヤーへの技術支援を考慮すると，製品市場の要請と他の自動車メーカーとの競争に直接晒される同社のイニシアチブが背後にあることは明らかである。

　他方で第四に，地域共同体としての太田市域が，企業間の「協調」の基盤になっている可能性も否定できない。まずY社の加盟した「両毛ものづくりネットワーク」は「協調」の基盤であったと言えるだろう。それによってY社は異業種間交流の開始，さらには新企業の設立すらできるようになったからである。ところで「両毛ものづくりネットワーク」が設立された経緯を見ると，地域の中小企業の経済的苦境をきっかけとして自然に発生し，速やかにその活動を充実させていったことがわかる。太田市域において，同種のネットワークが他に存在するのかは，今のところ確かめられていない。しかし，公的な性格を帯びる中小企業支援のための機関が群馬県内にいくつかあることは確かである[注4]。公的機関の関わりということであれば，OG社とO社の事例は，まさに地域全体によって支えられていると見ることができる。両社は研究開発にあたって群馬大学と連携しており，またO社は群馬県のものづくり支援のための補助金を受けているからである。したがって苦境に対する抵抗力を提供したのは，Y社については両毛地区の経営者たちに共通する問題意識であり，OG社とO社については，群馬県における関係

者の総意ということになるだろう。デュルケームに倣って言えば，集合意識が「協調」の基盤を提供したということになる。

　なお富士重工にとっても，このような意味における協調行動と無関係ではない。事実，同社は地域経済の発展に寄与する組織やプロジェクトに少なからず関与している。例えば，太田商工会議所で太田市の中小製造企業を対象に2008年末から開始された無料の工程改善などの指導を担当しているのは，富士重工で30年の現場改善の経験をもつ人物である。また太田市には税関手続きの迅速化と物流コストの削減によって地域経済の振興を図る太田国際貨物ターミナルがあるが，同社もそれに出資し，現在は群馬製作所長が取締役を務めている[注5]。これは同社が，太田市の顔ともいうべき歴史的に形成されてきた役割を担っていることによると考えられる。

　このような関係性の実相を踏まえると，筆者らは，太田市域の諸企業の行為は，連携による「ものづくり意識の共有」「地域社会，共通の問題解決」といった個別の利害を超えた動機で動いている面がある，と主張することができるだろう。そして個別の利害を超えた存在とは，本稿の場合では，産業集積および地域共同体としての太田市域のことである。本稿の冒頭において，筆者らは，太田市域の産業集積の活力が維持される背景には何があるのかという疑問を提示した。その回答は，このような地域志向によるということになるだろう。

　とはいえ本稿が示し得たことは，太田市域の企業群の「協調」行動とそれを容易にするいくつかの基盤の存在であったにすぎない。他の産業集積との比較のためのフレームワークの構築，諸企業が私的利害を超えた動機をもつ場合があることについての理論的説明など，課題は多く残されている。

〈注〉
1　筆者らは，オープン化の「現象」を否定しているわけではない。事実，ヒアリング調査によれば，富士重工の1次サプライヤー（スバル圏）は独自技術の開発に取り組み，それをもとに同社以外のメーカーとも取引しているという。取引の多様化はサプライヤーが自ら行うこともあるが，富士重工がサプライヤーの技術力を高めるために系列外企業との取引を誘導することもあるという。「誘導」現象はオープン化の「概念」（競争やそれに由来する淘汰を含意）では捉えきれず，それを理解するためには産業集積内の個別企業が置かれている「ローカリティー」の視点が必要だと考えられる。なお，本稿の検討対象ではないが，近能氏が言う「緊密化」はもっと複雑な現象かも

しれない。なぜなら，取引の多様化（オープン化）も「緊密化」である場合があるからだ。すなわち，取引の多様化によって獲得されたサプライヤーのノウハウをメーカーが活用できる場合がそうである。
2　なお，これだけでなく富士重工は，「スバル圏」と他メーカーのサプライヤーとの交流促進にも取り組んでいる。
3　帝国データバンク「我が国自動車産業の取引構造に関する調査」（2013年12月）は，1993年から2012年にかけての大手自動車メーカーのTier 1 企業数の推移を紹介しており，富士重工についてはその減少はゆるやかであると述べている。資本関係の変化や新製品開発等の複雑な要因が絡むので一概には言えないが，富士重工の1次サプライヤー全体についても競争に由来する淘汰は進んでいない可能性をここから読み取ることは不可能ではない。
4　太田商工会議所は，太田市の中小製造業の技術支援を行っているという点で特異な性格を持っている。また，同じく太田市にある一般財団法人地域産学官連携ものづくり研究機構は，ものづくり技術の高度化及び普及，ものづくり分野における人材育成等の事業を行っている。
5　なお，富士重工は自社の部品，車両物流事業を行う（株）スバルロジスティクスを関係会社として持っているので，ターミナルを頻繁に利用するわけではない。

〈参考文献〉
1　河藤佳彦（2013年）「地域中小企業のイノベーション推進に関する考察：群馬県太田市の機械産業を事例として」『商工金融』第63巻第5号，pp.32-51
2　近能善範（2003年）「自動車部品取引の「オープン化」の検証」東京大学経済学会『経済学論集』第68巻第4号，pp.54-86
3　近能善範（2004年a）「日産リバイバルプラン以降のサプライヤーシステムの構造的変化」『経営志林』第41巻3号，pp.19-44
4　近能善範（2004年b）「日本型産業構造の転換：日本の自動車部品サプライヤーシステムの変化について」『クォータリー生活福祉研究』第13巻第1号，pp.17-31
5　Nahapiet and Ghoshal (1998)" Social Capital, Intellectual Capital, and the Organizational Advantage," *Academy of Management Review*, Vol. 23, No. 2, pp. 242-266.
6　延岡健太郎（1996年）「顧客範囲の経済：自動車部品サプライヤーの顧客ネットワーク戦略と企業成果」『国民経済雑誌』第173巻第6号，pp.83-97
7　渡辺幸男（2012年）『現代日本の産業集積研究：実態調査研究と論理的含意』慶應義塾大学出版会

（査読受理）

需要搬入企業の変容とサプライチェーン
— 九州の完成車メーカーの機能再編を中心に —

兵庫県立大学　西岡　正

1. はじめに

　日本自動車産業の海外生産が急拡大する中で，九州の自動車産業集積（産業集積）は，2000年代，中部，関東に次ぐ生産規模を有する産業集積に成長を遂げてきた。九州所在の完成車メーカー各社は，もっぱらグループの国内他生産拠点に対するコスト優位性や人材確保の容易性を強みとして，増産対応や生産移管の受け皿の役割を果たすことで，生産規模を拡大してきた。完成車メーカーの増産を受けて，自動車生産を支える関連サプライヤーの集積も進んできた。しかしながら2010年代に入って，九州の産業集積を取り巻く環境は大きく変わりつつある。言うまでもなく九州の産業集積は単体で完結しているわけでなく，日本自動車産業がグローバルに展開する生産ネットワークに組み込まれている。こうした中で，し烈化する国内外の生産拠点（産業集積）間競争を背景に，生産車種の海外移管，中国・韓国等からの海外調達部品の増加といった動きが顕在化，完成車メーカーの生産活動も停滞を余儀なくされており，九州の産業集積はこれまでの成長モデルの転換を余儀なくされている。

　本論では，本格的なグローバル競争期に突入した九州の産業集積の現状を概観したうえで，需要搬入企業に相当する完成車メーカーの調達行動や機能の変化に焦点を当てて，競争力の再構築をいかに進めようとしているのかを明らかにすることを目的とする。当然のことながら，これら完成車メーカーの取り組みはサプライチェーンの変化を通して，関連サプライヤーに大きな影響を与えると考えられるが，サプライヤーの対応に関しては稿を改めて分析したい。

2. 産業集積の現状

2.1 完成車メーカーの概要

まず九州の自動車生産台数と全国シェアの推移を確認しよう（図1）。自動車生産台数は1993年に40万台規模に過ぎなかったが、各社の相次ぐ設備増強を背景に2000年代に入って急拡大し、2012年には過去最高の146万台に達した。日本国内の自動車生産台数に占めるシェアも2000年の約5％から拡大、2012年には中部、

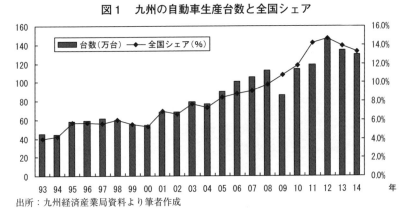

図1 九州の自動車生産台数と全国シェア

出所：九州経済産業局資料より筆者作成

表1 九州に立地する完成車メーカーの概要

	日産九州	日産車体九州	トヨタ九州			ダイハツ九州	
			宮田工場	苅田工場	小倉工場	中津工場	久留米工場
車両生産開始	1976.4	2009.12	1992.12	2005.12	2007.8	2004.12	2008.8
生産能力	43万台	12万台	43万台	32万基	-	46万台	32.4万基
生産車種（品目）	セレナ、ティアナ、エクストレイル、ノート、ローグ	NV350、キャラバン、エルグランド、パトロール、インフィニティQX80、クエスト	レクサスHS, ISC, CT, RX, ES, NX, SAI	エンジン	ハイブリッド部品（ステーター、ロータ、ギア、ケース）	キャスト、ウェイク、ミラ、ミライース、ミラココア、ムーブコンテ、アトーレワゴン、ハイゼットカーゴ、同トラック	エンジンCVT部品

出所：各社資料より筆者作成（2015年9月末現在）。注：□は海外専用車。

関東に次ぐ約15%に達した。2000年代以降，国内自動車生産の九州シフトが顕著に進展したことがうかがえる。もっとも足元の2013, 2014年は減産基調で推移しており，全国シェアも約13%にとどまっている。

ところで九州における自動車生産（車両組立）は，日産自動車が九州工場（2011年日産自動車九州として分社化，以下日産九州，福岡県苅田町）でトラックの生産を開始したことに端を発する（1976年，但し工場としては1975年操業開始）。その後トヨタ自動車がトヨタ自動車九州（以下トヨタ九州，福岡県宮若市）を設立（1992年）。2000年代に入ってダイハツ車体（現ダイハツ九州，大分県中津市）が群馬県前橋市から全面移転（2004年），日産車体九州が日産九州工場敷地内で生産開始している（2009年）。これらの完成車メーカー各社の概要は表1に示す通りである。いずれの企業もグループの生産子会社である。日産九州とダイハツ九州は各グループ内で国内最大規模の生産能力を有する拠点となっている。トヨタ九州はレクサスブランド車（レクサス車）の全世界生産の過半を担う生産拠点である。生産体制を見ると，トヨタ九州とダイハツ九州が基幹部品であるエンジン生産から車両組立を一貫で手掛けているのに対して，日産九州（日産車体九州含む）はグループの他拠点（日産いわき工場等）からエンジン，トランスアクスル等を調達している。また軽自動車を主力とするダイハツ九州を除き，日産九州，トヨタ九州について北米向け等を中心に輸出拠点としての色彩が強いことも特徴となっている。

2.2 関連サプライヤーの状況

九州における自動車生産の増加を受けて，関東・中部等からの関連サプライヤーの九州進出や地場企業の自動車産業への参入も進んできた。とりわけトヨタ九州が生産開始した1990年代前半とダイハツ九州の進出，各社の能力増強が相次いだ2000年代半ばには，新規立地，参入とも高水準で行われた。九州自動車・二輪車産業振興会議「九州自動車関連企業データベース」を見ると，福岡380，大分172, 熊本73, 鹿児島72, 宮崎67, 佐賀59, 長崎31の合計854事業所（2014年10月時点）が登録されており，表見的には関連サプライヤーの集積も一定の厚みを持ちつつある[注1]。もっともこれらの関連事業所の保有技術，製品分野を見ると，機械加工，プレス，プラスチック加工等の汎用加工，金型や生産設備を手掛ける事業所が多い一方で，表面処理，鋳鍛造，電子・電気部品等を手掛ける事業所は

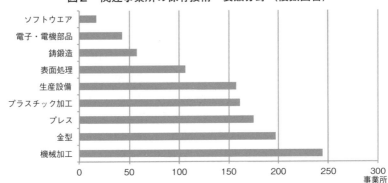

図2 関連事業所の保有技術・製品分野（複数回答）

出所：九州自動車・二輪車産業振興会議「九州自動車関連企業データベース」より筆者作成

少ない（図2）。また854関連事業所のおおむね半数（422社）が九州域外に親企業や本社工場を持つ進出事業所である。従業者規模別事業所数を見ると，従業者数100人未満の事業所が560事業所（うち進出事業所244事業所）と全体の65％を占め，100〜999人の事業所が263事業所（同167事業所），1,000人以上の事業所が12事業所（9事業所）となっており，地場事業所は進出事業所に比べ小規模事業所が多くなっている。なお九州経済産業局が2012年に実施した調査によれば，研究開発と設計機能のいずれかを有する企業の割合は，一次サプライヤー（n=52），地場サプライヤー（n=131）とも3割強にとどまり，生産機能に特化する残りの企業の研究開発・設計分野への進出意欲も低いとされている[注2]。

2.3 産業集積の特徴

九州の産業集積の特徴については，かつて西岡（2006）で開発・調達機能の欠如，サプライヤーの生産品目の偏在と脆弱な基盤的技術，多面的な取引構造の3点を指摘した。当時の状況を概述すると，完成車メーカーは生産機能に特化，研究開発機能や部品調達機能を有しておらず，1次サプライヤーの中核を担う進出企業もほとんどが本社からの生産指示に基づき量産を行うのみ，より下層に位置付けられる地場企業もほぼ生産機能に特化していた（開発・調達機能の欠如）。

また1次サプライヤーの生産品目の中心は，比較的大型で異形のため物流コストの嵩む車体部品・内装部品であり，エンジン系や駆動系部品，電子部品といっ

た高機能部品群の生産は限られていた。地場企業の加工領域を見ても，プレス，射出成形，切削，板金・溶接などの加工を手掛ける事業所が多い一方で，メッキ，熱処理，鋳・鍛造，表面処理等の基盤技術を手掛ける事業所が限定されていた（生産品目の偏在と脆弱な基盤的技術）。この結果，完成車メーカーの九州域内からの部品調達率（域内調達率）は50％程度（金額ベース）と，8割に達する関東，中部地域の域内調達率と比較すると九州の域内調達率は低水準にとどまっていた。

集積内の取引構造を見ると，各完成車メーカー向けに専属的納入を行っているサプライヤーは少なく複数社納入が主力であることも確認できた（多面的な取引構造）。そのうえで西岡（2006）では，関東，中部，中国における産業集積との比較を行い，九州の産業集積が労働力確保の容易性，低いインフラコスト，新鋭工場の立地による生産性の高さを強みとする一方で，調達，営業，管理等を行う中枢機能，開発機能に乏しく，質量両面で未だ未成熟であると結論付けた。

上述の西岡（2006）は2005年前後の調査を踏まえた分析結果であるが，その後の生産規模の拡大にも関わらず，九州の産業集積の実態は大きく変わっていないと評価されている。居城・目代（2013）では，2010年代に入った九州における産業集積の現状として，第1に完成車メーカーが生産機能に特化していること，第2に完成車メーカーの域内調達率は60～70％にとどまり，特にエンジン部品や電装部品，駆動・懸架系部品といった高機能部品群の域内調達が進んでいないこと，第3に中国や韓国などから海外部品が流入していることを指摘，域内調達率の向上と研究開発機能の獲得・強化の2点を課題として挙げている。

同様に九州経済産業局が策定した「九州地域自動車部素材戦略（2014年11月）」においても，九州の自動車産業の現状として，自動車の基本機能に係る重要部品・基幹部品について域外で製造されているものが多いこと，1次サプライヤーが供給する部品であっても，構成部品について域外調達されているものが多いこと，韓国・中国からの調達部品が増加していること，開発提案力が弱いこと等が指摘されている。このように関東，中部に次ぐ生産規模を有するに至った九州の産業集積であるが，依然として基本的に量産機能に特化しており，高機能部品を中心に域内調達が進んでいないのが現状とされている。

こうした中で，2000年代以降おおむね順調に拡大してきた九州における自動車生産が，2012年をピークに減少に転じた。これまで九州の完成車メーカー各社は，国内他生産拠点に対するコスト優位性や人材確保の容易性を強みとして，もっぱ

らグループの増産対応や国内他拠点からの生産移管の受け皿としての役割を果たすことで拡大してきたが，国内販売の低迷とともに，輸出比率の高い日産九州やトヨタ九州において生産車種の海外移管の動きが相次ぎ，生産が伸び悩んだことが大きな要因となっている[注3]。このことは九州の産業集積の成長モデルが，し烈化するグローバル規模での生産拠点間競争の下，転換点を迎えつつあることを示している。このため需要搬入企業にあたる完成車メーカー各社は，競争力の再構築を目的として，2010年代に入り，相次いで調達戦略や自社機能の見直しの動きを本格化させている。以下インタビュー調査結果等に基づき，各社の取り組みを見ていく[注4]。

3．需要搬入企業の取り組み

3.1 日産九州（日産車体九州を含む）

日産グループの国内生産拠点としては，日産九州以外に，日産いわき，栃木，横浜，追浜の4工場に加え，小型商用車を手掛ける日産車体（湘南工場）が存在する。このうちいわきと横浜はエンジンやトランスミッションの生産拠点，追浜は小型車生産に加え，電気自動車をはじめとする最新技術や工法の開発拠点である。栃木は大型車や高級車の生産拠点である。これに対して，日産九州は国内最大の生産拠点として小型車からSUVまでを手掛ける，コストリーダーシップを担う生産拠点に位置付けられている。なお日産九州は量産機能に特化しており，独自の開発機能や調達機能は操業開始時より保有していない。

日産九州の2005年時点の部品調達状況を見ると，九州には日産九州から半径50km圏内を中心にして43社・46拠点の1次サプライヤーが立地，域内調達率[注5]は約50％（金額ベース），関東・中部約40％，海外約10％であった。これに対して2015年時点で見ると1次サプライヤー数こそ55社であるが，域内調達率は増加していない。主力生産車種ノート（2012年生産開始，追浜工場から移管）の地域別調達率は，海外50％，九州・山口35％，関東・中部15％である。エクストレイル（2013年生産開始）では，海外57％，九州・山口37％，関東・中部6％である[注6]。いずれも中国，韓国，タイ等からの海外調達が九州・山口からの調達を上回っている。ちなみにエクストレイルの前モデルでは，九州・山口から約5〜6割，関東から約3割が調達されていた。なお日産車体九州が生産するキャラバン（2012年生産

開始）でも海外調達が約4割を占めている[注7]。

こうした日産九州のサプライチェーンの変更は，日産本体のグローバル調達の推進と車両開発手法の変化に対応するものである。日産ではアライアンスを組むルノーと共同購買組織（RNPO：Renault Nissan Purchasing Organization）を設立，2010年以降全ての購入部品をRNPOにより調達している[注8]。ここでは生産車種毎にグローバル規模で調達先が見直され，中国や韓国などのLCC（Leading Competitive Countries）の積極活用が図られたため，九州のサプライヤーはこれら海外サプライヤーとの直接的な競合を余儀なくされることになった[注9]。

さらに日産の進めるプラットフォーム（車台）統合やルノーと取り組む新たな車両開発手法CMF（Common Module Family）の導入も，グローバル調達を推進し，サプライチェーンの見直しに大きな影響を与えた。上述のノートはタイ日産が生産するマーチと車台（Vプラットフォーム）を共用しており，調達コストの引き下げを目的に，両車種では積極的に部品の共通化，サプライヤーの絞り込みが進められた。一方CMFは，エンジンコンパートメント，コックピット，フロントアンダーボディ，リアアンダーボディの4つのモジュールの組み合わせにより，小型車から大型車やSUVまでを効率よく，かつ高度な要求性能レベルに応えて開発することを目指すものである。車台は小型車（CMF-A），中型車（CFM-B），大型車（CMF-C/D）に大別されて開発が進められるが，エクストレイルはC/Dセグメントの適用車種であり，グローバル規模での車台の共用，部品の共通化を前提として開発が進められた[注10]。このためサプライヤーには，日産九州への供給だけでなく，同一車台を共用する海外他拠点への供給可能性を含めた競争力が求められ，結果として海外調達が増加したと考えられる[注11]。なお車台統合やCMFの導入により，日産では今後需給や為替変動に応じた機動的な生産組み替えがいちだんと容易になると見られ，サプライヤーにはこうした生産見直しに柔軟に対応できる体制づくりが求められるようになっている[注12]。

3.2 トヨタ九州

日産九州が日産の国内最大規模の生産拠点として量産機能に特化しながら，日産とルノーが共同で進めているサプライチェーンの再編に対応して競争力の向上を図ろうとしているのに対して，トヨタ九州やダイハツ九州では，開発機能や調達機能の取り込みを図る動きが進められている。トヨタグループにおいて，トヨ

タ九州は，「新技術・新工法などのイノベーション技術の開発拠点」である中部，「コンパクト系車両の拠点」である東北に対して，「ミディアム系・レクサス系のクルマづくりの拠点」に位置付けられている。トヨタ九州の生産車種を見ても，レクサス車が9割以上を占め，北米向けを中心に輸出比率も約9割に達している（2014年度）。

しかしながら，2010年代に入って，主力とする北米向けの生産車両を米国やカナダの生産拠点に移管する動きが顕在化している。こうした中で，トヨタ九州は量産機能に特化してきた自社機能の見直しを進めている。開発領域については，先行しR＆Dセンターを開設（2007年），200人規模の人員を確保する傍らで，静音ドーム等の性能評価設備の整備を進めてきた。こうした開発人材による車両開発の取り組みが2010年代になって具体化している。トヨタ九州が生産するSAIのマイナーチェンジ（2013年）に際しては，トヨタからの開発受託に基づき，トヨタ九州の要員がZ（ゼット）と呼ばれるトヨタの開発チームに初めて参加，車体の開発設計を手掛けた[注13]。開発設計にあたっては，トヨタ九州での生産を前提にサプライヤー各社と生産準備を含め打ち合わせを重ね，外観デザインの変更に伴う車体設計や静粛性の向上に伴う設計変更などの大部分を担当した。レクサスCTのマイナーチェンジ（2014年）に際しても，同様の取り組みを行っている。ものづくり現場との近さを強みにトヨタ九州ではアッパーボデーの企画，設計（外装，内装，ぎ装），評価，試作までの取り込みを目指しており，トヨタからの開発受託を本格化させつつある[注14]。

調達についても納期短縮，物流費低減，輸送在庫の最小化等を目的に独自の取り組みを進めつつある。トヨタ九州の調達部品は操業開始時よりトヨタからの有償支給であり調達権限もトヨタが有している。こうした中でトヨタ九州では，九州のサプライヤーの情報収集や管理を目的として社内に調達室部品グループを新設（2009年），九州に立地する1次サプライヤーの組織化（九愛会）に加え，新規調達先として地場系サプライヤーをトヨタに推薦する等[注15]，域内の調達基盤の強化に向けた活動を進めている。九愛会では品質向上，物流合理化，部品現調化活動が取り組まれているが，部品現調化については，1次サプライヤーにおける「現地調達品目の拡大」と「構成部品の現地調達化」をテーマとしており，2次，3次段階の域内調達を進めることが意識されている。こうした取り組みの結果，トヨタ九州の域内調達率（金額ベース）を見ると，1993年30％程度から2005

年には48%に上昇,現在では6割強まで拡大している。例えば2012年にモデルチェンジしたレクサスESでは,中部地区からの調達が43%から35%に減少する一方,域内調達率が55%から63%に拡大している。同様に2014年に市販開始されたレクサスNXでも域内調達率は62%（トヨタ九州内製13%,域内調達49%,中部調達36%,トヨタ内製2%）となっている。もっとも先のレクサスESについて部品領域別域内調達率を見ると,プレス部品90%,内外装部品70%と高い一方で,電装・機能部品は40%,シャシー・駆動部品も35%と低く,車体部品に比べて高機能部品の域内調達が依然低水準であることがうかがえる。なお広島以西の1次サプライヤー数を見ると,1993年当初の41社から2015年には52社に増加,トヨタ九州が把握する広島以西の2次サプライヤー数も約200社となっており,自社機能の拡大とあわせて域内でのサプライチェーンも広がりを見せている。

3.3 ダイハツ九州

　ダイハツ九州は軽自動車と特装車の生産を手掛けるダイハツグループ最大の国内生産拠点である。軽自動車生産を主力としていることから生産車両はほぼ国内市場向けであり,エンジンから車両組み立ての一貫生産体制を構築している。ダイハツグループでは,ダイハツ九州以外に,ダイハツ池田,滋賀,京都工場が車両生産を手掛けているが,最新鋭・最大規模の拠点に成長したダイハツ九州には,品質,効率性,コストの全領域で他拠点をリードする役割が求められている。こうした中で,2010年代に入りダイハツ九州では,開発・調達・生産準備・生産の社内一貫体制の構築を目指す取り組みが進められている。

　調達について見ると,2011年以降,ダイハツ本体から順次ダイハツ九州への権限移譲（自己調達）が進められている。ダイハツ九州の自己調達率（金額ベース）の推移を見ると,2010年以前の1.5%から樹脂・板金部品の自給化開始に伴い2012年15%に向上,さらに車種単位に調達権限が拡大したことから2014年には40%,2015年には50%まで拡大,将来的には自己調達100%を目指している。設備・資材の自己調達も進めており,既に全量がダイハツ九州の自己調達となっている。ダイハツ九州では自己調達の推進に当たって,自社のニーズをサプライヤーに示した部品展示会（逆見本市）や域内サプライヤー訪問活動を積極展開しており,例えばプレス,樹脂,ゴム部品を対象にした部品展示会活動では,2010年度からの4年間で25部品の発注先の切り替えを行ってきた。

自己調達の拡大もあって，ダイハツ九州の域内調達率（金額ベース）は，2004年度の50％から2014年度には60％程度に増加している。残りは大半が中部・近畿からの調達であり，現状海外調達は数％にとどまっている。主力生産車種のミライース（2014年生産開始）を見ても，車体部品については全点を自己調達，域内調達率は65％に達している。約300社ある１次サプライヤーのうち，九州域内のサプライヤーは2005年当時の45社程度から現在では約100社まで増加している。もっとも域内調達を進めるうえでの課題も明らかになりつつある。プレスや樹脂の車体部品の調達が進む一方で，機能部品の調達が進んでいない。電装部品に関しては近畿・中部からの調達が８割近くを占める部品も存在している。エンジンについては，シリンダヘッド，シリンダブロック，チェーンカバー等の鋳造した粗材に機械加工，約370点の購入部品を組み付けて生産しているが，エンジン部品の調達権限についてはダイハツが有していることや，サプライヤーの域内立地が進んでいないことから車体部品に比べ域内調達が進んでいない。

　ダイハツ九州ではこうした調達権限の拡大に対応して，イノベーションセンターを開設，新素材・新工法の調査，車両最適構造の調査，最廉価部品との比較調査を行う拠点としており，競合他社車とのベンチマーク，号口車の原価低減・創造の取り組み，地場企業の発掘を行っている。また既に手掛けている特装車の車体開発に加えて，主力車種のアッパーボデーの企画，開発・設計の取り込みも順次進めている。さらにダイハツ九州の久留米工場の隣接地には，ダイハツ工業が生産と開発の一体化による新たな開発体制を構築するために，本体のエンジン開発拠点として久留米開発センターを正式開設している（2015年８月）[注16]。センターではエンジンや変速機などの実験施設を2014年３月に先行整備，順次開発業務の移管が進められている。

4．小結

　本論では，先行研究を踏まえて2010年代に入り本格的なグローバル競争期を迎えた九州の産業集積の現状を概観したうえで，競争力の再構築を目指す完成車メーカーの動向を明らかにしてきた。日産九州がグループで進むグローバル規模でのサプライチェーンの再編に対応して海外調達を拡大することで，コスト競争力の強化を目指しているのに対し，同様に輸出比率の高いトヨタ九州はバリュー

チェーンの上流に当たる開発機能（アッパーボデー）の取り込みとともに，域内調達基盤の強化を図ることで，海外拠点との差別化を目指している。ダイハツ九州では自己調達を拡大する中で，最も競争力のある仕入先から最もシンプルかつスリムに「製造現場」からの調達（調達のベスト化，ダイレクト化）を進めるとともに，開発機能の取り込みを進めつつある。九州の産業集積では完成車メーカーの開発機能や調達機能の欠如が域内調達率の低さをもたらしていると指摘されてきたが，海外調達の拡大とあわせて，その前提は変容しつつある。

　もっともここで確認しておかなければならないことは，九州の産業集積は単体で完結しているわけでなく，日本自動車産業がグローバルに展開する生産ネットワークに組み込まれていることである。九州の完成車メーカーは各社とも生産子会社に過ぎず，戦略的自立性にも限りがある。トヨタ九州が日産九州のように海外調達を拡大せずに開発機能の取り込みを進めているのも，トヨタがレクサス車のブランドイメージの保持の観点から新興国での生産や部品調達に消極的であることに加え，次世代自動車技術への対応もあって増大する開発工数負担への対応に迫られていることが要因となっている。ダイハツ九州が開発から生産準備，量産までの一貫体制の構築を目指すのも，グループ最大規模かつ最新鋭生産拠点に開発機能を隣接させる経済合理性が高いというダイハツの戦略判断に基づくものであろう。むろんそこでは国内仕様の軽自動車生産にほぼ特化していることから，日産九州やトヨタ九州とは異なり，現状競合するのが国内生産拠点に限定されることにも留意する必要がある。

　日本自動車産業は，2007年に海外生産台数が国内生産台数を上回って以降，加速度的に内外生産格差が拡大しており，いちだんと「市場立地」「現地生産」志向を強めている。加えてコスト競争力の強化のため，今後日産CMFに象徴されるグローバル規模での車台統合が進み，国内外の生産拠点で車台を共有化する車種生産の増加が見込まれる。トヨタでも車種群単位で車台の共用化を行うTNGAと呼ばれる取り組みが進められている。こうした車種間では部品の共通化も進められることから，サプライチェーンのさらなるグローバル化は不可避であろう。こうした中で，輸出依存度の高い九州の産業集積が国内外の生産拠点間競争に勝ち残っていくことは容易ではなく，完成車メーカーの競争力再構築の取り組みも，生き残りを賭けて先鋭化せざるを得ない。このため関連サプライヤーにも，従来の量的拡大を前提とした展開から，こうした完成車メーカーの変容，グロー

バル規模でのサプライチェーンの変化を踏まえた戦略転換が求められよう。この点は今後の課題とし，高収益中小サプライヤーの経営特性に関する分析結果（西岡・自動車サプライヤーシステム研究会，2015）等も踏まえ，稿を改めて検討したい。

〈注〉
1　九州自動車・二輪産業振興会議は自動車産業振興を目的に九州各県で構成されている。データベース登録は任意であり，全関連事業所を網羅しているわけではない。なお九州経済調査協会「九州・山口の自動車関連部品工場等一覧2010」では，関連事業所として，福岡369，佐賀88，長崎30，熊本133，大分170，宮崎79，鹿児島85の計954事業所が掲載されている。
2　アンケート実施時期2011年11月〜2012年1月。対象は九州に立地する1次サプライヤー172社，地場サプライヤー560社。研究開発・設計の新設予定は，一次サプライヤー（n=14）14%，地場サプライヤー（n=44）25%にとどまる（九州次世代自動車産業研究会，2012）。
3　日産九州では海外専用車アルメーラを生産中止（2012年），ローグをNNAスマーナ工場（テネシー），ルノーサムソン（釜山）に一部移管（2013年），ムラーノをNNAスマーナ工場に全面移管している（2014年）。トヨタ九州では，ハイランダーをTMMI（インディアナ）に全面移管（2013年），RX450をTMMC（カナダ）に一部移管（2014年），ES350をTMMK（ケンタッキー）に一部移管している（2015年）。
4　日産九州へのインタビュー2011年2月，2013年11月，2014年10月実施，トヨタ九州同2011年12月，2014年11月，2015年1月実施，ダイハツ九州同2010年2月，2014年11月実施。インタビュー先はいずれも取締役相当の経営幹部である。
5　域内調達率の定義は各社で異なる。日産九州では算出に当たってエンジン，トランスミッション部品を含まない。トヨタ九州では自社内製（エンジン，トランクアスクルを含む）と広島以西のサプライヤーからの購入部品費を車両総原価で除して算出している。ダイハツ九州では内製品，エンジン，材料を域内調達率の算出に含まない。
6　日本経済新聞2012年10月4日付記事，2013年12月4日付記事。
7　海外調達部品の半数が26社の韓国サプライヤーからの調達である（読売新聞2012年1月19日付記事）。
8　RNPOは2001年にグローバル主要部品の共同購入を行うために組織され，その後対象部品・材料を順次拡大，2010年以降はルノー日産グループの全調達活動を一元管理している。
9　日産九州では2010年「九州victory戦略」を策定，関東等からの部品調達を地元調達に変更し，調達コスト25%削減（2009年比）を目指す取り組みを開始したが，そこでは九州・山口に加えて中国・韓国が地元に定義された。中国・韓国を含めた地元調

達率は現状約70%である。
10　CMF-AとCMF-C/Dのセグメントで，14モデル（ルノー:11モデル＋日産: 3 モデル）・年産160万台をカバーすることで，商品開発と工程開発に要する費用の30～40%の削減，部品調達費用の20%～30%の削減を目指すとされている（日産2013年6月19日付プレスリリース）。CMFの適用は，日産ではローグ（2013/11～），キャシュカイ（2014/ 2 ～），エクストレイル（2013/12～）の現行モデルから始まっており，ルノーではエスパスの新モデル（2015年）から導入されている。
11　インタビューによればノートとマーチの調達先は重複先が多く，エクストレイルでは並行生産先の東風日産の中国調達先からの調達が大幅に増加している。
12　例えば最近の円安基調を受けて当初全面移管を予定していた北米向けローグの生産継続，キャシュカイを2016年から英国工場と並行生産することが検討されている（日本経済新聞2015年 8 月13日付記事）。
13　トヨタでは新車開発にあたって，車種ごとに10～20名からなる Z と呼ばれる組織を社内に設けている。全ての設計図面は Z の承認を受けて完成図面となることから，トヨタにおける開発の中核的役割を担っているとされる（野村，2015）。
14　アンダーボデー，駆動・エンジン等はトヨタの開発領域と認識されている。
15　レクサスESのモデルチェンジ時には200品目の部品をピックアップして，トヨタに調達先を推薦，8～9割が採用された。
16　ダイハツ工業2015年 8 月 5 日付プレスリリース。総投資額200億円。従業員200名。

〈参考文献〉
1　居城克治・目代武史（2013年）「転換点に差し掛かる九州自動車産業の現状と課題」『福岡大学商学論叢』第58巻第 1・2 号pp.17-47
2　九州次世代自動車産業研究会（2012年）「平成23年度九州次世代自動車産業研究会報告書」
3　野村俊郎（2015年）『トヨタの新興国車IMV　そのイノベーション戦略と組織』文眞堂
4　西岡正（2006年）「グローバル時代の新たな国内産業集積の形成と課題」日本中小企業学会編『中小企業のライフサイクル　日本中小企業学会論集』第26号 pp.112-125, 同友館
5　西岡正・自動車サプライヤー研究会（2015年）「高収益中小自動車部品サプライヤーの経営特性―全国中小サプライヤーアンケート調査分析―」『商大論集』第67巻第 1 号pp.1-26
6　九州自動車・二輪車産業振興会議「九州自動車関連企業データベース」http://www.pref.fukuoka.lg.jp/contents/car-project.html（2015年10月11日閲覧）

（査読受理）

東京圏におけるグローバル企業発の
スピンオフ・ベンチャー叢生[注1]
―大手電機メーカーの事例を中心に―

駒澤大学　長山宗広

1．問題意識

　本研究の目的は，東京圏[注2]におけるグローバル企業発のスピンオフ・ベンチャーの叢生といった現象を分析し，ベンチャービジネス[注3]の日本的な創出モデルの一端を見出すことにある。日本は大企業体制にもとづく長期的雇用制度，流動性の低い知識労働者市場といった制度的制約によりアントレプレナーシップに欠けている。日本の首都・東京は，大企業の本社が多数立地しており，そこでの自前主義・垂直統合モデルによる大企業体制で支配されている感がある。アントレプレナーシップの旺盛なシリコンバレーに見られる地域ネットワーク型産業システム（Saxenian, 1994）とは対照的に，東京は独立企業型産業システムとして説明付ける方が容易である。東京圏におけるベンチャー企業の実態とそこでの創出条件を明らかにしていくことは，シリコンバレー・モデルと一線を画した，日本的なベンチャー創出モデルを見出すことにつながるといえよう。

　日本の研究人材（知識労働者）の約8割は大企業に所属しているものの，そうした大企業を母体とする「スピンオフ・ベンチャー[注4]」は少ないと言われてきた（研究産業協会, 2002）。スピンオフ・ベンチャーの統計データは存在しないが，テクノリサーチ研究所（2009）の調査結果によれば，日本に261社の企業発ベンチャーが設立されてきたことが分かる。その261社の設立時期を見ると，1980年代まではほぼ皆無の状態であったが，1990年代後半から少しずつ設立数が増えていき，ITバブル崩壊直後の2000年から2003年までに大きく増加する傾向があった。また，261社の母体企業別に見た輩出件数は，上位から順に，パナソニック（28）[注5]，富士通（14），ソニー（10），富士ゼロックス（9），ＮＥＣ（8），Ｎ

TTデータ（8），東京電力（8）と続いていた。

　この調査結果を踏まえ，東京圏に本社や研究所を持つ大手電機メーカーが多いことを考え合わせると，東京圏において1990年代後半から大手電機メーカー発のスピンオフ・ベンチャーの叢生現象が起きたものと捉えられる。アントレプレナーシップに欠けると思われる東京圏において，なぜ，どのように，そうしたスピンオフ・ベンチャーの叢生が起こったのだろうか。スピンオフ・ベンチャーは，創業一般に見られる課題（資金調達・人材確保・販路開拓）のほか，持続的にプロダクト・イノベーションを実現するための製品開発力の習得と，スピンオフ元の母体組織との関係性[注6]の構築といった二面の固有の課題を抱えるが，それをどう乗り越えたのだろうか。さらには，時間軸で見た場合のスピンオフ・ベンチャーの設立の波をどう捉えればよいか，また，テクノリサーチ研究所（2009）の調査以降の設立数はどう推移しているのか，近年のスピンオフ・ベンチャーの設立状況は過去のそれと何か違いがあるのか，グローバル都市[注7]・東京におけるグローバル企業発のスピンオフ・ベンチャーの実態とはどのようなものか，様々な問題意識が沸いてくる。いずれにしても，東京圏における大手電機メーカー発のスピンオフ・ベンチャーを事例対象とした実態分析をすすめることで，こうした問題意識に何らかの答えを見出すことができよう。

2．既存研究レビューと本論文のリサーチ・クエスチョン

　長山（2012）では，日本のスピンオフ・ベンチャー創出における二面の固有の課題に対して，スピンオフ企業家[注8]の創業前後の学習環境・学習内容を分析し，次のような仮説を導出している。まずは，スピンオフ企業家の製品開発力の習得にあたって，母体組織に自然発生的に形成された実践コミュニティ[注9]（以下，「COP（communities of practice）」という）へ参加し，企業内特殊的知識－産業内特殊的知識－専門分野の基盤的一般的知識から成る重層的な統合知識を習得していた点を明らかにした。さらには，浜松地域の光電子産業集積の形成プロセスにおける浜松ホトニクス（母体組織）発のスピンオフ・ベンチャー叢生を事例に挙げて，母体組織の大企業とスピンオフ企業家のWIN-WIN関係によるベンチャー創出モデルの仮説を導出した。ただ，こうした仮説に対して，浜松という地域性，光電子という業種特性，浜松ホトニクスという企業特殊性からの「事例

の特殊性」といった限界（寺岡，2013など）が指摘されていた。本論文では，この点を踏まえて，次の2つのリサーチ・クエスチョンを立てる。

①大手電機メーカー出身のスピンオフ企業家は，ベンチャー創業前，母体組織に形成されたCOPに参加して製品開発力を習得していたか。

②大手電機メーカー発のスピンオフ・ベンチャーの叢生時期，大手電機メーカーとスピンオフ企業家はどのような関係性を構築していたか。

分けても2点目の大企業とベンチャーの関係性というテーマは，近年，議論が活発化している（日本経済団体連合会，2008；テクノリサーチ研究所；2009・2011，野村総合研究所，2013など）。その多くの議論は，日本の大企業（特に製造業）の再生論として，従来の垂直統合モデル・閉鎖的な擦り合わせ型イノベーションからの脱却を図り，オープン・イノベーション・モデル（Chesbrough, 2003）への転換とコーポレート・ベンチャリングの導入を進めるべきといった点に集約される[注10]。本論文においても，大手電機メーカーにおけるオープン・イノベーションへの取り組みと，その一環としてのベンチャー企業への支援・連携といった動きに注目したい。その際，大手電機メーカーという大企業の組織の側面の分析（中村，2013など）にとどまらず，スピンオフ企業家という個人の側面の両面[注11]からアプローチして，長山（2012）の仮説を実証していく。

加えてもう1点，本論文では，グローバル都市・東京ならではのグローバル企業発スピンオフ・ベンチャーの新しいタイプを探索的に発見してみたい。近年，国際経営論・多国籍企業論とベンチャー論を接合するボーン・グローバル企業（以下，「BGC（Born Global Companies）」という）の研究が活発化している。BGCの先行研究によれば[注12]，ウプサラ・モデルで言われる段階的・漸進的な国際化プロセスを蛙跳びして，BGCは創業後2～3年で早期の国際化を実現する。BGC論は，早期国際化の要因に関する研究と，早期国際展開のプロセスに関する研究に大別される。本論文では，前者に焦点を当てる。早期国際化の要因は，市場の国際化やIT・物流の発達といった外部環境の要因と，BGCの創業者の特性[注13]および技術・製品の革新性や顧客・サプライヤー等とのネットワークといった企業内部の要因に大別される。後者は国際的企業家の研究として進められているが，本論文ではこの点に焦点を当て，特に「国際的企業家の学習」の視点から事例研究していく。従来のBGC研究はヨーロッパ企業（特に北欧）を対象とするものが多く，日本のBGCの事例研究は極めて少ない[注14]。以上の点を踏まえ，本論文

では，次のような3つ目のリサーチ・クエスチョンを立てる。
③グローバル企業といえる大手電機メーカーを母体組織とするスピンオフ企業家は，国際的企業家精神を発揮してBGCのようにスタートアップ期から早期国際展開を実施できるか，できるとすればその条件とは何か。

3．事例研究

3．1　調査の対象と方法

まず，筆者は，東京圏における大手電機メーカー発のスピンオフ・ベンチャーの存在について，HP等の情報をもとに抽出した[注15]。それを大手電機メーカー9社の母体組織別に分け，社史と照らしながら時代区分で設立状況を整理した（表1）。そこで48社のスピンオフ・ベンチャーの存在を確認し，その全てにヒアリング調査を依頼した。そのうちの33社に対して，2013年度～2014年度，スピンオフ企業家のライフ・ヒストリーに関するヒアリング調査を実施した[注16]。

インタビューの時間は，スピンオフ企業家1人当たり約2時間である。そこでは，スピンオフ企業家の属性・経歴，母体組織でのキャリア，退社時の状況・スピンオフの動機，創業時における母体組織からの支援内容（出資・知的財産使用・顧客継承など），創業後に実現したイノベーション，創業後の母体組織との関係性など，企業家の学習状況を中心に質問した。また，補足的な調査として，大手電機メーカーのオープン・イノベーションやコーポレート・ベンチャリングを推進する部署の担当者に対し，母体組織の側面からのヒアリング調査を実施した。

表1．東京圏で創業した大手電機メーカー発のスピンオフ・ベンチャー

母体組織	1980年代		1990年代		2000年代		2010年以降	合計
	80年～89年		90年～94年	95年～99年	00年～04年	05年～09年	10年～14年	
ソニー	0社		1社	3社	1社	5社	4社	14社
富士通	0社		1社	3社	4社	2社	0社	10社
ＮＥＣ	0社		0社	1社	2社	2社	0社	5社
パナソニック	0社		0社	0社	1社	2社	1社	4社
東芝	0社		1社	1社	2社	0社	0社	4社
日立製作所	1社		0社	0社	1社	0社	0社	2社
三菱電機	0社		1社	1社	1社	0社	0社	3社
シャープ	0社		1社	1社	0社	1社	1社	3社
沖電機	0社		0社	2社	1社	0社	0社	3社
合計	1社		16社		25社		6社	48社

注：設立後に撤退した企業はカウント除外。48社は2014年度末時点で現存する企業。
出所：スピンオフ・ベンチャー各社のHP等をもとに筆者作成

3.2 大手電機メーカー内の実践コミュニティ（COP）

1点目のリサーチ・クエスチョンに関しては，次のような事実発見があった。表2のとおり，大手電機メーカー8社には，1960年代〜90年代まで，主に研究開発部門において，技術者が主体的に相互学習するCOPが形成されていた。そして，スピンオフ企業家は，このCOPに参加して，製品開発力を習得し，技術者としてのアイデンティティを確立していた。たとえば，COPの学習テーマが半導体の場合，参加メンバーは，材料物性と材料製造およびその製造装置開発，設計と設計支援ツールなど全ての工程に関与し，理論－実験－試作開発の一連の流れを経験学習していた。また，COPの中心人物は，優れた研究成果・実績を持つ社内の技術者リーダーであり，業界・学会でも著名な技術者リーダーでもあることが多い。この中心人物の近くで学ぶ者は，次に自らが中心となるCOPを再形成する傾向が見られた。スピンオフ企業家の中にはCOPの中心人物が少なからず見受けられ，その場合，COPメンバーを引き連れて退社・創業すること

表2．大手電機メーカー内のCOPの実態

母体組織	COP参加メンバー（スピンオフ・ベンチャー）	COPの形成時期	COPの形成場所	（スピンオフ企業家にとっての）学習テーマ，学習内容，製品開発
ソニー	中心：近藤哲二郎（I3研究所）	1980年代〜2000年代前半	情報機器事業本部内の情報処理研究所，アルゴリズム研究所，A3研究所	アナログからデジタルへの技術転換，画像信号処理（アルゴリズム），デジタル高画質技術の研究開発。DRC搭載の平面ブラウン管テレビの製品開発
	中心：星名輝彦，渡部尚三河合弘治（パウデック）	1969年〜1990年代	中央研究所	トリニトロン方式カラーテレビ用の蛍光体研究，化合物半導体（ガリウム砒素）の結晶成長装置開発
	中心：高篠静雄・井田克古賀宣行（カドー）	1980年代〜1990年代	ウォークマン開発チーム	アナログ時代のものづくり，プラスチック・金属・ゴムなど材料の化学的知識，新しい材料・部品製造のための専用装置・機器の開発，サプライヤーとの共同開発，設計から試作開発までの全工程を経験
	中心：木原信敏，森尾稔福嶋修（アキュートロジック）	1978年〜1990年代	第二開発部，8ミリビデオカメラ事業部	8ミリビデオのプロトタイプ開発（全て新しいデバイスを開発，自前のフォーマット・標準化），小型化（パスポートサイズ）のための回路設計・メカトロ技術，サプライヤーとの共同開発
	中心：土井利忠天貝佐登史（モフィリア）	1990年代	ソニー・コンピュータ・サイエンス研究所，情報通信研究所	ロボットの人工知能，アルゴリズム研究，犬型ロボット「AIBO」や2足歩行ロボット「QRIO」の製品開発
富士通	中心：中島研究所室長伊東正展（アイ電子）	1968年〜1984年	富士通研究所	化合物（ガリウム砒素）半導体の研究開発，そのためのマイクロ波半導体素子の学習
	進藤達也（アクセラテクノロジ）	1983年〜1990年	富士通研究所	CAD専用機の開発，そのためのアルゴリズム・ハードウェア技術の学習
NEC	中心：杉山尚志（リアルビジョン）高見沢一彦・増田慎治（ユーフォニック・テクノロジー）	1980年〜1990年代	システムLSI推進本部	半導体設計にCAD導入，電子ビーム技術。半導体開発の全工程（回路設計・プロセス・試作開発－生産・品質管理など）を経験
	中心：関田仁志（サイバーレーザー）	1991年〜2000年	光エレクトロニクス研究所	エキシマレーザー装置の開発，そのための光技術・次世代半導体製造技術の学習
東芝	中心：武石喜幸飯塚哲哉（ザインエレクトロニクス）	1975年〜1980年	集積回路研究所	将来の技術動向（シリコンか化合物か／デジタルバイポーラかMOS型か），半導体製品開発に関する全工程を経験（製造装置の開発・製造プロセス・回路設計の開発・設計支援ツールCADの開発・工場の実装）
日立製作所	中心：北川部長本間孝治（ケミトロニクス）	1965年〜1981年	中央研究所	半導体材料の研究開発全般（化合物半導体物性の基礎研究・結晶製作・製造装置開発）
三菱電機	中心：長澤紘一，中島盛義（GENUSION）	1981年〜1990年代	半導体事業本部，半導体設計事業部	不揮発性メモリ（NOR型）および次世代（DINOR型）フラッシュメモリーの製品開発，メモリ事業の全般（製造プロセス・製造設備の開発・設計・工場の立上げ・実装・評価・マネジメント）を経験
シャープ	中心：西岡郁夫（モバイル・インターネットキャピタル）	1969年〜1980年代	中央研究所の集積回路研究部，CADセンター	プリント基板設計LSI設計の自動化・CAD開発，アナログからデジタルへの技術転換，アルゴリズム研究
沖電機	中心：佐久田研究所長，高野紘（オプトハブ）	1963年〜1980年代	OKI研究所，プリンター事業部	化合物半導体と光源の研究開発，LED光源を用いたプリンタ開発

注：COPの形成時期は，スピンオフ企業家の当該組織・部門の所属期間より算定。
出所：スピンオフ企業家に対するヒアリング調査をもとに筆者作成

が多い（表2, 3）。その際のスピンオフ・ベンチャー設立のプロセスは，母体組織の所属部門におけるリストラがきっかけとなり，それに伴う管理（マネジメント）の強化によりCOPが消滅し，COPメンバーでのスピンオフ創業に至るというものであった。90年代後半からの半導体不況や2000年のITバブル崩壊以降，リストラで経営資源の選択と集中を行った大手電機メーカーを母体組織とするスピンオフ・ベンチャーの叢生現象が起こったものと見てとれた。

3.3 大手電機メーカー（母体組織）とスピンオフ・ベンチャーとの関係性

2点目のリサーチ・クエスチョンに関しては，次のような事実発見があった。表3のとおり，スピンオフ企業家との緩やかな関係性のもとで創業支援を実施する大手電機メーカーほど，そこを母体組織とするスピンオフ・ベンチャーが数多く輩出されていた。具体的に言えば，富士通の場合はインサイド・アウト型のオープン・イノベーション戦略のもとでのスピンオフ制度[注17]が進められ，またソニーにおいてはOBによるインフォーマルな創業支援[注18]を通じて，それぞれ母体組織との緩やかな関係性を持つスピンオフ・ベンチャーが数多く輩出されていた。一方で，スピンオフ・ベンチャーの輩出の少ない日立製作所・東芝・三菱電機の場合は，自社の人材や技術を外部に出すインサイド・アウト型のオープン・イノベーションへの意識が希薄であり，CVC等を通じてベンチャーの技術を買うと

表3. 大手電機メーカーによるスピンオフ企業家への創業支援

母体組織	スピンオフ企業家（ベンチャー企業名，設立年）	社内ベンチャー制度等の活用	母体組織からの出資（創業時）	知財の利用／顧客の継承	母体組織の人材活用	創業パターン
ソニー	近藤哲二郎（I3研究所, 2009年）	無し	有り	無し／無し	母体組織のメンバーを帯同して創業	WIN-WIN
	古賀宣行（カドー, 2011年）	無し	無し	無し	ソニーのOBやサプライヤーとの関係を活用	WIN-WIN
	天貝佐登史（モフィリア, 2010年）	無し	有り	有り／有り	母体組織のメンバーを帯同して創業	WIN-WIN
富士通	伊東正展（アイ電子, 1995年）	有り	有り	有り／有り	母体組織のメンバーを帯同して創業	WIN-WIN
	進藤達也（アクセラテクノロジ, 2001年）	有り	有り	有り／有り	母体組織のメンバーを帯同して創業	WIN-WIN
NEC	杉山尚志（リアルビジョン, 1996年）	無し	無し	無し	1人で退社・創業	スピンアウト
	関田仁志（サイバーレーザー, 2000年）	無し	無し	有り／有り	母体組織のメンバーを帯同して創業	WIN-WIN
東芝	飯塚哲哉（ザインエレクトロニクス, 1992年）	無し	無し	無し	1人で退職・創業	スピンアウト
日立製作所	本間孝治（ケミトロニクス, 1981年）	無し	無し	無し	1人で退職・創業	スピンアウト
三菱電機	中島盛義（GENUSION, 2002年）	無し	無し	有り／有り	事実上，母体組織のメンバーを帯同して創業	WIN-WIN
シャープ	西岡郁夫（モバイル・インターネット・キャピタル, 1999年）	無し	無し	無し	1人で退職・創業	スピンアウト
沖電機	高野紘（オプトハブ, 2002年）	無し	無し	有り／無し	母体組織のメンバーを帯同して創業	WIN-WIN

出所：スピンオフ企業家に対するヒアリング調査をもとに筆者作成

いった外部知識を取り込むアウトサイド・イン型に偏重していた。

また，スピンオフ・ベンチャーの設立時期に照らしてみると，2000年代以降になってから，大手電機メーカーによるスピンオフ企業家への創業支援が活発になってきたことが分かった。社内ベンチャー制度による出資面での創業支援のみならず，知的財産権の使用許可や顧客の引き継ぎ・従業員の引き抜きの許容といったインフォーマルな創業支援も活発になってきた点が見て取れた。こうして2000年代以降，「子会社」型と「スピンアウト」型の中間的形態といえる「WIN-WIN」型の創業パターンが増えていくことによって，大手電機メーカー発のスピンオフ・ベンチャーの叢生現象が起こったのである。

3.4　大手電機メーカー発のボーン・グローバルなスピンオフ・ベンチャー

最後に，3点目のリサーチ・クエスチョンに関して，調査の結果，東京圏における大手電機メーカー発のBGCといえるスピンオフ・ベンチャーの存在を発見した。それは，2010年代以降に設立したソニー発のスピンオフ・ベンチャーの中に見受けられた。具体例としては，㈱カドー（創業者・古賀宣行）と㈱モフィリア（創業者・天貝佐登史）が挙げられる。いずれのスピンオフ企業家も母体組織（ソニー）のCOPにおいて製品開発力を習得し（表2），スタートアップ期にはOB等によるインフォーマルな創業支援を受けていた（表3）。そして，創業後3年以内に，㈱カドーは空気清浄機を開発して中国で販売，㈱モフィリアは静脈認証セキュリティシステムを開発してトルコで販売している。

国際的企業家の学習といった視点から言えば，㈱カドーの古賀宣行の場合，ソニーのウォークマン開発チーム内のCOPにおいて，世界レベルの新製品開発の経験学習があった。そこでは，世界を変える（新しいライフスタイルの創造）というビジョンのもと，小型化・軽量化のための理論と実験の行き来を積み重ね，「世界No.1」「世界初」のウォークマンを開発した。古賀はそこで世界レベルの研究課題・要求水準に引きつけた専門分野（メカトロニクス）の一般的知識を学ぶことで，グローバルな製品開発力を習得した。スピンオフ創業後の㈱カドーでは，世界基準（米国家電製品協会認証のクリーン・エア供給率）をクリアした空気清浄機を開発し，「世界No.1の美しい空気」の提供を実現している。この空気清浄機は，中国深センの設計・生産拠点（中興精密との合弁）でチタン深絞り製法により製造され，中国上海の販売拠点で中国市場向けに供給されている。こうした

早期の中国展開の背景には，古賀のソニー時代のサプライヤーとの関係や海外事業経験の豊かなソニーOBによるインフォーマルな販売協力支援が見られた。㈱モフィリアの天貝佐登史の場合も，ソニー勤務時にペットロボット（aibo, QRIO）という世界初の新市場を開拓した経験を持ち，創業後もソニーOB会（SOBAの会）の幹事を務めるなかで当社の国際事業展開を早期に進めている。

4．結論：事例の分析結果

本節では，以上の事例からの事実発見を分析し，3つのリサーチ・クエスチョンにそれぞれ答えていくことで結論としたい。

4．1　1つ目のリサーチ・クエスチョンに関する事例解釈と結論

表2で示したとおり，1960年代〜90年代までの大手電機メーカー8社（主に研究開発部門）においてCOPの存在を確認できた。そのCOPに参加した技術者は，企業内特殊的知識−産業内特殊的知識−専門分野の基盤的一般的知識から成る重層的な統合知識を学び，ベンチャー創業に不可欠な製品開発力を習得していた。1990年代後半から2000年代，大手電機メーカーの多くは業績悪化に伴うリストラを断行したが，それによる管理の強化によってCOPが消滅する。COPの中心の近くにいた技術者は，COPが消滅すると，自らCOPを再形成しようとしてスピンオフ創業する。このようなスピンオフ・ベンチャー創出の条件は，長山（2012）の仮説と一致している。日本の大企業の典型といえる大手電機メーカー内のCOPの実態を解明したことから，ここでは1つ目の問いに関して長山（2012）を実証することができたといえる。

4．2　2つ目のリサーチ・クエスチョンに関する事例解釈と結論

2000年代における大手電機メーカー発のスピンオフ・ベンチャー叢生現象は，上記のような企業家サイドの理由に加えて，母体組織サイドからの分析を通してより一層明示的なものとなる。調査結果（表3）のとおり，2000年代以降，大手電機メーカーの中には，富士通やソニーの事例に見られるようなインサイド・アウト型のオープン・イノベーション戦略を進め，緩やかな関係性のもとでスピンオフ・ベンチャーを支援する動きが出てくる。リストラを進める大手電機メー

カーでは，死蔵化する特許，終息品の顧客，配置転換できない技術者への対応などに苦慮するものであるが，スピンオフ企業家への支援を通じてそれらの問題を同時に解決できる。ここに「WIN-WIN」型創業の成立する背景があった。90年代に多く見られた「スピンアウト」型に比べて，当然ながら「WIN-WIN」型の方が企業家のリスクが小さく，2000年代以降，スピンオフ・ベンチャー創業のハードルが下がったものといえる。

ただ，なぜ，日立製作所・東芝・三菱電機の場合は，富士通やソニーのようにスピンオフ企業家が数多く輩出されないのか，といった疑問が残る。日立製作所・東芝・三菱電機の3社は，垂直統合モデルからの脱却ができず，インサイド・アウト型のオープン・イノベーション戦略を十分に進められていないと言える。その理由の一つは，この3社が総合電機と言われるように，家電・情報通信・電子デバイスに加えて重電・社会インフラまでグループ経営で多角化し，垂直統合だけではなく水平の統合を堅持している点にある。こうした総合電機は，国内市場において同質化競争を続けてきた（永池，2007）。この同質化競争を支えてきたのは，国（特に経済産業省による産業政策）である。たとえば，半導体に関して言えば，超LSI技術研究組合のような電機業界オール・ジャパンでの大規模な国家プロジェクトがあった。こうした国家プロジェクトは，市場の成長期のみならず成熟・衰退期まで続けられ，ルネサスエレクトロニクス・エルピーダメモリ・ジャパンディスプレイに象徴される電機業界の再生・整理統合に深く関与した。総合電機3社の多角化・水平的統合経営は知識労働者（技術者）をグループ内に囲い込むばかりか，国の支援も相まって，リストラ局面においても大手電機メーカーから成る大企業労働市場内での移動で抑制をかける。

ただ，現在のようなグローバルなイノベーション競争時代を迎え，このような同質化競争を支える日本の国民的制度が経路修正してくると，大手電機メーカーのインサイド・アウト型オープン・イノベーション戦略は否応なく前進し，Win-Win型のベンチャー創業が今後の主流になっていくものと見通せる。

4.3　3つ目のリサーチ・クエスチョンに関する事例解釈と結論

前述のように，国家プロジェクトの中心舞台である首都・東京においては，国家の戦略と大企業の戦略の前でアントレプレナーシップの意義が薄まる。ただ，そうした東京圏において，2010年代以降，ソニー発のBGCといえるスピンオフ・

ベンチャーが誕生してきている。ソニーを母体組織とするスピンオフ企業家は，国際的企業家精神を発揮してスタートアップ期から早期国際展開を実現している。他の大手電機メーカーにおいてもCOPという学習環境は存在していたが，ソニー内に形成されたCOPでは製品開発力の習得に加えて国際的企業家精神醸成の場となっていた。

　総合電機3社と比べて，ソニーの売上高に対する家電分野の依存度は47％（2010年度）と高い。家電分野は，市場や技術の変化のスピードが速く，グローバル競争の熾烈さ故に，垂直統合モデルからオープン・イノベーション・モデルへの転換が必然の状況にある。これまで，ソニーはこの家電分野において，国際的なルールづくりに関与することで，革新性の高い製品を世界市場に販売してきた。そのソニー出身のスピンオフ企業家は，創業後も，「世界を変える（新しいライフスタイルの創造）」というビジョンのもと世界水準の革新的な製品を開発し，その価値を共有できる「国際経験豊かなOBコミュニティ」からの支援も受けながら，自社が核となるグローバル・バリュー・チェーンを水平分業的に形成し，早期の海外販売を実現する。日本の場合，大手電機メーカーのようなグローバル企業内のCOPが国際的企業家を生み出す学習環境となりやすいのではないか。通常，「国際経験」といえば海外留学や海外勤務という事例が想起されるが，グローバル企業における世界水準の製品開発の経験もまた，国際的企業家の条件を満たす上での学習経験となるのである。ここに示した点は，BGC論の先行研究で見られなかった新しい事実発見であり，今後，日本のBGCを実証研究する際の重要な視点となるだろう。

　「地方創生」の一方で東京のグローバル都市化が目指される昨今，ソニーのようなグローバル企業から数多くのBGCが創出されることを期待したい。ただ，1つ目の問いに関して検討したように，大手電機メーカー内のCOPは1990年代まで社内に許容されていたが，2000年代に入ると消滅していった。したがって，それ以降に入社した技術者は，国際的企業家精神の醸成どころか，ベンチャー創業に必要な製品開発力を習得できていない可能性が高い。とはいえ，2020年代までは過去の遺産により，早期国際展開を実現するスピンオフ企業家が誕生する余地が残されている。この間に，リアル／バーチャルのグローバルな企業家コミュニティの形成を政策的に支援し，それを媒介項にして首都・東京が独立企業型産業システムから地域ネットワーク型産業システムへと経路を修正することができれ

ば，日本にアントレプレナーシップが胎動する日もやってくるだろう。

〈注〉
1 本稿は，日本学術振興会科学研究費補助金基盤（C）2014年度〜2016年度「オープン・イノベーションとメイカーズ革命時代における製造業の日本的創業モデル」課題番号26380525（研究代表者　長山宗広）における研究成果の一部である。日本中小企業学会・第35回全国大会での筆者の報告に対し，渡辺幸男先生（慶応義塾大学），小林伸生先生（関西学院大学）から貴重なコメントを受けた。
2 本稿では，東京都，埼玉県，千葉県，神奈川県の1都3県を東京圏という。
3 本稿では，「プロダクト・イノベーションに取り組む研究開発型の中小企業」をベンチャービジネスないしはベンチャー企業と呼ぶ。
4 スピンオフ研究会（2003）によれば，母体組織との関係性の強弱によって，①「子会社」型創業，②「スピンアウト」型創業，③「WIN – WIN（スピンオフ）」型創業といった3つの創業パターンに分けられる。ただ，この創業パターンは結果論の静態的な分類にすぎない。ベンチャー創業の動態的なメカニズムを解明するには，企業家のアントレプレナーシップに着目する必要がある。そこで，本稿における「スピンオフ」の定義は，「勤務先企業など母体組織からメンバーの技術者がリスクをとって自発的に飛び出して創業する行為」を指すこととし，「スピンオフ・ベンチャー」の定義は，その技術者がスピンオフして創業したベンチャー企業を指すこととする。本稿のスピンオフ・ベンチャーの定義に従えば，母体組織の戦略的意図にもとづき切り出される「カーブアウト」の事例や，母体組織の支配のもと管理が強まりプロダクト・イノベーションの実現しにくい「子会社」型創業の事例は，本稿の研究の対象外となる。
5 パナソニックでは2001年度〜2012年度，「PSUF制度」と称する社内ベンチャー制度を実施した。その12年間で30社のベンチャーが設立されたが，パナソニックの出資比率が90〜100％の「子会社型」創業が多く，そのうちの20社がすでに撤退している。パナソニック・PSUF推進室参事（当時）の若林裕幸氏に対するヒアリング（2013年5月15日）。
6 日本の場合，1990年代までは母体組織の大企業から全く支援を受けることない喧嘩別れの「スピンアウト」型創業が圧倒的に多かった。スピンオフ研究会（2003）では，母体組織との一定の距離間を持ちつつ緩やかな支援のもとで創業する「WIN – WIN（スピンオフ）」型創業という理念モデルを提示した。本稿の「スピンオフ・ベンチャー」の定義に合致すれば，「スピンアウト」型と「WIN – WIN（スピンオフ）」型創業のいずれもが本研究の分析対象に含まれる。
7 東京のグローバル都市研究については，長山（2015）を参照。
8 「スピンオフ企業家」とは，スピンオフ・ベンチャーの創業者を指す。
9 Wenger et al.（2002）によれば，実践コミュニティ（COP）とは，「あるテーマに関する関心や問題，熱意などを共有し，その分野の知識や技能を，持続的な相互交流

を通じて深めあっていく人々の集団」を指す。
10　ただ現在のところ，日本の大企業は，約7割が自社単独での研究開発体制を堅持しており（テクノリサーチ研究所，2011），オープン・イノベーションへの転換があまり進んでいない。また，過去3年間でスピンオフ（カーブアウトも含む）を実施した日本の企業は約1割に過ぎず（野村総合研究所,2013），特にインサイド・アウト型オープン・イノベーションの取り組みに消極的な姿勢がうかがえる。
11　長山（2012）の鍵概念であったCOPとは，組織と個人といったダイコトミーの対立項を相互作用する概念である。
12　BGCの先行研究は，Cavusgil & Knight（2009）や中村（2012）で整理されている。そこでBGCの定義は，「創業時から複数の国で資源を利用して製品を販売することにより相当な競争優位性を発揮しようとする企業」と捉えられている。
13　Cavusgil & Knight（2009）や中村（2012）の整理によれば，BGCの創業者の国際的企業家精神とは，「国境を越えた革新的行動，積極的行動，そしてリスクを恐れない行動の組み合わせであり，組織内で価値の創造を目指すもの」と捉えられる。また，国際的企業家研究において，BGC創業者の特性は，「ビジョン」「国際経験」「リスク認識」「個人的ネットワーク」の視点から分析されている。
14　その理由として，高井（2007）は，日本のベンチャー企業の経営者がヨーロッパと違って国内の市場規模が大きい故に，海外市場の開拓に活路を見出す必要がなかったことを指摘している。
15　大手電機メーカー9社の現役社員・OB・スピンオフ企業家からの情報・紹介により，東京圏に立地するスピンオフ・ベンチャーの存在を探索していった。その上で，HPで確認し現存する48社を抽出し，可能な限り網羅性を高めた。
16　33社のうちの6社は，リクルートワークス研究所の久米功一氏と共同で実施した2013年度研究プロジェクト「才能を開花させる：研究・開発人材はどう育つのか」の一環としてヒアリング調査を実施した。
17　富士通の社内ベンチャー制度は1994年からスタートし，公募でのビジネスアイデアをもとに15年間で14社が設立している。設立条件は，起業家の退職と出資であり，ハイリスク・ハイリターン型の社内ベンチャー制度と言える。2000年から導入したスピンオフ制度では，不確実性が高くて富士通のみの予算で事業化困難な事業（コアとノンコアの不明瞭な事業）を外部のリスクマネー（社外のＶＣからの出資等）を取り込んで実現する点に特徴がある。いずれも富士通は基本的にマイノリティ出資であり，「子会社」型創業のような厳しい管理はなく，企業家がリスクをとってイノベーションを実現しやすい制度となっている。富士通・経営戦略室長（当時）の中村裕一郎氏に対するヒアリング（2013年3月12日）。
18　ソニーOBのソニー生命保険㈱名誉会長・安藤国威氏に対するヒアリング（2013年10月18日）によれば，「ＳＯＢＡの会」「ＳＯＭＥＮの会」といったOB会の意義は，ソニーの内部と外部の橋渡しを通じたオープン・イノベーションの実現にあるという。「ソニー」というアイデンティティ，それを根幹にしたソニー出身のOBコミュニティ

が形成され，それがスピンオフ企業家の創業支援になっているという。

〈参考文献〉

1　Cavusgil,S.T. & Knight,G. (2009), *Born Global Firms: A New International Enterprise*, Business Expert Press.（中村久人監訳（2013年）『ボーングローバル企業論』八千代出版）
2　Chesbrough,H.W. (2003), *Open Innovation : The New Imperative for Creating and Profiting from Technology*, Harvard Business School Corporation.（大前恵一朗訳（2004年）『オープンイノベーション』産業能率大学出版部）
3　研究産業協会（2002年）「スピンオフベンチャーの実態と課題に関する調査」
4　木嶋豊（2007）『カーブアウト経営革命』東洋経済新報社
5　永池克明（2007年）『電機産業の発展プロセス』中央経済社
6　長山宗広（2012年）『日本的スピンオフ・ベンチャー創出論—新しい産業集積と実践コミュニティを事例とする実証研究』同友館
7　長山宗広（2015年4月）「アジア経済時代のグローバル都市戦略と地方創生」『商工金融』第65巻第4号，pp.5-27
8　中村久人（2012年）『ボーングローバル企業の経営理論』八千代出版
9　中村裕一郎（2013年）『アライアンス・イノベーション—大企業とベンチャー企業の提携：理論と実際』白桃書房
10　日本経済団体連合会（2008年）「企業発ベンチャーの更なる創出に向けて（起業創造委員会報告書）」
11　野村総合研究所（2013年）「新事業創出支援に関する実態調査 最終報告書（平成24年度経済産業省委託調査）」
12　Saxenian,A. (1994), *Regional Advantage— Culture and Competition in Silicon Valley and Route 128-*, Harvard University Press.（大前研一訳（1995年）『現代の二都物語』講談社）
13　スピンオフ研究会（2003年）「スピンオフ研究会報告書—大企業文化からの解放と我が国経済構造の地殻変動に向けて」
14　高井透（2007年）『グローバル事業の創造』千倉書房
15　テクノリサーチ研究所（2009年）「コーポレートベンチャリングに関する調査研究（平成20年度経済産業省委託調査報告書）」
16　テクノリサーチ研究所（2011年）「我が国企業の研究開発投資効率に係るオープン・イノベーションの定量的評価等に関する調査(平成22年度経済産業省委託調査報告書)」
17　寺岡寛（2013年3月）「書評 日本的スピンオフ・ベンチャー創出論」『中京経営研究』第22巻第1・2号，pp.203-207
18　Wenger,E.,McDermott,R. & Snyder,W.M. (2002), *Cultivating Communities of Practice*, Harvard Business School Press.（野村恭彦監訳（2002年）『コミュニティ・オブ・プラクティス』翔泳社）

（査読受理）

イタリア産業集積地の中小製造業の学習と革新
―その分析枠組―

大阪成蹊大学　児山俊行

1. イタリア産業集積地への注目と展開

　イタリア北・中部の産業集積地（以下，イタリア産地）が「サード・イタリー（*Third Italy*）」として注目を集め，生産体制や地域経済をめぐって議論がなされてきたが，2000年前後より本格化してきたグローバル競争の圧力に直面し，当初の楽観的展望は影を潜めてしまう。すなわち，大企業の製品多様化やブランド化の進展，産地企業へのM&A（Cainelli/Zoboli, 2004），欧州通貨統合によるリラ安消滅と新興国との価格競争のための生産の外国シフト（Tattara, 2008），「デザイン民主化」によるデザイン特性の優位性低下（Bettiol/Chiarvesio/Micelli, 2009），さらに近くは2008年のリーマンショックによる世界同時不況である。こうした諸変化に巻き込まれて各産地では競争力は低下し，2001年から2011年の間に40もの産地が減少したとされる（ISTAT, 2015）。

　しかしながら，減少するもイタリア産地は依然として，イタリア経済の1/4，製造業での雇用比率は1/3を占め(2011年)，しかも回復基調にあることから（図1～4参照），耐久性や回復力（レジリエンス）が評価されている（Sedita,et al., 2015）。このような構造変化に繰り返し見舞われながらも，業種に大きく限定されることなく，なお活力を維持し回復する産地（企業）が残存・存立している要因は何なのか。イタリア産地からの示唆はそこに求めなければならない。だが，そのためには，いくつかの産地でのワンショット的なケーススタディでは不十分である。かといって，産地形成から現在に至るまでのイタリア各地の産地と企業群への実態調査は現実的には極めて困難である。そこで一つの手掛かりとして，2002年にEUで行われた産地研究の総括を検討したい（Belussi,et al., 2002）。そこから，イタリア産地の活力をとらえるための方向性が見えるかもしれない。

2．EUでの2002年の産地研究総括からの示唆

これによれば，産地研究はマーシャルの産業地区論とウェーバーらの工業立地論が基礎になっていたという。すなわち，集積による外部経済や地域内での多様な相互作用，輸送コスト節約等を産地存立の根拠とするものである。それらを前提として，取引コストの観点から産地企業の社会的組込みによる機会主義回避や相互信頼の醸成，グローバル企業からのスピルオーバーによる競争優位の形成等の議論を関連付けて研究全体の把握を試みている（Belussi, et al., 2002, pp.5-39）。

特に競争優位の議論では，産地の地理的・歴史的要因を背景として，取引コスト縮減や産地社会に組込まれた諸資源，ローカルな相互作用による学習・革新活動，顧客に応じたフレキシブル生産，さらには最終製品企業の国際化（リーダー企業：lead firm）や専門サプライヤーの役割がキー要因に指摘されている（Ibid, pp.40-54）。そして，産地の競争的進化についてなされた議論も整理され，企業内のR&Dとは異なり，主として産地内外での複雑な組織間ネットワークを介した新知識吸収と革新的な能力構築が成長・衰退に大きく作用するとしている（Ibid,

図1　産地企業の売上高の変化（前年比）

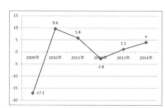

（出典）Bisceglia（2014）p.16, Figure4.2

図2　産地企業の収益性の変化
（EBITDAマージン）

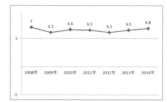

（出典）Bisceglia（2014）p.17, Figure4.3

図3　産地企業輸出額の変化（前年比）

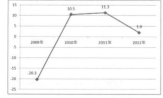

（出典）Bisceglia（2014）p.20, Figure5.1

図4　産地企業全体数の変化

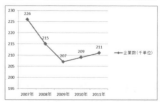

（出典）Bisceglia（2014）p.19, Figure4.8

pp.59-95)。

　かくして産地の基礎要件を，中小企業主体の地理的集中のもとでの組織間ネットワークの発達とした上で多様性を強調し，一般化は困難だとする。また競争優位の強弱は地理的・歴史的要因や外部経済，制度的条件，協調と学習，企業の能力の相互関連によるとして，それらを産地次元で概略的に示した (*Ibid*, pp.95-100)。但し，多くの研究蓄積があるも，特に実証研究では用語や類型が多岐にわたり，研究深化のための比較対照等は困難なままだという (*Ibid*, pp.55-58)。

　この産地研究総括から汲み取れる研究上の示唆は次のように思われる。第一に，多種多元的な産地特性をとらえるには，様々な研究成果を位置づけられる分析フレームワークがまず必要だということではないか。それは，経済的要因ばかりでなく地理的・歴史的要因や，地域社会に組み込まれた組織間関係，企業の資源・能力に関わる学習・革新活動にまでわたるものである。そこでは最終製品企業や専門サプライヤーの発展が重要とされることから，第二の示唆は，産地次元だけでなく企業次元において競争優位に大きく関わる組織間関係と学習による能力構築，革新（製品開発）を中心した考察が必要になることであろう。その際，産地内に限るのではなくグローバルと産地（ローカル）との結びつきを視野に入れねばならない。第三に，その成果を産地特有の地理的歴史的文化的要因と関連づけ，より立体的把握を行うことも欠かせないのではないか。

　そこで本稿は，直ちに本格的な分析枠組の構築を行うのではなく，その前提になるであろう先の第二の示唆に関わる分野に絞った操作可能な分析枠組を提示する。それを，関連する研究成果の蓄積を踏まえ，イタリア産地（企業）の学習・革新活動での諸要因を摘出し相互に関連づけを行い，様々な産地の発展状況と照合することで一定の妥当性を持つものとして示したい。

3．イタリア産地企業の学習活動—「グローカル学習」

3.1　グローバルとローカル（産地）を結ぶ学習活動に関する研究の展開

　グローバル競争の激化に伴い，産地（企業）の革新の限界や内部硬直化のリスクが指摘されはじめたが，その主要因は，産地内部に限定された学習活動にあって，「知識創造」でなく「知識蓄積」による漸進的改善にとどまっているからだという（例えばBagella/Becchetti, 2002）。一方，最終製品企業がグローバル展開

し成長したリーダー企業（lead firm）が注目されていた。そこで，リーダー企業は産地外部との相互作用から発展していることにより，新たな資源・能力を産地外部から受容し産地内に伝播することで企業は非漸進的革新を生みだすべきだとの主張がされるようになる。それを明確に概念化したのが「境界架橋メカニズム（*boundary spanning mechanisms*）」論（Aage, 2003）や「グローバル・パイプライン＆ローカル・バズ（*global pipeline & local buzz*）」論である（Bathelt/Malmberg/Maskell,2004）。産地の最終製品企業が「パイプライン」を構築して新知識を吸収し，国際的に事業展開してリーダー企業となり，次に彼らが内外の「架橋者（*bridge actor*）」となって産地内へ新知識等を伝播することで相互作用（「ローカル・バズ」）が起こり，結果として革新を生み出しうると主張したのである。その外部ソースは，サプライヤーや競争者，顧客，大学・研究機関等とのリンケージ等だという。

　このような産地外部との相互作用は基本的には概念にとどまっており，それらの知見を踏まえた企業活動上での動態解明は，後年のアルベルティらの研究を待たねばならない（Alberti/Sciascia/Tripodi/Visconti, 2008）。彼らは，アレッシィやルクソッティカ，ジオックス等の事例を通じて産地の発展がリーダー企業の革新に拠るとし，根本要因を知識次元での学習活動とそれを促す「企業家精神」に求めている。それを，「架橋者」としての外部の資源・能力の獲得や，組織での責任委譲・自律性の促進，新市場参入・新製品開発・新プロセス導入といった企業家的機会の継続的な認識・活用との相互関連に見出す。つまり，産地企業は外部資源・能力を吸収し，自己の資源・能力の再編成を行うのだ。その新能力・資源は新機会との結合として表れ，結果的に革新を促すという。これら産地企業の学習・革新活動には企業家の「吸収能力（*Absorptive Capacity*）」「結合能力（*Combinative Capability*）」が関わるとし，それらを「企業家精神」とみなしている（図5）。こうした彼らの主張は，「架橋者」としての産地企業によって外のグローバルと内のローカルが（知識次元で）連動し自他の革新を促す基本メカニズムを明かした，いわば「グローカル学習」モデルとしてひとまず評価できよう。

　しかしながらアルベルティらのモデルは，機会認識する革新次元ではそれが改善かラジカルな技術革新か，さらには「デザイン・ドリブン・イノベーション（*Design-driven Innovation*）」（以下，DDI）による対応（Verganti, 2009）かといった識別がなく，しかも分権的状況で協働を促す要因も不明瞭なため，そのまま産

図5 アルベルティらの示す学習・革新活動の動態（Alberti, et al., 2008, p.226）

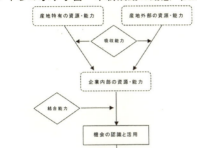

地企業の学習から革新への分析枠組とするには未だ不十分なものである。なぜなら，財務体質やR&Dなど経営資源・能力の点で相対的に劣る産地企業にとり，「企業家精神」に支えられた「グローカル学習」と革新活動が発展の鍵だとしても，このモデルだと，アレッシィのような企業家が模倣・改善でなく成果不確実性の高い革新を選択・実行する要因まで捉えきれないからである。このままでは，産地企業の製品やプロセスでの模倣・改善を越える革新活動をとらえ，促すような見解も導き出せないのではないか。

3.2 産地企業家とグローバル都市人材との相互作用—「リージョンズ学習」

先のように，資源・能力で不利な（地方の）産地企業が，単なる模倣や改善にとどまらず，独自のカスタマイズや新技術活用，製品再定義等を通じて，グローバル市場で排他的魅力を持つような製品開発を行う革新可能性も学習活動への考慮に入れるため，多くのイタリア産地企業がDDI戦略で業績回復してきたとするカソーニ（Casoni, 2010）の議論を足掛かりとしたい。彼は，企業家の個人的才覚や製品開発の公式的・組織的手法によるのではなく，独自の社会文化的特性を背景に持つ産地の企業家による，ミラノのようなグローバルに開かれた都市部の多様な人材群ネットワークでの「対話 (*discourse*)」と新ビジョン獲得を推奨する（図6）。そして，その新ビジョンを解したデザイナーとの協働により産地企業にDDIが生まれる可能性を示している。実はこのような相互作用こそ，代表的なメイド・イン・イタリーを生む大きな要因ではなかろうか。

図6　産地企業家と都市の人材群との「対話」イメージ図

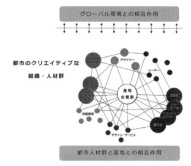

(出典：Utterback,et al., 2006, p.173：邦訳165頁図表6-7より展開)

また，カソーニは新ビジョンによるDDI戦略に限って議論しているが，それら「対話」も含めた交流からは様々な改善から新デザインや新技術活用まで幅広い革新が生まれるであろう。そうだとすれば，企業戦略の議論にとどまらず「リージョンズ学習（*Regions-Learning*)」として，先のモデルに組み込んで再構成すべきだと思われる。その際，関連する「吸収能力」は自己の資源・能力の再編成まで関わっている意味から「摂取能力」としたい（図7上半部）。

4．イタリア産地企業の革新活動―「技・芸・商」のコンビネーション

考察は具体的な革新活動，中でも製品開発へと移るが，ここでも従来から諸説を通じてキー要因を摘出し，革新（製品開発）モデルを構築したい。

4．1　「創・匠・商」コラボレーションのモデルに関して

小林元氏は，イタリアでのファッション分野での製品開発・販売の経験を踏まえ，日本人として初めて，開発から生産・販売まで包括した（「北イタリア型」）モデルを提示した（小林, 2007）。海外デザイン模倣による短期的流行商品を量産し売り抜ける日本型とは対照的に，生産抑制による希少価値化と利益確保を図り意味を提案する美を創造・発信するのが「北イタリア型」だという。商品開発においては，顧客情報を起点としデザイナーが企画を担い，ルネサンス起源の手工的技術を受け継ぐ職人も組み込む。彼らと経営者や加工業者たちは「激論」し

図7 イタリア産地企業の学習から革新への分析枠組

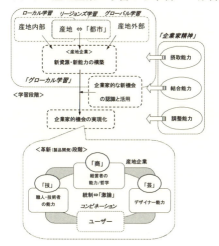

ながらも擦り合わせを行って全体的に調和を図り，互いの個性の盛り込まれた独自性ある商品が生まれるいう。このように「北イタリア型」では，産地が商品を企画する者（「創」）と作り手（「匠」），売り手（「商」）のコラボレーション形成の場となることで，開発から生産・顧客に至るまで首尾一貫するという。

一方，職人技はプロトタイプ作成やカスタマイズといった補助的役割もあるが，ロッシによれば，デザインが"民主化"されてウェブで顧客のカスタマイズに応えた開発も増え，3Dプリンターで個人メーカーの活躍する時代ではなおさら，意味革新の製品開発の際，職人技がデザイン以上に付加価値の中核になると展望されている（Rossi, 2013）。他方，経営者は，デザイナーと職人，経営判断の間での製品コンセプトや新解釈の一貫性の確保や完成品作成段階でのユーザー志向への舵取り，特に意味革新を目指す場合は外部人材との関係構築や経営者の個人的魅力も求められるという（Verganti, 2009）。

4.2　「技・芸・商」の連携——「技芸」の再統合志向

このコラボレーションは確かにイタリア産地企業らしさの一面と言えようが，あくまで一種の理念型である。実際には多様な産地企業の発展があり，職人技（artisanship）とデザインとの様々な相互作用に支えられてきたという（Bettiol/

Micelli, 2014)。だとすれば，製品の創造性は両者の結合の仕方に由来するものであろう。そもそもイタリア企業は程度や範囲の違いこそあれ，デザインや職人技に加えて工業テクノロジーとの調和や，美的な規範の遵守・逸脱両面ともに推奨される傾向があり，またブランド化へ向かうほど普遍的理念との整合性が問われ企業家個人の直観や哲学の重要性が増すことも示唆されている（安西，2014）。実にこの歴史的背景には，産業革命が不徹底だったため，ルネサンス期の技芸以降も未分化のままの芸術面と技術面，さらには哲学面が現代で再び接近傾向にあると解釈され（児山，2005），デザインの従属的役割であった職人技の再評価にもつながっている（Rossi, 2013）。こう考えれば，イタリア産地企業の製品開発の基本的枠組は，「技（術）」「芸（術）」「商」のコンビネーションとして再構成すべきではないか。そこに「激論」から相互充足の合意と協働を促す「調整能力」が作用すると見て，「企業家精神」の現れとして認識したい（図7右部）。よって革新活動は，製品コンセプトの的確さと一貫性，焦点ユーザーとの相性や地域・企業特有の資源・能力，企業家の持つ社会文化の新ビジョンに加え，「何のための製品か」という哲学まで含めて捉えるべきだと思われる（図7下半部）。

5．様々なイタリア産地企業における学習・革新活動の諸特徴

以上，グローバル化が進展する中でも活力を持つとされるイタリア産地企業の対応について，学習と革新に焦点を当て，先行研究から関連要因を組み合せた（モデルではなく）分析枠組の構築を試みた。産地企業が新たな資源・能力を産地内外・都市との相互作用からどう自らへ摂取し企業家的機会と結合させるのか。また，革新活動を技術面と芸術面，経営戦略や経営哲学にわたる各主体間のコンビネーションで捉える分析枠組も設定した。そこで，これらの枠組みを念頭において，各地の産地企業の学習・革新活動の特徴を若干ではあるが見ていきたい。

5．1　グローバル企業の資本傘下編入による対応

フィレンツェの皮革製品やブレンタ（Riviera Del Brenta）の婦人靴の産地における最終製品企業の中には，高級ブランド企業の資本下に入ることでグローバル市場での需要拡大の機会を利用するものが出てきている。その際，変動する需要への対応や品質・デザインの要求水準を満たすため，固有のクラフト技術に元

請企業から新たに習得した生産管理技法を加え，主に生産性やフレキシビリティといった生産機能向上を図る。クイックレスポンスや品質安定化のため生産上の統制は強化されデザインやマーケティング機能は減じてしまうが，継続的に受注を確保でき，経営や雇用の安定につながっている（Bacci,et al., 2009; Bonesso/Geril, 2011）。

一方で，この取引活動からブランド企業の戦略やマーケティングを理解・摂取した産地企業が，外部デザイナーを活用し独自の販路を開拓して下請脱却を図って独立的地位になるものも現れてきているという（Lombardi/Randelli, 2012）。

5.2　伝統的な工房の様々な対応

ヴァイオリン産地クレモナでは，国際市場の中で確固たる地域ブランドとして非価格競争力を持ち各工房が独自の販売ルートを保持するため，革新への特段の対応は迫られていないが（大木，2009），ヴェネツィアン・ガラスのムラーノ島工房では事情が異なる。需要を観光客に大きく依存した構造の中で新たな技術やデザインの採用にも消極的だったため，国際市場では価格競争に巻き込まれ，産地保証制度を設けるも偽産地品が出回り，産地で育成した職人は外部流出するなど悪循環に見舞われている。だが一部では外部デザイナーとの連携から自社製品を開発して国際市場へと進出している工房もある（Gionanna/Russo, 2005）。

5.3　専門工程企業の技術深化による対応

フィレンツェ地域サンタ・クローチェ地区は，ルネサンス期のなめし革製法の復活により高級皮革財市場で確固たる地位を確立している。取引する有名ブランド企業は（資本買収しても），職人技による製造を十分把握できず情報の流れは双方向的となり生産上の統制を強められない。かつ商品はニッチ市場向けであることから取引先も多様で特定企業に依存していないという（Bacci,et al., 2009）。この場合，外部からの学習というよりも失われたクラフト技術の再発見，ある意味ではルネサンス技法の再生が，排他的魅力を持つ製品革新につながっている。

5.4　リーダー企業による学習・革新
(1)　市場・事業シフトによる対応

ゴールドジュエリー産地アレッツォの企業は新興国との価格競争や世界同時不

況等に対応すべく,生産の国外移転や販売先の多様化,新たな生産技術導入や外部デザイナー活用,ブランド構築への投資などを通して高付加価値ニッチ製品の開発に取り組んでいる (De Marchi/Joonkoo/Gereffi, 2012)。また,消費財から資本財生産へシフトしたものもある。例えば毛織物産地ビエッラでは,テキスタイル機械製造へ移る企業が増えるなど,製品革新ベースの既存機械の改良から機械分野へ展開するケースが見られる (Belussi/De Propris, 2014)。

(2) 徹底的なカスタマイズによる対応

ボローニャでは食材やタバコ,医薬品等の包装機械分野で互いに棲み分けをしながら,リーダー企業を中心にグループ化と大規模化,新技術の導入を進めつつも職人技をベースに,価格競争に巻き込まれぬよう顧客との共同開発による徹底的なカスタマイズや,協調関係にあるサプライヤーの組み合わせ変化による製品多様化を図っているという。経営能力や資金調達に劣る小企業は,グループに入れず独自のグローバル展開も難しいとされる (Fortis/Carminati, 2015)。

(3) 新たなデザイン・技術採用での対応

眼鏡産地ベッルーナではリーダー企業がサプライヤーを少数に選別し統制しつつファッション眼鏡を生産している。国際競争の激化に伴い本拠地をデザイン・資金の面で有利なミラノに移しM&Aを活発化。特にルクソティカ社は大学との連携でカラーレンズ開発も行うなどブランド強化を図っている (Tropodi, 2008)。また,スポーツ関連メーカーの集積地モンテベッルーナでは,巨大スポーツ企業の下請生産を通じて彼らの戦略を習得し,(大学と共同で「無重力シューズ」や「呼吸する靴」など)新たな技術やデザインを採用することで独自ブランドを持つリーダー企業へ成長するものも少なくない (Alberti,et al, 2008 ; Vecchi, 2008)。

(4) デザイン・ドリブン・イノベーション (*Design-driven Innovation*) による対応

イタリア西北端の町に拠点を置くアレッシィ社は,ミラノの様々な人材・組織との「対話」を通じて経営者自身や内外のデザイナーら関係者がともに新ビジョンをつかむことで既存製品を再定義し,意味(社会文化的役割)について革新を迫る新製品を次々と開発している。アルテミデ社も同様に,関係者がオペラのディレクターや時には薬学に通じた社会心理学者などミラノでキーパーソンを探し出し,光の心理的・文化的・生物的作用についての「対話」から新たな意味を見出すことで,新照明製品の開発につなげているという (Verganti, 2009)。

6. 結びにかえて―産地企業発展への示唆

このように，グローバル化に対応しようとする産地企業の様々な学習・革新活動の特徴を見てみたが，当然ながら多様であって，外部（または過去の原点）からの資源・能力の吸収（それを支え促すであろう「企業家精神」）が極めて重要であった。同時に，内部に特有の資源・能力や「企業家精神」が希薄な企業では，外部者から学び，ひきつけることも難しく，外部摂取があったとしても必ずしも競争優位の高まらないことが示唆されている。

ファッション関連企業では適切な外部デザイナーの活用が不可欠要件だと理解できるが，その際，分析枠組からすれば開発段階での協働のあり方が市場での成否に関わる。つまり，大資本に「芸」と「商」を担われた傘下の産地企業では連動する生産技術（「技」）への統制が強まるが，強いクラフト技術や内部デザイナーを保持してきた自律的企業ほど「技・芸・商」間の「激論」（擦り合わせ）の可能性は高まる。一方，機械等の資本財分野では「芸」的要素が潜在化しカスタマイズを重視する分，ユーザーとの相互作用や新技術・職人技（「技」と「商」）との連動が強調されるかもしれないので，業種特性に留意が必要である。

また，「グローカル学習」では，産地に進出するグローバル企業や国際展開する地元リーダー企業も，産地内の他企業の学習（模倣）の対象となりうる。さらに地方の産地企業が，機能やデザイン，意味の革新を改善でなくより高次化するためには，近郊都市のクリエイティブ人材・組織との相互作用による，アレッシィ社のような新ビジョン獲得のための「リージョンズ学習」が有効となろう。

但し見たところ，カソーニや小林氏の想起する，意味革新を伴う「技」と「芸」が再統合したイタリア型産地企業なるものは明確には存在しない。やはり内部のクラフト技術よりも（外部）デザイナーの力量やユーザーとの連携が成果を大きく左右する。アレッシィ製でも占めるクラフト技術の比重は高くない。だが，ロッシが指摘したように，技術革新やデザイン進展からの競争条件の変化によって，産地や企業特有のクラフトの競争優位上の役割がデザイン以上に高まり，「意味」革新を伴う形での「技」と「芸」の再統合の可能性はあるかもしれない。

したがって，先の分析枠組で様々な調査結果や研究成果を位置づけてみれば，産地企業の発展・停滞の要因や競争優位の源が学習・革新活動のどの分野に起因しているか，いかなる要因が過不足であって相互の関連性はどうかなど，イタリ

ア産地企業の回復力の源をある程度探ることができ，ひいてはわが国の地方産地の中小企業が発展していく方向性を見出すことにも援用できるように思われる。

〈参考文献〉
1 Aage,T. (2003) "Absorptive capacity of industrial districts", *Conference paper DRUID*, January 2003, pp.1-30.
2 Alberti,F./S.Salvatore/T.Carmine/V.Federico (2008) *Entrepreneurial Growth in Industrial Districts: Four Italian Cases*, Edward Elgar: Cheltenham/Northampton.
3 Bagella,M./L.Becchetti (2002) "The "geographical agglomeration-private R&D expenditure" effect: Empirical evidence on Italian data", *Economics of Innovation and New Technology*, Taylor & Francis Journals, vol.11 no.3, pp.233-247.
4 Bathelt,H./A.Malmberg/P.Maskell (2004) "Clusters and knowledge: local buzz, global pipelines and the process of knowledge creation", *Progress in Human Geography*, vol.28 no.1, pp. 31-56.
5 Bacci,L./M.Lombardi/S.Labory (2009) "The evolution of external linkages and relational density in the Tuscan leather industry", in F.Belussi/A.Sammarra (eds.) *Business Networks in Clusters and Industrial Districts: The Governance of the Global Value Chain*, Routledge, pp.146-171.
6 Belussi,F./F.McDonald/S.Borras (eds.) (2002) "Industrial districts: State of the art review", *Project West-East ID: Industrial districts re-location processes*; Identifying Policies in the Perspective of the European Union enlargement, pp.1-152.
7 Belussi,F./L.De Propris (2013) "They are industrial districts, but not as we know them!", in F.Giarratani/G.J.D.Hewings/P.McCann (eds.) *Handbook Of Industry Studies And Economic Geography*, Edward Elger, pp.479-492.
8 Bettiol,M./M.Chiarvesio/S.Micelli (2009) "The role of design in upgrading within Global Value Chains. Evidence from Italy", *Working Paper* N.108, UNIVERSITÀ DEGLI STUDI DI PADOVA Dipartimento di Scienze Economiche "Marco Fanno", pp.1-27.
9 Bettiol,M./S.Micelli (2014) "The hidden side of design. The relevance of artisanship", *Design Issue*, vol.30, no.1, pp.7-18.
10 Bisceglia,R. (2014)" Local Economies in times of crisis: Italian Industrial Districts experience", *ILS LEDA* paper n° 22, Local Economic Development Agencies for a fair, human, sustainable and inclusive development. January 2014, pp.1-28.
11 Bonesso/Geril (2011) "The Role of Emotional Intelligence on Innovation: The Case of Italian Luxury Footwear District", *Conference Paper* for 3rd International Congress of Emotional Intelligence Conference Proceedings, September 2011.
12 Cainelli,G./R.Zoboli (eds.) (2004) *The Evolution of Industrial Districts: Changing*

Governance, Innovation and Internationalisation of Local Capitalism in Italy, Physica-Verlag Heidelberg.
13 Casoni,G.（2010）"Design and creativity in open innovation processes: The case of Italian industrial districts", *Strategic Design Research Journal*, Vol 3, No 2.
14 De Marchi,V./L.Joonkoo/G.Gereffi（2012）"Globalization, Recession and the Internationalization of Industrial Districts: Experiences from the Italian Gold Jewellery Industry", *"Marco Fanno" Working Paper*, N.150, pp.1-22.
15 Fortis,T./M.Carminati（2015）The *Automatic Packaging Machinery Sector in Italy and Germany*, Springer, Heidelberg/NY/Dordrecht/London.
16 Gionanna,S./A.P.Russo（2005）"Collective property rights for glass manufacturing in Murano: Where culture makes or breaks local economic development", *Working paper* No. 05/2005, Dipartimento di Economia, pp.1-20.
17 ISTAT（2015）"Industrial districts 2011", *ISTAT 24 February 2015*, http://www.istat.it/en/archive/150367（2015年7月11日閲覧）
18 小林 元（2007）『イタリア式ブランドビジネスの育て方』日経BP社
19 児山俊行（2005）「イタリア産地の『技術的・経済的活力』の歴史的・制度的要因」『大阪成蹊大学現代経営情報学部 研究紀要』Vol.3 No.1, pp.79-112
20 小川秀樹（1998）『イタリアの中小企業―独創と多様性のネットワーク』, ジェトロ。
21 大木裕子（2009）『クレモナのヴァイオリン工房』, 文眞堂。
22 Rossi,C.（2013）"Made in Italy 2.0: the prominence of craftsmanship in contemporary Italian furniture design", *The Conference Paper* for 'Current Issues in Global Furniture' on 20 November 2013 at Great Missenden, U.K, pp.74-83.
23 Sedita,S.R./I.Noni/L.Pilotti（2015）"How do related variety and differentiated knowledge bases influence the resilience of local production systems?", *Papers in Innovation Studies Paper* no. 2015/4, Centre for Innovation, Research and Competence in the Learning Economy（CIRCLE）Lund University,pp.1-30.
24 Tattara,G.（2009）"The Internationalisation of Production Activities of Italian Industrial Districts", in Becattini,G./M.Bellandi/L.De Propris（2009）, pp.682-693.
25 Tripodi,C.（2008）"Luxottica", in Alberti,F./S.Sciascia/C.Tripodi/F.Visconti（2008）, pp.145-162.
26 Utterback,J./B.A.Vedin/E.Alvarez/S.Ekman/S.W.Sanderson/B.Tether/R.Verganti（2006）*Design-Inspired Innovation*, World Scientific Publishing Company.
27 Vecchi,A.（2008）*Globalisation and the Viability of Industrial Districts - The Influence of Network Structures on the Adaptive Efficiency of Industrial Districts: A Comparison of the Footwear Industry in Italy and the UK*, VDM Verlag.
28 Verganti,R.（2009）*Design-Driven Innovation: Changing the Rules of Competition by Radically Innovating What Things Mean*, Harvard Business School.

（査読受理）

地域中小企業の後継者人材マネジメントの現状と課題の解明に向けた予備的考察
―熊本県の中小企業を対象とした探索研究―

熊本学園大学　堀越昌和

1. はじめに

　近年，地域イノベーションの推進が強く要請されている。平成26年12月に閣議決定された「まち・ひと・しごと創生総合戦略」において「新事業・新産業と雇用を生み出す地域イノベーションの推進」（首相官邸，2014，p.19）の重要性が指摘され，2015年版の「中小企業白書」では「地域発，中小企業イノベーション宣言！」（中小企業庁，2015）とのサブタイトルが掲げられた。福嶋（1999）は，地域と中小企業の関係について，地域であればあるほど中小企業は社会に埋め込まれた存在となるので，中小企業の性格も埋め込まれた社会の性質に依存することを指摘した。また，田中（2005）は，イノベーションと地域産業及び企業家活動の関係について，イノベーションや創業の契機は多分に地域的なものであり，企業の新事業展開や起業家のキャリア形成の選択肢は，地域の中に埋め込まれていると思われることを指摘した。
　このように，地域は中小企業の性格に影響を与え，イノベーションは，それぞれの企業もしくは企業家を育んだ地域に，その種を宿す。地域イノベーションに関しては，産学官連携を中心としたネットワークの有効性や場の機能性の視点が重視されるが，地域，企業及び企業家の三者の関係を見ていくことも重要ではないだろうか。実際に，起業する場所と起業家の出身地に正の相関があることは，しばしば指摘される（中澤・荒井，2004）。ところが，中小企業庁（2001）が，2001年版の「中小企業白書」のなかで，経営者の世代交代を「第二創業」として，重要なイノベーションの機会として位置付けてから久しいが，次期経営者となる後継者については，その出身地やキャリア形成，リーダーシップ開発の場などの

人材マネジメント(以下,「後継者人材マネジメント」という)がどのように行われているのかは,ほとんど明らかにされていない。

以上を踏まえ,本論文では,熊本県の中小企業を対象とした質問紙調査及び半構造化面接調査による探索研究を通じて,地域中小企業の後継者人材マネジメントの現状を明らかにする。その上で,地域性の視点から,中小企業の後継者人材マネジメントを捉える意義を考察する。

2. 既存研究の検討と論点の提示

本章では,まず,地域企業としての中小企業について,地域の概念と関連づけながら検討する。次いで,中小企業及び地域企業の人事管理を中心とした既存研究を精査し,地域中小企業の後継者人材マネジメントを捉える視点を明らかにする。最後に,本論文の論点を提示する。

2.1 地域の概念と中小企業

清成(2010)は,地域とは「日常的な生活圏にはじまり広域経済圏に至るまで,立体的な構成をもつ存在としてとらえるべき」(p.24)であるという。石倉(1999)は,地域とは「人間社会を囲繞する自然環境のなかで,一定の空間を単位とし,人間が歴史的社会的諸条件に規定されながら,逆に人間の側からも,自然環境やこれらの諸条件への働きかけによって,つまり両者の間の相互作用の積み重ねによって形成された領域」(p.74)と定義した。池田(2002)は,中小企業の地域性と関連づけて,地域とは「近接する中小企業が同質的な行動をする地理的範囲」(p.27)と定義した。田中(2004)は,「地域とは何かを考える場合,自分自身が同一の地域の住民であるとする面的な同一性(=同質性)と,それらの人々をつなぎ合わせる相互依存関係(=結節性)が特に重要な概念となる」(pp.217-218)と指摘した。以上,論者によって文言こそ異なるものの,地域とは,様々な条件によって形成された同質性をもった人や組織が相互に影響を及ぼしあう一定の空間であり,こうした各地域の個性が地域性であると言える。

それでは,一定の空間とは,どのように区分されるべきであろうか。長谷川(2001)は,地域の概念を定義するにあたり,政策の適用や統計資料の収集などの利便性から行政単位が大きな意味を持つが,他方で,経済地域は行政地域と通

常合致しないから，地域を重層的に捉えることの重要性を指摘した。他方，岡田 (2005) によれば，地域とは「町内や集落レベルから地球規模レベルにいたるまでのいくつかの階層を積み重ねた重層的な構造をもつ人間社会の空間的広がり」 (p.13) であり，「地域の形成主体としての国，地方自治体」(p.23) が存在するという。清成 (1981) は，より具体的に「北海道も，東京も，沖縄も，それぞれ平等な地域である」(p.2) と指摘した。生活圏や商業圏が行政区域と一致しないことは首肯されるが，地域ごとの政策展開との関連でみれば，行政単位による区分が便宜である。例えば，事業承継は後継者人材の確保と密接に関連するが，その円滑化を支援する「事業引継ぎ支援センター」は都道府県ごとに展開されている。以上を踏まえ，本論文では，地域の区分を都道府県と捉えて議論を進めていく。

続いて，これまでの議論を踏まえつつ，地域企業と中小企業の違いを確認する。地域中小企業論を展開した池田 (2002) によると，中小企業は地域で圧倒的多数を占める。清成 (1981) も同様に，地域の企業の中心は中小企業であり，地域の風土，資源，労働力を活用した地域に独自な産業を創り出すことが，地域が主体的に振興を図っていくためには重要であると指摘した。金井 (2006) は，地域企業とは「本社を特定の地域に置き，主としてその地域の多様な資源を活用したり，その地域独自のニーズを持つ製品やサービスを提供するなど，地域に立地する優位性を活かしている企業（一般的には中小企業が多い）」(p.268) と定義した。

以上，本社機能の所在と地域内での相互影響力の大きさが，地域企業の概念を構成する重要な要素であると言える。それでは，地域企業と中小企業は同視されるべきなのだろうか。このことについて，山崎 (1987) は，地域産業は「地域の個性の演出者としての役割を果たしている」(p.17) ことを指摘し，本社がその地域にあって経営者が地域住民の一人としてそこに定住しているタイプの産業を地域産業と呼び，その構成企業には大企業を含めず，中堅企業と中小企業に限定した。他方，田中 (2004) は，「立地地域内に本社ないし本店が所在している企業」(p.57) と定義した上で，企業規模の観点から，地域中小企業，地域中核企業及び本社立地大企業の三つに地域企業を区分した。熊本県に本社を置く企業の99.9％は中小企業であり（中小企業庁，2015），中小企業がその数において地域における企業の圧倒的多数を占めることは首肯される。ところが，地域企業の概念との関連を踏まえると，全ての企業はいずれかの地域に属するから，中小企業が地域企業の全てとは言えない。したがって，規模の大小によって，地域企業の範

囲を限定することは困難である。
　ところで，地域の概念の重要な構成要素が一定の区分された空間であることは，すでに述べた。したがって，中小企業は，いずれかの地域に属する地域企業でもある。本論文では，こうした地域企業としての中小企業を「地域中小企業」と捉え議論を進めていく。

2.2　地域中小企業の後継者人材マネジメント
　労働問題は中小企業の主要な研究分野の一つであるが，人材の選抜や昇進といった人事管理に関する既存研究は少なく，その対象となる人材はロワーやミドルにとどまる（小池，1981；松浦・野田，2013；佐藤，2012；八幡，1999）。トップについては，経営者の世代交代，つまり事業承継の問題として個別に議論される（みずほ総合研究所，2012；八木，2012）。近年，従業員や役員などの内部昇格者が事業を承継する割合が増加しつつあるが（中小企業庁，2004，2014），これらの人材が，ロワーからミドル，ミドルからトップというように，どのような人事管理上のプロセスを経て後継者となったのかは，既存研究では，ほとんど議論されていない。上述の一連の議論に関して，地域企業を対象とした既存研究は，さらに少ない。その内容は，地域企業における人事管理の現状の統計的な把握（飯田・三宅，2001，2002；石井・阿部，2003，2004），次世代のリーダー人材育成に向けた地域的課題の提示（藤本・山家・望月，2007）にとどまる。以下では，こうした既存研究の現状を踏まえつつ，地域中小企業の後継者人材マネジメントを捉える視点を明らかにする。

(1)　中小企業の後継者人材マネジメントと規模，業種，同族性及び属人性
　まず，人材の選抜や昇進といった人事管理に関する既存研究の議論を取りまとめると，小規模な同族企業ほど人事労務管理制度が未整備であり（松浦・野田，2013），製造業やサービス業など業種により人材育成や人材補充の方法が異なり（佐藤，2012），ブルーカラーからホワイトカラーへと移行する人材の割合は4割程度であるが（小池，1981），中小製造業の現場監督者候補クラスは一般的に経験10年である（八幡，1999）となる。以上の議論から，規模，同族性及び業種が，人事管理の制度の具備やその運用に影響を及ぼすこと，社内でのキャリア形成を経てロワーからミドルへと昇進する人材が一定の割合で存在することが分かる。
　続いて，事業承継に関する既存研究の議論を取りまとめると，次の通りとなる。

それは，第一に，後継者となる人材の育成に関しては，入社前の武者修行的な就業経験の限界が指摘されるなか（三井，2015），トップの補佐役の経験（みずほ総合研究所，2012），「後継の気概」の早期醸成（堀越，2015）及び自身の内省経験（八木，2012）が有効な方策となること。第二に，経営者による，いわゆる「院政」の長期化が，後継者のリーダーシップ発揮に悪影響を及ぼすことから（みずほ総合研究所，2012），両者の役割交代の円滑化が重要となること（Handler, 1994），である。以上の議論から，早期からの主体的な学習への動機づけと，経営者との距離の近接性の確保を通じた経験的学習やモデリング学習が，後継者の有効な育成の方策となるが，その際，「院政」の長期化の弊害など，経営者の影響力の負の側面も無視できないことが分かる。

　以上，規模，同族性及び業種という三つの視点は，主に組織制度的な側面から，中小企業の後継者人材マネジメントを捉える上で重要な視点となると考えられる。同様に，組織や後継者に対する経営者のコミットメントのあり方，つまり，属人性の視点は，後継者人材マネジメントの運用やその有効性を捉える上で重要な視点となると考えられる。

(2)　中小企業の後継者人材マネジメントの地域性

　石井・阿部（2003, 2004）は，大分県に本社を置く従業員数10名以上の企業を対象としたアンケートを行い，小規模企業では資格職能制度を設けていない傾向にあること，中核的人材・即戦力となる人材の採用が最も重要な人事管理上の課題であること，といった調査の結果を提示した。飯田・三宅（2001, 2002）は，I県の中小事業所を対象としたアンケートを行ない，従業員の採用はハローワークを最も活用していること，職場内研修（OJT）が最もよく行われる人材育成の方法であること，といった調査の結果を提示した。藤本・山家・望月（2007）は，東北地域の中小企業の事業承継後に何らかのイノベーションを伴って会社を発展させた後継者を対象とした事例研究の結果を踏まえ，中小企業は大企業と比べて独自に人材育成の計画を立て実施することが難しいことから，地域ぐるみで次世代リーダーを育成することが重要な課題となることを指摘した。

　中小企業の後継者人材マネジメントにおける地域性を重視したのは，わが国の二つの大手信用調査機関である。東京商工リサーチ（2015）の調査によると，社長の出身地と会社所在地を対比した「社長地元率」は全国平均が79.91%，最高が沖縄県の94.43%，最低が奈良県の66.90%で，熊本県は全国平均並みの78.17%で

あった。帝国データバンク（2011）は，「後継者不在率」の全国平均が65.9%，最高が沖縄県の84.1%，最低が和歌山県の37.3%，熊本県は43.3%との調査の結果を提示し，47都道府県の最高と最低の差が50ポイントもあることを踏まえ，事業承継と地域性の関連を指摘した。以上の議論から，地域性の視点は，中小企業の後継者人材マネジメントを捉える上で重要な視点となると考えられる。

2.3　論点
　以下，これまでの議論を踏まえ，本論文の論点を提示する。第一の論点は，規模，同族性，業種，属人性及び地域性という五つの視点について，地域中小企業の後継者人材マネジメントを捉える上での有効性を確認することである。具体的には，人材の母集団の特長，人事管理上の組織制度の具備とその運用，後継者人材の選抜と昇進の態様，リーダーシップ開発をはじめとした育成の場や方策について，どのような視点が有効なのかを確認することである。第二の論点は，後継者が世代交代をイノベーションの機会として捉えていく上での，同質性や相互の影響の大きさといった地域性の功罪を確認することである。

3．方法と対象

　対象は，熊本県に本社を置く中小企業6社である。対象の選定に当たっては，人事管理上の階層と従業員規模との関連を考慮し，小規模（A社，B社），中規模（C社，D社），大規模（E社，F社）の二社ずつとした[注1]。方法は，既に事業を承継した二代目以降の経営者（以下，「後継者」という）に対する質問紙調査と半構造化面接調査である。調査は，郵送による質問紙調査（質問数62項目）を行い[注2]，その上で，2014年11月から2015年10月に各社の本社で半構造化面接を行った。所要時間の平均は60分で，その内容は，ICレコーダーで録音された。その後，2014年12月から2016年1月にかけて電子メール又は電話で追加調査を行った。

4．分析と考察

　図は，事例企業の後継者人材マネジメントに関する主要な発見事実を取りまとめたものである。以下，本図を参照しつつ，適宜，所要の情報を補記しながら，

本論文の論点の分析と考察を行う。

図　事例企業の後継者人材マネジメント

事例	企業属性					人事管理に関すること						
	従業員規模	何代目	同族性	業種	事業所数(うち県内)	管理者	役職階層数(うち取締役以降)	人事規定		他候補		選抜要因
								有無	後継者適用	有無	競争	
A	9	2	所有と経営	第三次	2(1)	経営者	3(2)	無	—	無	無	経営者の子
B	11	2	完全移転	第三次	1(1)	経営者	—	無	—	無	無	昇進と昇格
C	24	2	所有のみ	第三次	1(1)	経営者	7(2)	無	—	有	無	昇進と昇格
D	34	3	所有と経営	第三次	5(3)	経営者	8(2)	無	—	無	無	経営者の子
E	80	2	所有のみ	第二次	1(1)	経営者	7(3)	有	適用	有	有	昇進と昇格
F	162	2	所有と経営	第二次	1(1)	経営者	6(3)	無	—	無	無	経営者の子

事例	後継者属性												
	創業者との血縁	先代との関係	出身地	他社就業	入社			取締役昇進			経営者就任		
					年齢	役職	県外勤務	年齢	期間A	役職A	年齢	期間B	役職B	期間計	役職計
A	有	子	県内	無	—	22	無	無	36	14	100	36	0	100	14	100
B	無	従業員	県内	有	県内	33	無	無	40	7	100	41	1	100	8	100
C	無	従業員	県内	有	県内	38	無	無	46	8	100	52	6	100	14	100
D	有	子	県内	有	県内	27	無	無	31	4	33.3	37	6	50	10	37.5
E	無	従業員	県内	有	県外	23	無	無	33	10	75	43	10	66.6	20	71.4
F	有	子	県内	有	県内	21	無	無	30	9	100	35	5	66.6	14	83.3

(注)「従業員規模」は人数,「何代目」は創業者から数えた経営者の世代数.「同族性」は創業者一族による所有と経営の支配の現状で区分.「完全移転」は双方が後継者に移転,「所有のみ」は経営のみ後継者に移転,「所有と経営」は創業者一族で双方支配.「業種」は,各社の主業種を第三次産業と第二次産業に分類.「役職階層数」は専務など経営者に次ぐ地位を最上位とした一般社員からの階層数.「期間A」が入社～取締役昇進までの所要年数,「期間B」が取締役～経営者就任まで,「期間計」はAとBの合計.「役職A」が非取締役層の役職総数で後継者が経験した割合（%）,「役職B」が取締役層,「役職計」はAとBの合計
(出所) 質問紙調査及び半構造化面接調査等の結果を踏まえ筆者作成

4.1　第一の論点の分析と考察

　第一の論点は，規模，同族性，業種，属人性及び地域性という五つの視点について，地域中小企業の後継者人材マネジメントを捉える上での有効性を確認することであった。具体的には，人材の母集団の特長，人事管理上の組織制度の具備とその運用，後継者人材の選抜と昇進の態様，リーダーシップ開発をはじめとした育成の場や方策について，どのような視点が有効なのかを確認することであった。

　第一に，人材の母集団の特長であるが，後継者は全員が県内出身者である。従業員及び役員についても，過去に在籍した者を含め，大半が県内出身である。また，中途採用の正社員で県外勤務を経験した人材は，ごくわずかである。採用経路はハローワークや知人・親戚からの紹介が主体であるが，採用方針として，県

内出身者を優先的に採用している訳ではない。以上により，人材の母集団の地域への限定性が顕著に見られる[注3]。

第二に，人事管理上の組織制度の具備とその運用であるが，役職階層数は，従業員規模が小さく，ミドル層を持たないA社とB社で少ない。前二社よりも従業員規模の大きい各社は，係長や課長といったミドル層が置かれ，役職階層数も増加する。ただし，大半の事例で人事規定は整備されておらず，後継者人事は経営者の一手に委ねられる。以上により，人事管理上の組織制度の具備とその運用に関しては，規模と属人性の影響が見られる。

第三に，後継者人材の選抜と昇進であるが，同族性の影響が顕著に見られる。「所有と経営」の双方が創業者一族で支配されている場合（A社，D社，F社），選抜要因は「経営者の子」であり，血統重視の選抜が行われている。昇進時の年齢も若く，取締役昇進と経営者就任は，いずれも30歳代である。他方，「完全移転」や「所有のみ」の場合（B社，C社，E社），選抜要因は「昇進と昇格」であり，能力重視の選抜が行われている。事例によってばらつきはあるが，昇進時の年齢はやや遅く，取締役昇進時の年齢が最も若いのがE社の33歳，同じく経営者就任時はB社の41歳である。また，規模の影響が見られるのは，次の二点である。一つは，中規模（D社）と大規模（E社，F社）の三社で，一般社員からいきなり取締役に昇進するなどの役職階層の飛び級が見られること。いま一つは，中規模（C社，D社）と大規模（E社）の三社では，複数の後継者の候補が存在したが，C社とD社では，後継者の地位を巡る競争が行われなかったこと，である。

こうした，後継者人材の選抜と昇進は，不可視的な人事と競争不在のもとで行われていた。選抜要因が「昇進と昇格」の場合はとくに，誰が後継者となるのかが自他ともに判然としないこともあり，従業員の後継者に対するネガティブな感情や態度の惹起（C社），あるいは，後継者の主体的な学習への取り組みの阻害（E社）といった，不可視的な人事の弊害が見られた。以上により，後継者人材の選抜と昇進については，規模，同族性及び属人性の影響が見られる。

最後に，リーダーシップ開発をはじめとした育成の場や方策について検討する。大半の後継者が他社就業の経験を有するが，県外勤務者は一名にとどまる（F社）。事業所数の少なさもあり，入社後の県外勤務経験者は一人もいない。育成の場では，地域への限定性が顕著に見られる。育成の始期では，同族性の影響が顕著に見られる。「所有と経営」の双方が創業者一族に支配される場合（A社，D社，F社），

最も早いF社が子どもの頃から，最も遅いA社で取締役に昇進してからであり，ばらつきが大きい。他方，「完全移転」や「所有のみ」の場合（B社，C社，E社），その機会は，取締役に昇進した頃に付与される。また，育成の方策であるが，経営者との距離の近接性の確保を通じた経験的学習やモデリング学習が主体となる。武者修行的な意味合いとしての他社就業はF社のみである。D社の後継者は，「経営者教育そのものが行われていない」と考えている。リーダーシップ開発をはじめとした育成の場や方策もまた，経営者の一手に委ねられていた。

ところが，後継者に「後継の気概」がなければ，そうした機会の有効性は否応なく減退する。不可視的な人事の弊害は，リーダーシップ開発をはじめとした育成の実質的な始期とも密接に関わっていた。不可視的な人事は，「後継の気概」の醸成を遅延せしめ，その遅れは，後継者の主体的な学習に取り組みはじめる始期の遅延につながっていた（C社，E社）。以上により，リーダーシップ開発をはじめとした育成の場や方策については，同族性，属人性及び地域性の影響が見られる。

4.2　第二の論点の分析と考察

第二の論点は，後継者が世代交代をイノベーションの機会として捉えていく上での，同質性や相互の影響の大きさといった地域性の功罪を確認することであった。まず，各社とも「地域に固有のしきたりやルールがビジネスチャンスに悪影響を及ぼす」とは考えていない。むしろ，「地元に精通することは大事だが，井の中の蛙にならないことはもっと大事」（B社）と考えている。後継者が世代交代をイノベーションの機会として捉えていく上で重視されるのは，組織を取り巻く環境としての地域性や地域への適応力よりはむしろ，組織に内在される地域性の功と罪の側面である。「功」の側面として，具体的には，「従業員に地元出身者が多く，リーダーとしての信頼を得やすい」（D社，F社），「言葉や習慣などを通じて，従業員と打ち解けやすい」（C社，E社），「あうんの呼吸で仕事ができる」（B社）と考えている。他方，「罪」の側面では，同じく「コミュニケーションが密になりすぎて，緊張感にかけるきらいがある」（各社）だけでなく，「ものの見方や考え方が偏ってしまい，組織変革を阻害するリスクがある」（E社）と考えている。Kotter and Heskett（1992）は，社内での経験や信頼性などのインサイダーのリソースよりも，広い視野から変革の必要性を理解し，そのための選択肢を検

討する機会を提供するアウトサイダーの視点が、組織変革の成功には重要であると指摘したが、既存の価値観や枠組みを打破してイノベーションを実現するためにも、地域性は重要な視点を提供すると言える。

4.3 まとめ

まず、地域中小企業の後継者人材マネジメントを捉える上では、業種の視点を除く、四つの視点の有効性が示唆される。既存研究では、業種による人材育成や人材補充の方法の違いが指摘されるが（佐藤、2012）、後継者人材に限っては、こうした違いは見られなかった。それぞれのプロセスでは、人材の母集団では地域性、人事管理上の組織制度の具備とその運用に関しては、規模と属人性の影響、後継者人材の選抜と昇進では規模、同族性及び属人性、リーダーシップ開発をはじめとした育成の場や方策では同族性、属人性及び地域性の影響が見られた。

次いで、後継者のリーダーとしての学習と成長、そして、世代交代後のイノベーションをはじめとした後継者の取り組みとの関連では、属人性と地域性の視点の重要性が示唆される。具体的には、属人性の視点は、不可視的な人事や競争不在による弊害と、地域性の視点は、学習と成長の機会の地域への限定性や組織内部の緊張感の欠如やものの見方の偏りと、それぞれ密接に関連していた。

5．おわりに

同質性は、地域の概念を構成する重要な要素であるが、これを一つの企業に敷衍した場合、組織内部の言葉や習慣、ものの見方や考え方といった言語的・非言語的なコミュニケーションの同質性は、地域中小企業の個性となりうる。本論文の対象となった熊本県の中小企業では、人材の母集団や後継者の育成の場における地域への限定性が顕著であり、こうした限定性ゆえの緊密さが、後継者と従業員とのコミュニケーションの円滑化や信頼の醸成に寄与していた。他方、かかる緊密さは、ともすれば「ぬるま湯」的体質を生み、組織変革の阻害要因となって、地域イノベーションの芽を摘むリスクを内包していた。

東京圏から地方への人材還流は「まち・ひと・しごと創生総合戦略」の重要な政策課題であるが（首相官邸、2014）、中央から地方、地域から地域へと、人材の流動性を高めていくためには、それぞれの地域における人材の地域性を踏まえ

た政策展開が求められる。つまり，地域としての熊本県では，後継者をはじめとした人材の地域への限定性が顕著であったが，他地域ではそうでないかもしれない。そこで，それぞれの中小企業が立脚する地域性を踏まえつつ，人材の母集団やキャリア形成の場といった後継者人材マネジメントの現状と課題を明らかにしていくことが求められる。

　今後の課題は，次の三点である。第一に，本論文はわずか6社の事例にもとづくものであり，熊本県内での調査対象の拡大による結論の蓋然性の確認は不可欠である。第二に，他地域，とくに，地域内外での人材の流動性の高い地域の調査を行うこと。第三に，地域間の比較を踏まえ，地域性の視点に立脚した中小企業の後継者人材マネジメントの有効な方策を提示すること，である。

（謝辞）本論文の作成にあたり，ご協力頂いた企業の方々，貴重なご意見を下さった先生方に対し，心よりあつく御礼申し上げます。

〈注〉
1　管理階層と規模の関連については，例えば，川上義明（2007）を参照
2　質問の内容は，大別して，企業概要及び後継者個人に関すること，後継者の人材選抜プロセスや育成等に関すること，である。
3　現在の従業員の県内出身者比率は89%，同じく役員は84%である。役員については，後継者の配偶者が県外出身であるなどの理由で，やや低い。中途採用の正社員で県外勤務経験者比率は4%である。

〈参考文献〉
1　中小企業庁（2001）『中小企業白書（2001年版）』ぎょうせい
2　中小企業庁（2004）『中小企業白書（2004年版）』ぎょうせい
3　中小企業庁（2014）『中小企業白書（2014年版）』日経印刷
4　中小企業庁（2015）『中小企業白書（2015年版）』日経印刷
5　藤本雅彦・山家一郎・望月孝（2007）「地域企業の企業家型後継者のキャリア開発」東北大学経済学会『研究年報経済学』，Vol.68，No.4，pp.93-108
6　福嶋路（1999）「地域中小企業における産学連携の活用」ダイヤモンド社『月刊　中小企業』，Vol.51，No.10，pp.24-31
7　Handler,W.C. (1994), Succession in Family Business : A Review of the Research, *Family Business Review*, vol.VII, no.2, summer, pp.133-157
8　長谷川秀男（2001）『地域経済論—パラダイムの転換と中小企業・地場産業—』日本

経済評論社
9 堀越昌和（2015）「中小同族会社の後継者人材マネジメントに関する予備的考察」熊本学園大学商学会『熊本学園商学論集』，第19巻，第2号，pp.1-22
10 飯田博・三宅章介（2001）「地域中小企業の特色と人材育成についての調査研究（Ⅰ）」愛知学泉大学『経営研究』，第15巻，第1号，pp.57-92
11 飯田博・三宅章介（2002）「地域中小企業の特色と人材育成についての調査研究（Ⅲ）」愛知学泉大学『経営研究』，第15巻，第3号，pp.405-450
12 池田潔（2002）『MINERVA 現代経済学叢書49 地域中小企業論—中小企業研究の新機軸—』ミネルヴァ書房
13 石井まこと・阿部誠（2003）「大分県内企業における人事管理の現状と課題(1)—「地域企業の人事システムに関する調査」報告」大分大学経済学会『大分大学経済論集』，第55巻，第3号，pp.78-105
14 石井まこと・阿部誠（2004）「大分県内企業における人事管理の現状と課題(3)—「地域企業の人事システムに関する調査」報告」大分大学経済学会『大分大学経済論集』，第55巻，第5号，pp.108-128
15 石倉三雄（1999）『MINERVA 現代経済学叢書25 地場産業と地域振興—集中型社会から分散型社会への転換—』ミネルヴァ書房
16 金井一頼（2006）「地域企業の戦略」大滝精一・金井一頼・山田英夫・岩田智著『経営戦略〔新版〕論理性・創造性・社会性の追求』有斐閣，pp.265-293
17 川上義明（2007）「中小企業経営・管理研究に関する基礎的考察」福岡大学『福岡大学商学論叢』，第51巻，第4号，pp.351-386
18 清成忠男（1981）『80年代の地域振興—その実践的展望—』日本評論社
19 清成忠男（2010）『地域創生への挑戦』有斐閣
20 小池和男（1981）『中小企業の熟練—人材形成のしくみ—』同文館出版
21 Kotter,J.P., and Heskett,J.L. (1992), *Corporate Culture and Performance*, The Free Press.（梅津祐良訳（1994）『企業文化が高業績を生む』ダイヤモンド社）
22 松浦司・野田知彦（2013）「同族企業における人事・労務管理制度の形成と離職率への影響—中小企業に注目して—」内閣府・経済社会総合研究所『経済分析』2013年1月，第186号（ジャーナル版），pp.137-162. http://www.esri.go.jp/jp/archive/bun/bun186/bun186g.pdf（2014年3月9日閲覧）
23 三井逸友（2015）「企業家・後継者の能力形成と事業承継—「中小企業の新陳代謝の促進策」にかかる調査研究」商工総合研究所『商工金融』，第65巻，第8号，pp.5-32
24 みずほ総合研究所（2012）「「事業承継の2012年問題」を乗り越えるために—みずほ総研によるアンケート調査の結果と実証分析—」みずほ総合研究所『みずほリポート』http://www.mizuho-ri.co.jp/publication/research/pdf/report/report12-0830.pdf（2014年5月8日閲覧）
25 中澤高志・荒井良雄（2004）「北海道・東北地方の情報サービス産業における起業

—創業者の移動経歴に着目して—」経済地理学会『経済地理学年報』，50（2），pp.162-174

26　岡田知弘（2005）『地域づくりの経済学入門』自治体研究社
27　佐藤厚（2012）「内部労働市場（ILM）と職業別労働市場（OLM）」労働政策研究・研修機構編『JILPT第2期プロジェクト研究シリーズNo.5 中小企業における人材育成・能力開発』労働政策研究・研修機構，pp.93-124
28　首相官邸（2014）『まち・ひと・しごと創生総合戦略について』https://www.kantei.go.jp/jp/singi/sousei/info/pdf/20141227siryou5.pdf（2015年11月5日閲覧）
29　田中史人（2004）『地域企業論—地域産業ネットワークと地域発ベンチャーの創造—』同文舘出版
30　田中史人（2005）「地域企業の分析視点と広域ネットワーク化の可能性について—主な研究成果と実態調査に基づいて—」北海学園大学『経営論集（北海学園大学）』，第2巻，第4号，pp.123-140
31　帝国データバンク（2011）『特別企画：後継者不在企業の実態調査』http://www.tdb.co.jp/report/watching/press/pdf/p111206.pdf（2015年7月1日閲覧）
32　東京商工リサーチ（2015）『2015年3月度　特別記事　2014年「全国社長　出身地・出身校」調査』東京商工リサーチ
33　八木陽一郎（2012）『内省とリーダーシップ　後継経営者はいかにしてリーダーへと成長するか』白桃書房
34　八幡成美（1999）「モノづくり基盤の将来設計と人的資源」稲上毅・八幡成美編『中小企業の競争力基盤と人的資源』文眞堂，pp.27-50.
35　山崎充（1987）『地域産業の見なおし：21世紀への処方箋』中央経済社

（査読受理）

杜氏の移動にかんする考察
―南部杜氏の事例―

愛知学院大学　関　千里

1. はじめに

　技術・技能の継承には，卓越した技をもつ人材の協力が不可欠であるが，そうした人材は，技術・技能の向上に動機づけられ（小川，2006など），企業・組織にコミットするというよりも，準拠集団に対する帰属意識が高いとされる[注1]。企業特殊的な技術・技能や知識・ノウハウが，労働の固定性を高めるとされる一方で，かれらが自らの技術・技能を活かそうとするキャリア志向を有する場合，転職をいとわない傾向もある（Lepak & Snell, 1999）。このことに鑑みると，かれらの移動とキャリア志向を踏まえたリテンションが必要となろう。

　中小企業が過半を占める酒造業における人材育成は従来，杜氏を中心とする技能者集団を基礎として，徒弟制度的なやり方で行われてきた。技能者集団に周辺的参加というかたちで加わりながらキャリアをスタートし，長期の経験を積むことで技術・技能を高め，選ばれた人だけが杜氏の任に就いた。ただし，「長期の経験」の内容，すなわちその経験をつうじた技術・技能の習得が，1つの会社・職場内で行われるのか，複数の会社・職場を移動しながら行われるのかを定量的に示した研究は見当たらない。

　本稿では酒造人材，なかでも南部杜氏の業種内移動を取り上げる。とくに1980年代，季節雇用に基づき杜氏をつとめた南部杜氏の同一業種内労働移動に焦点をあてる。具体的には，1980年〜1991年までの資料を用い「杜氏は同一業種内でどの程度移動したのか」を明らかにする。そして，杜氏の技術・技能の習得とブラッシュアップが同一業種内での移動を伴いながら進んでいた経緯を踏まえ，酒造業における人材マネジメントのあり方について考察するものである。

2．既存研究の整理

人材の移動に関連する研究としては，労働経済学的な見地からの労働移動に係る研究がある（尾高，1967など）。それら研究は，a) 所得の差，b) 労働需要の差，c) 非経済的要因，という3つの要因により労働移動が促されることを示している。

これらの要因が労働移動に及ぼすインパクトの大きさは，雇用形態の違いによっても異なるとされる。日本企業における長期安定的な雇用のもとで働く正規従業員についてみれば，一般的には転職が所得に対してマイナスの影響を持つことが示されており（樋口，1991など），かれらが転職に踏み切るインセンティブは必ずしも高くなかったとされる。一方，非正規雇用の人材については，比較的活発に転職を行う存在と考えられている。後者の労働移動を促す要因についても，出稼ぎ労働者の労働移動を扱った神代（1992）の研究[注2]において，前掲の3要因と整合的であることが示されている。

しかし，人材が移動するか否か，換言すれば労働者が転職を考えるか否かということが専ら雇用形態の差に起因し，非正規雇用の人材に特有の傾向であるとは言い切れないだろう。なぜなら，いわゆるプロフェッショナル人材あるいは卓越したスキルを持つ人材であれば，技術・技能の向上自体に動機づけられ，自らの技術・技能を活かそうとするキャリア志向を持ち，場合によっては正社員であっても転職をいとわない（Gouldner，1957；太田，1993など）ためである[注3]。

本稿で対象とする1980年代の酒造業における杜氏は，雇用形態は季節雇用であるものの，その技術・技能については産業特殊性，専門性を持った存在である。その点において，かれら酒造人材の移動は上述の態様をともに備えると考えられるが，酒造人材に係る研究は多くない。

酒造業に関する経営学的研究（桜井，1981；加護野・石井，1991；森本・矢倉，1998など）には，人材問題への論及は少なく，杜氏をテーマとしたものは，出稼ぎによる就労形態（矢野，2004など）や，酒蔵での生活（農口，2003など）に焦点が当てられた研究である。これらには，酒づくりの技術・技能習得について示唆的な部分が含まれるものの，酒造人材の移動について記述された部分は少ない。

3. 南部杜氏の概況

3.1 南部杜氏の起こりと南部杜氏協会の成立

南部杜氏は，日本三大杜氏と称される酒造人材の集団である。かれらの居住地は，かつての南部藩領内，現在の岩手県北上市，石鳥谷町等が中心である。その起こりは江戸期，北上川流域に広がる田園地帯からの米をあてこんで，近江商人が灘・伏見地域から酒づくりの技を持ち込んだ頃に端を発する[注4]。先進の技を学んだ地元の人材が酒づくりに携わり，地域酒造業が発展，杜氏として活躍する者も出て「南部杜氏」の名が広く知られるようになったとされる。

1914年には南部杜氏協会の前身「南部杜氏組合」が発足，酒造期間中の傷病への扶助，技術講習会や自醸酒品評会の開催による学習の奨励などが一層活発化した。第二次大戦による混乱，原料米の不足などは，全国の酒造業のみならず南部杜氏の活動にも甚大な影響をもたらしたが，戦後復興し1948年には「南部杜氏協会」が設立されるに至る（「南部杜氏」編纂委員会編，1983）。

設立当初より南部杜氏協会では，講習会を主催し，酒づくりの技術・技能向上のサポートを行ってきた。そこには2つの意味がある。第一は，現在の杜氏ならびに将来の候補者への技術・技能習得機会確保の要請に応えること，第二は，講習会をつうじ酒造人材の技術・技能レベルの把握を行うことである。とりわけ後者は酒造人材の移動，転職に果たす協会の役割の面から重要である。

3.2 南部杜氏協会資料

ここでは，本稿で扱うデータの特徴を記す。以下で，1980年から1991年[注5]の期間における杜氏の移動の実態について分析を行う。基礎となる資料（以下，協会資料）は社団法人南部杜氏協会の書庫に収蔵されている。協会資料には，年度ごとに会社名，所在地，杜氏名，杜氏が所属する協会支部の記載がある[注6]。

本稿の分析期間には，南部杜氏として酒づくりに携わる者は，その全員が漏れなく協会に所属する慣例であった。したがって，本稿で用いるデータには「1980年代の南部杜氏」が網羅的に含まれ，1980年代の南部杜氏の全数調査に近い性質を有する。この点に鑑み，今回の分析においては，ひとまず単純な構成比にしたがって杜氏の移動にかかる議論を進めていくこととする。

次に協会所属の杜氏数を確認する。1980年には372人が31都道府県に，1991年

図1：南部杜氏の人数

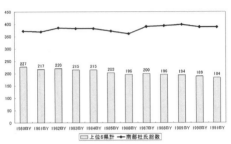

出典：南部杜氏協会資料より筆者作成

には388人が32都道府県にて酒づくりを行っている。詳細に進出地域と進出人数の関係をみてみると，1980年時点で進出人数の上位6県の杜氏数は227人であり，全体の約61％を占める。図1の棒グラフには6県の杜氏数が示されており，南部杜氏の多くが当該地域で酒づくりに従事していることがわかる。ここでいう上位6県は，福島・宮城・岩手・山形・茨城・青森であり，東北および北関東に集中している。進出先の集中傾向は，往時の出稼ぎ形態の成立経緯に起因するものである。

4．南部杜氏の同一業種内移動の実態

ここから南部杜氏進出上位6県について，1980年から91年の期間における杜氏の同一業種内移動について分析を行う。表1に上位6県における各県の南部杜氏数，表2には各県における杜氏交代の有無とその人数を年ごとに示す。上記に基づき，1980年から91年の期間中，上位6県のそれぞれにおける杜氏交代があった年と交代状況を述べる。

4.1　福島県における南部杜氏の移動

福島県は，1980年から91年の全期間において南部杜氏の最多進出先である。80年には60名，91年には53名の南部杜氏が福島県で酒づくりに従事している。福島における杜氏交代の数は，延べ46回である。

期間中，杜氏交代があったのが8年，交代がなかったのは4年に過ぎない。最

表1　各県の南部杜氏数

	80年	81年	82年	83年	84年	85年	86年	87年	88年	89年	90年	91年
福島県	60	59	62	60	63	61	60	59	59	58	55	53
宮県	47	44	45	43	41	41	39	38	37	35	34	33
岩手県	39	35	32	33	33	31	31	31	31	31	31	30
山県	29	29	29	27	27	23	21	20	16	17	17	15
茨県	27	27	29	29	28	25	25	30	31	32	31	32
青県	25	23	23	23	23	22	20	22	22	21	21	21

表2　杜氏交代の人数（年別）

	80年	81年	82年	83年	84年	85年	86年	87年	88年	89年	90年	91年
福島県	0	0	8	3	4	0	5	10	10	2	0	4
宮県	0	0	5	1	3	5	0	8	3	2	0	7
岩手県	0	0	2	2	2	1	0	5	3	0	0	5
山県	0	0	2	1	3	1	5	0	0	0	0	0
茨県	0	0	6	3	1	0	0	11	5	3	0	5
青県	0	0	1	2	0	1	0	0	1	2	0	3

出典：表1・2とも南部杜氏協会資料より筆者作成

も多く交代があったのが87年と88年の10社である。杜氏交代の回数を，対象期間における福島の杜氏の延べ人数709で除した数値を杜氏の交代率（以下，杜氏の交代率と表記）とみなすとその数値は6.48となる。

次に，杜氏の交代があった企業について，期間中の杜氏の交代回数からみると，1回：13社，2回：9社，3回：1社，4回：3社，5回：1社である。期間中の杜氏交代が最多の企業では86年から90年まで毎年杜氏の交代が行われていた。

4.2　宮城県における南部杜氏の移動

宮城県は南部杜氏の進出数が二番目に多い地域である。80年には47名，91年には33名が同県で酒づくりに従事している。宮城における杜氏交代の数は，延べ34回である。期間中，杜氏交代があったのが8年，交代がなかったのは4年である。最も多く交代があったのが87年の8社である。杜氏交代の回数を，期間中の杜氏延べ人数477で除した杜氏の交代率は7.12となる。

杜氏交代があった企業について，期間中の杜氏の交代回数からみてみると，1回：13社，2回：6社，3回：0社，4回：1社，5回：1社である。杜氏交代最多の企業では，84年，85年，87年，89年，91年に杜氏の交代が行われていた。

4.3　岩手県における南部杜氏の移動

福島，宮城に次ぐ南部杜氏の進出数が岩手県である。80年には39名，91年には30名が同地で酒づくりに従事している。岩手における杜氏交代の数は，延べ34回

である。期間中，杜氏交代があったのが7年，交代がなかったのは5年である。杜氏交代の回数を，期間中の杜氏延べ人数294で除した杜氏の交代率は8.33となる。

杜氏交代があった企業について，期間中の杜氏の交代回数からみてみると，杜氏交代があった企業について詳しくみてみると，1回：10社，2回：4社，3回：1社である。この点は，前述の福島・宮城両県と異なる状況であり，杜氏交代についても2年連続で杜氏交代を行ったのは2社に過ぎない。

4.4　山形県における南部杜氏の移動

山形県は80年に29名，91年には15名の南部杜氏が酒づくりに従事している地域である。山形における杜氏交代の数は，延べ12回と安定的である。期間中，杜氏交代があったのは5年，交代がなかったのは7年である。山形県では，他県と異なり後者が多く，87年から91年の間には杜氏交代が行われていない。杜氏交代の回数を，期間中の杜氏延べ人数270で除した杜氏の交代率は4.44となる。

杜氏交代があった企業について，期間中の杜氏の交代回数からみてみると，1回：5社，2回：2社，3回：1社である。山形での杜氏の動静は安定的であり，2年続けて杜氏交代を行ったのはわずか1社である[注7]。

4.5　茨城県における南部杜氏の移動

茨城県は，80年に27名，91年には32名の南部杜氏が酒づくりに従事している地域である。茨城における杜氏交代数は，延べ34回であり，交代数は宮城と同数であり活発な移動が見られる。期間中，杜氏交代があったのが7年，交代がなかったのは5年である。最も多く交代があったのが87年の11社であり，杜氏交代の回数を，期間中の杜氏延べ人数320で除した杜氏の交代率は10.63となる。

杜氏交代があった企業について，期間中の杜氏の交代回数からみてみると，1回：11社，2回：7社，3回：3社である。上位6県で，南部杜氏数が増加しているのは茨城県のみである[注8]。

4.6　青森県における南部杜氏の移動

青森県では，80年に25名，91年に21名の南部杜氏が酒づくりに従事している。杜氏交代の数は延べ10回と安定的である。期間中，杜氏交代があったのは6年，交代がなかったのも6年である。杜氏交代の回数を，期間中の杜氏延べ人数266

で除した杜氏の交代率は3.76となる。

　杜氏交代があった企業について，期間中の杜氏の交代回数からみてみると，1回：4社，2回：3社であった。期間中2回の杜氏交代が最大回数であり，杜氏の移動が比較的少ない山形と似通った状況が確認できる。

5．発見事実の整理

5.1　南部杜氏の移動状況

　発見事実を簡単に整理すると次のようになる。第一に，南部杜氏の進出先は，上位6県（福島・宮城・岩手・山形・茨城・青森）で全体の半数近くを占める。

　第二に，上位6県を対象に1980～1991年の杜氏の移動をみると，杜氏交代の延べ回数，企業が杜氏交代を行った回数に違いが確認された。延べ回数でみると，福島（46）宮城・茨城（34）が多く，期間中の回数でみると福島・宮城の5回が最多，青森の2回が最少であった。

　第三に，杜氏交代の年ごとの頻度を概観すると82年，87年と88年，91年に杜氏の移動について大きな動きが見られる。こうした動きが新規参入者による世代交代によるのか，あるいは同一業種内の玉突き型の移動によるのか，という部分については，協会資料を精査し，稿を改めて分析を行うものとする。

　次に視点を変えて，対象期間において，杜氏の移動が行われなかった企業についてみてみよう。分析対象は同じく上位6県である。同一の杜氏が勤め続けた企業，すなわち杜氏の移動が一度もない企業数は，福島27，宮城12，岩手14，山形9，茨城6，青森13であった。

　期間中，杜氏の移動がない企業数（杜氏が辞めずにいた企業数）を，各県における南部杜氏の進出数の最大値で乗じた数値を杜氏継続率とすると，上位6県の平均は34.4％であった。各地の杜氏継続率は，福島42.9％，宮城25.5％，岩手35.9％，山形31.0％，茨城18.8％，青森52.0％であった。このことから6地域では，その割合に違いがあるものの，少なくとも半数近くの企業で移動があったことが確認できよう。上記により，南部杜氏の1980年から1991年の移動については，1社にとどまるというより，同一業種・同一職種内での移動が多くあったと考えることができる。そして，移動が杜氏の技術・技能の習得・向上過程にも少なからず影響を及ぼしていることを示唆している。

5.2 杜氏の移動（転職）理由

このように，1980年代の南部杜氏には比較的活発な移動，転職行動が見られる。では，杜氏の移動，転職はどのように行われるのだろうか。協会資料には，残念ながらその理由を示す項目はないが，現地および他地域での聞き取り調査[注9]から得られた事項を総合すると次のようになる。

一般的に転職は，自発的転職と非自発的転職に大別されるが，杜氏ならびに酒造人材の転職もまた，その二種類に分類される。ごく単純化するならば自発的なそれは，所得の差すなわち条件の良い酒蔵から引きがあったことに伴うものや，自宅に近い蔵に移るといった理由によるものである。非自発的なそれは，会社の戦略変更に伴うものや，定年制の適用，酒造技術が未確立な時代であれば腐造を引き起こすといったトラブルの類などを理由とするものである[注10]。

当然ながら，杜氏ならびに酒造人材が動くという事象は，酒造人材側からすると転職，酒造会社側からすると杜氏の交代を意味する。杜氏または酒造人材側の意思，あるいは酒造会社側の意思が示されれば，杜氏の交代が進むことになる。これを円滑に進めるためのルートにはおおよそ3つのルートが存在する。

第一のルートは，徒弟制度的な技術・技能習得過程に付随する師匠・親方と弟子的な関係性に依るものである。かつての酒造集団における杜氏は，会社から酒づくりを一手に請け負う親方であり，集団内のメンバーの処遇，人事をも差配していた。特に，有力メーカーで杜氏を務め，多くの弟子をもつ「大杜氏」は，親睦ないし情報交換の場として地域や自分の名を冠した「〇〇会」を組織することが多かった（堀，2007）。この会には各地の酒造会社の求人，杜氏集団内での人事情報が交錯し，それを頼りに酒造人材が集い，酒造会社の依頼も入る。こうした人的ネットワークをつうじて杜氏の移動が行われたのが，従来の姿であった。

第二のルートは，国税庁ないし公設研究機関の「先生」によるコーディネーションを経由してなされるものである。酒造業においては，各地の国税局に所属する酒類鑑定官や，独立行政法人酒類総合研究所員，地域の公設研究機関に所属する研究員などといった「先生」から，技術指導や品質に係る評価を受けることが一般的である[注11]。それら組織に所属する「先生」は酒造会社とも酒造人材とも程よい距離感にあると考えられ，また直接的な利害関係を有するものでもない。そのため，かれらのもとには技術指導や品質評価などの機会によって，地域の酒造会社の情報が集まるとともに，地域で働く酒造人材についての情報も集まってく

る。こうしたネットワークをつうじた杜氏の移動というかたちもある。
　第三のルートは，各地の杜氏協会を経由して行われるものである。南部杜氏協会同様，各地の杜氏集団の本拠地では，それぞれの地域で協会あるいは組合が組織されている。さらに，それらの全国連合として「日本杜氏組合連合会」が存在する。これらの組織には，各地の情報が集まり，随時その動静が寄せられる。
　近年，杜氏集団を基礎とする酒づくりおよび技術・技能習得環境の変化によって，大杜氏の系譜も往時のほどではなくなっている。こうした事情を背景として，酒造人材と酒造会社の間を媒介するかたちで，杜氏協会ならびに国税庁ないし公設研究機関の「先生」経由による杜氏の移動が増加している。

6．まとめと考察

　本稿では，1980年から1991年の期間における南部杜氏の進出先数と，各地域における杜氏交代の回数という点から南部杜氏の同一業種内移動についての分析を行った。南部杜氏協会資料をデータ化し，1980年代の南部杜氏の移動について数的な側面からアプローチを試み，同期間における移動の態様を示すとともに，聞き取り調査を加味して杜氏の転職，そのルートを明らかにした。
　これらを踏まえ，杜氏の移動が酒造会社の人材マネジメントに及ぼす影響，酒造人材にかかるマネジメントのあり方について，1980年代という時期の南部杜氏の動きに照らして考察を行う。
　既述のとおり，酒づくりの杜氏となるには長期の経験が必要とされる。筆者の調査[注12]では，卓越技能者表彰を受けた杜氏について，そのポジションに就くまでに要した期間は平均13.7年であった。酒づくりの技術・技能の習得に10年から15年の経験が必要であるということは，熟達化研究の知見とも符合している。
　この点に鑑みれば，現在の酒造業における人材問題，すなわち杜氏および酒造人材の後継者問題は，1980年代に移動し定着した杜氏の後継問題であり，定着が進まなかった杜氏の移動という事態が，直接的ないし間接的に顕現した姿でもある。そうであるならば，現在の酒造会社の人材マネジメントの態様は1980年代のそれの影響を引き継ぐ部分と無縁ではない。したがって，その時期に遡って検討を行うことで，現在の酒造業の人材マネジメントに係る考え方の基調を確認し，それを踏まえて転換を図る参照点を示すという点に貢献しうると考える。

第一に,「頻繁な杜氏の移動」をリスク要因として再認識する必要性である。杜氏が頻繁に変わる,杜氏が居つかないという事態は人材確保リスクの増大を媒介として,清酒の酒質につながっていく。なぜなら,杜氏同士が集まる場では,酒造知識やノウハウのみならず,会社の評判,職場の評価などの情報も流通しているためである。原材料や人件費の削減圧力を棚に上げ,酒造会社が品質の低止まりや売上不振の責任を杜氏に負わせた等の評判が立つようなメーカーに杜氏は背を向け,働くことを敬遠する。結果,優秀な杜氏,酒造人材が確保できず,品質向上が果たされないという事態を招来しかねない。酒質の向上や食の安全性の確保による差別化要因の創出という点に加え,人手不足感が強まる傾向を見据え,酒造メーカーには杜氏および酒造人材の定着施策を講じることが求められる。
　第二に,酒造人材の雇用形態を見直す必要性である。酒造人材の定着促進およびそのマネジメントという点から考えると,季節雇用からの転換も必要となろう。これまでの杜氏ならびに酒造人材の雇用には「コンティンジェント労働」（二神,1998）が適用されていたと考えられる。往時の酒造業では,酒造人材のプールも豊富であったし,農閑期だけの就労希望者確保も容易であった。それゆえ,コンティンジェント労働が成立し得たと考えられるわけだが,現在までその基調を見直すことなく,それが通底している酒造会社も少なくない。
　しかし,現有の酒造人材に酒造会社の競争力に係わる酒づくりの工程を中・長期的に委ねるという意思決定を行うならば,従来の請負労働的なあり方に基づくコンティンジェントな労働者としてマネジメントを行うことは得策ではなかろう。
　後述するように,自社従業員の育成や技術・技能継承含みで,現有の杜氏・酒造人材の活用を図るには,徒弟制度的な技術・技能習得,それらを担保する酒造人材集団,季節雇用での活用といった前提からの見直しが不可欠だと思われる。
　第三に,人材開発に係る仕組みの再構築の必要性である。現在の酒造業では,技術・技能継承や後継者育成への戦略的な取り組みが急務とされている。中小企業が大半を占める酒造会社では,経営規模の制約から必ずしも体系的な人材マネジメントの仕組みを整える余力があったとは言い難い部分があり,特に人材開発,育成については企業単独でそれを実施しきれない場合も見られた。こうした課題に対して,新潟・山形・福島といった先進地域では連携体制を構築し,地域ぐるみで人材開発,育成を行う仕組みを整える取り組みが進みつつある（関,2015）。
　こうした仕組みを選択的に活用することは,中小酒造業が酒造人材の開発,育

成をより戦略的に行うことを可能にすると考える。そのためにも，自社従業員の育成や技術・技能の継承を職掌に加えられるように，改めてかれらを自社のコアとなる従業員として位置づけ，その活用ならびにリテンション策を人材マネジメントの施策に落とし込むことが必要になる。

　これらの実行に際しては，予算面でのフィージビリティを精査し，通年雇用への切り替えによる長期安定的な雇用モデルの適用，あるいは定年延長ないし継続雇用といったオプションの検討から始めることが有効であろう。それは，杜氏ならびに酒造人材が腰を据えて指導を行える態勢づくりへ酒造会社が具体的に歩を進める第一歩となり得る。そして，生涯現役社会実現に係る中小企業に向けた政策的な対応とリンクした人材マネジメントの展開を図ることで，中高年齢者を含む多様な酒造人材の活躍を一層促進できると思われる。本稿には1980年代の南部杜氏の移動を扱ったという限界があるものの，分析結果には現在および将来に続く酒造業における人材マネジメントの方向性と参照点が含まれていると考える。

〈注〉
1　Gouldner (1957) によれば，「コスモポリタン」は，所属する組織へのコミットメントは低く，外部の専門家集団へ準拠しようとする傾向があるとされている。
2　神代 (1992) では，1975〜88年の都道府県別所得統計データを用い，(a) 所得格差，(b) 労働需要差，(c) 非経済的要因，および (d) 農林業従業者の対就業者比率，を用いて出稼ぎ労働者の移動について分析を行っている。
3　ただし，日本企業においては専門的な技術・技能を保有するプロフェッショナル人材あるいは専門職でさえ，転職はそれほど活発ではない。藤本 (2005) では，専門職の転職について専門知識やスキルを他組織に転用できる可能性を持ちながらも，必ずしも活発な組織間移動を行っていない，という見解が提示されている。
4　これ以前の南部地域にて自家消費を主とする濁酒づくりが行われていたという記録がないわけではない。しかし，南部杜氏の成立がこの時期に画期されるのは，そこに当時の酒造先進地域である伏見・灘地域から清酒づくりの技術導入，先進の技を身につけた人材の招聘という動きがあり，商業用としての酒づくり，換言すれば酒造業を興そうとする意図が見られるためである。
5　南部杜氏協会資料では酒造年度 (Brewer's Year) が用いられている。酒造年度は，業界内の暦であり，当該年の7月1日から翌年の6月30日までの期間を指す。本稿では，1980酒造年度を1980年，1990酒造年度を1990年のように表記する。
6　南部杜氏協会所蔵の資料には数件，データの欠損がみられる部分がある。追加的な聞き取り調査等により欠損部分の補足，つまり杜氏名の捕捉が可能であった場合は，その部分について修正作業を行っている。なお，捕捉作業を行ってなお不明なところ

が残る場合については，欠損値として除外して処理している。
7 これには，山形地域において，酒質の向上と軌を一にした戦略的人材育成が公設研究機関主導型により進められ，季節雇用の酒造技能者頼みの酒づくりからの転換が図られたこととも密接な関係がある。
8 茨城県の酒造会社における杜氏は，南部杜氏と越後杜氏に二分されていたが，越後杜氏に代替するかたちで南部杜氏の進出増加が進んだという事情がある。
9 筆者は，本稿で取り上げた地域における聞き取り調査を2008年以降継続的に実施している。調査は酒造繁忙期を避けた夏期を中心に年1回程度実施，関係箇所訪問（先方の都合により困難な場合は電話取材等を含む）および1時間程度の意見交換を行っている。南部杜氏協会資料の初見は2009年，翌年に3日間の閲覧を許可された。
10 近年，杜氏の高齢化により，前者の転職および体力面を理由とする退職という事態が突然，酒造会社に降りかかり，経営問題化することも少なくない。
11 たとえば「初呑み切り」と呼ばれる作業は，その年に仕込まれた清酒の出来具合を確認するためのものであるが，そこには地方国税局の酒類鑑定官や地域公設研究機関の研究員が立ち会って行われる。
12 新潟県酒造従業員組合では，所属する越後杜氏のうち卓越した技術・技能を有する人物を県の卓越技術者表彰に推薦している。筆者はその基礎資料のうち，氏名および社名等を匿名化した部分について職員立合いのもと閲覧を許された。この結果は，歴代表彰者17名の職務経歴の分析から導出されたものである。
13 もちろん，今後の酒造業における人材マネジメントの展開を考える上では，現在により近い時点における杜氏の移動状況や，酒造メーカー各社の戦略，とりわけ人事戦略についての分析を加味することが必要であるが，今回の分析から今後の酒造メーカーの人材マネジメントの方向性を示しうる部分も少なからず存在すると思われる。

〈参考文献〉
1 足立文彦(1998年)「地域間協力に適応するための中小企業への支援策」『商工金融』，第48巻第1号
2 石水喜夫（1992年）「出稼ぎ労働者の地域別移動分析について」『エコノミア』第43巻第3号，pp.62-68
3 太田肇（1993年）『プロフェッショナルと組織』，同文舘
4 尾高煌之助（1967年）「日本労働市場の構造分析」西川俊作編『労働市場』所収，pp.185-205
5 小川千里（2006年）「日本におけるプロフェッショナルを対象としたマネジメント施策」『経営行動科学』第19巻第3号，pp.221-230
6 加護野忠男・石井淳蔵（1991年）『伝統と革新――酒類産業におけるビジネスシステムの変貌』千倉書房
7 神代和欣（1992年）「季節出稼労働者の地域別移動」『エコノミア』第43巻第3号，pp.33-61

8 桜井宏年（1981年）『清酒業の歴史と産業組織の研究』中央公論事業出版
9 関千里（2008年）「技能者のキャリアに関する考察：南部杜氏の同一業種内移動の事例」『経営行動科学学会第11回年次大会論文集』，pp.267-272
10 関千里（2015年）「中小酒造業における人材開発にかんする考察—杜氏の育成を中心として—」『日本中小企業学会論集』第34号，pp.53-65
11 「南部杜氏」編纂委員会編（1983年）『南部杜氏』石鳥谷町教育委員会
12 農口尚彦（2003年）『魂の酒』ポプラ社
13 樋口美雄（1991年）『日本経済と就業行動』東洋経済新報社
14 藤本昌代（2005年）『専門職の転職構造』文真堂
15 二神恭一（1998年）『戦略的人材開発』中央経済社
16 堀圭介（2007年）「杜氏の斡旋方法について」『富士大学紀要』第40巻第2号，pp.53-57
17 前田重朗・石崎忠司編著（1999年）『中小企業の現状とこれからの経営—21世紀の中小企業経営—』中央大学出版部
18 松本雄一（2003年）『組織と技能』白桃書房
19 森本隆男・矢倉伸太郎（1998年）『転換期の日本酒メーカー』森山書店
20 矢野晋吾（2004年）『村落社会と「出稼ぎ」労働の社会学』御茶の水書房
21 山田幸三（2013年）『伝統産地の経営学—陶磁器産地の協働の仕組みと企業家活動—』有斐閣
22 山本篤民（2013年）「地場産業産地の変容と発展課題：漆器産地を事例として」『中小企業季報』No.2, pp.11-18
23 Francis, A.（1998）"Managing New Product Development: Some Alternative ways to Organise the Work of Technical Specialists", Journal of Marketing Management, Vo.4, No.2, pp.249-260.
24 Gouldner, A.W.（1957）"Cosmopolitans and Local: Toward an analysis of latent social roles 1". Administrative Science Quarterly, 2, pp.281-306.
25 Johnson, S.D. and J.A. Leach（2001）"Using Expert Employees to Train on the Job", Advances in Developing Human Resources, Vol.3, No.4, pp.425-434.
26 Lepak, D.P. & Snell, S.A.（1999）"The human resource architecture: Toward a theory of human capital allocation and development", Journal of Management Review, Vol.24, No.1, pp.31-48.
27 Mainiero, L.A.（1986）"Early Career Factors that Differentiate Technical Management Careers from Technical Professional Careers", Journal of Management, Vol.12, No.4, pp.561-575.
28 Williams, S.W.（2001）"The Effectiveness of Subject Matter Experts as Technical Trainers", Human Resource Develpoment Quarterly, Vol.12, No.1, pp.91-97.

(査読受理)

報 告 要 旨

東日本大震災復興支援eビジネスモデルの構想
―宮城県沿岸部の中小水産・食品加工業の事例をもとに―
〈報告要旨〉

宮城大学　藤原正樹

　東日本大震災からの復興においては，被災地産業の復活が重要であることは論を待たない。津波被害を受けた沿岸部においては，水産・食品加工業が重要な産業となっており，その再生が求められている。震災から4年を経て，被災地中小水産・食品加工業の最大の経営課題は販路の開拓である。加工場の再建などで生産量は復活しつつあるが，震災で失った販路を再確保することは死活問題となっている。

　我々のこれまでの研究において，以下の3点が明らかになった。

　第1は，被災地中小企業の復興においては，首都圏など大消費地を販売先とすることが必要である。消費地としての東北は市場規模として限界がある。第2は，商品開発力やマーケティング力が乏しい被災地の中小企業が単独で一般消費者向け市場開拓に取り組むことは限界がある。被災地の企業と消費地の企業が連携し，商品開発などを伴いながら新市場開拓を行う方策の有効性が高い。第3は，震災から4年が経過した今日でも，消費を通じて復興を支援しようという一般消費者の意識は継続している。

　他方，被災地の中小企業においては，震災前の販売先との取引が復活できない現状を踏まえて，新たな販路開拓に向けた取り組みが行われている。具体的には，①新たな流通仲介事業者による新販売経路構築に向けた取り組み，②震災復興ファンドによる消費地と被災地経営者のつながり，③インターネット通販への着手，④被災地の中小企業と消費地の大企業とのビジネスマッチングなどである。これらの取り組みは，被災地の企業と消費地の企業が連携し商品開発や販路開拓を行うことが被災地中小企業の市場拡大に取って有効であることを示している。他方で，現状では一部の企業による部分的な取り組みに止まっており量的な取引

拡大に至っていない。

　我々は，これらの取り組みを発展させ，被災地の中小企業にとって安定的な販路を開拓する試みとして，インターネット上の開かれたeマーケットプレイスとして「東日本大震災復興支援BtoBtoC（Business to Business to Consumer）型取引所（仮称）」を構想した。その特徴は，以下の3点である。

(1) インターネットを介して，被災地の中小企業と消費地の企業が登録された企業間で継続的な取引を行うBtoB取引の機能
(2) 東北応援コミュニティとして，被災地の企業と消費地企業，一般消費者をつなぐネット上のオープンなコミュニティ
(3) 東北復興産品認証マーク（仮称）制度として，被災地で生産・製造された商品，あるいは被災地産品を原材料とした商品に対して，認証マークを発行し，被災地由来商品の販路開拓を支援する

　この取引所の有効性を検証するために，宮城県を中心に中小水産・食品加工業へのヒヤリング，続いて，全国の一般消費者を対象にしたWebアンケートを実施した。

　宮城県事業者へのヒヤリングでは，取引所の開設について，「条件がそろえば利用する」との反応がほとんどであり，その条件として，①志（こころざし）に共感があること，②信頼できる企業であること，③安定的・継続的な取引が出来ることなどの意見が多数を占めていた。

　一般消費者向けWebアンケートにおいては，回答者の50％強が，食材・食品を購入，または外食する際に東北被災地からの食材・食品であることを意識すると答えており，同じく50％程度の回答者が東北被災地の食品を実際に購入していると答えている。認証マーク制度については，60％近くの人が意義あると評価している。

　これらの検証結果により明らかになったことは，第1に，一般消費者は現在も消費を通じて東北の復興を支援しようという意識を持っており，復興支援取引所や認証マーク制度に対する支持と期待があることである。東北由来商品を支持し，購入する意思がありつつも，購入のための機会が十分でないというアンケートで示された現状を踏まえると，今回示した施策が東北産品の販路開拓に有効であることが示されたといえる。第2に明らかになった点は，制度としては有効であるが，それを実行するには多くの課題があることである。eマーケットプレイ

スの成功要因として示した①取引所の運営主体，参加企業間の信頼関係構築，②核となるメンバーの人的ネットワーク形成，という二点をどのように醸成していくかは課題として判明した段階である。

図1　売上げが、震災前の水準まで回復した企業の割合（平成26年6月調査）

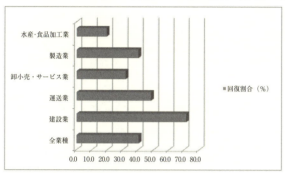

出典：復興庁「復興の現状——平成27年6月24日」

図2　現在の経営課題（被災した東北4県の水産・食品加工業）平成27年6月実施

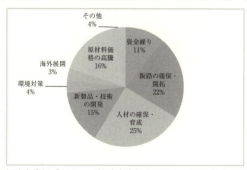

出典：東北経済産業局「グループ補助金交付先アンケート調査（平成27年10月）」

図3 震災復興・販路開拓におけるeマーケットプレイスの機能

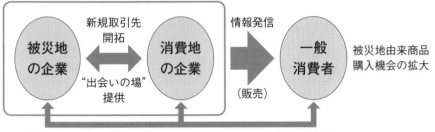

図4 震災復興支援BtoBtoC型eビジネスモデル（案）

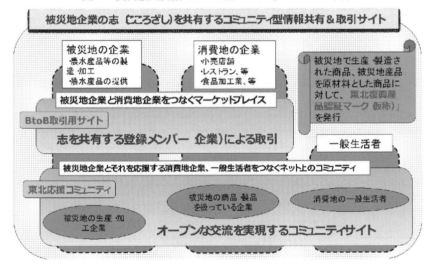

"早すぎる登用"問題への2つの対応策：
日系中小メーカー中国子会社における比較事例研究
〈報告要旨〉

南山大学　林　尚志

1．はじめに："早すぎる登用"問題と本研究の検討課題

　報告者は、林（2014）において、日本企業の海外子会社における"現地人材の登用問題"を考察するにあたり、「日本企業の特徴 vs. 現地人材の職務意識」に関わる"ミスマッチ問題"を論じる際に示した「"○型vs.□型"モデル」[林（2004）等]を用いて、日系メーカー中国子会社に関する"2つの事例"の比較検討を行った。そして、(1)ある状況では、現地人材の幹部職への"登用の実施"が、当該人材の"□型意識"（知識専有意識等）を顕在化させ、現地での"ミスマッチ問題"を悪化させる可能性がある（事例X："早すぎる登用"の問題）、(2)別の状況では、"登用の実施"が当該人材の"○型意識・能力"（グレーゾーン対応意識・能力等）を伸ばす意欲を高め、上述の"ミスマッチ問題"の改善を促す可能性がある（事例Y："実力に応じた登用"の実現）という興味深い観察事実を確認した。
　さらに両事例の比較から、(ア)"早すぎる登用"問題の原因として「特定人材の"個人的技量への依存度"の高さ」が挙げられ、これが、当該人材に「"□型意識"の顕在化」をもたらす（第1の）要因となりうる、(イ)"実力に応じた登用"の実現に向けては「チーム全体の"○型意識・能力"を育て、特定の"個人的技量への依存度"を低めること」が有用であり、これが"早すぎる登用"問題への（第1の）対応策となりうる、という2点について論じた。
　ところがその後、報告者が聞き取り調査を行った別の中国子会社（事例Z）を検討したところ、上述(ア)、(イ)の論点とは異なり、「現地人トップA氏の"個人的技量への依存度"が創業以来高かったにも関わらず、"早すぎる登用"は顕在化せず、"実力に応じた登用"が実現された」という点が確認された。

そこで本報告では，上述の「"○型vs.□型"モデル」のフレームワークに基づいてこれら3事例間で比較検討を行い，(ア')「早すぎる登用vs.実力に応じた登用」の違いをもたらす"第2の要因"として，上述の「個人的技量への依存度」とともに，「成長機会を実感できる程度」が指摘される，(イ')従って，"早すぎる登用"問題の解決に向けては，上述の「特定の"個人的技量への依存度"を低めること」とともに「当該人材が"成長機会を実感できる程度"を高めること」が"第2の対応策"となりうる，という2点について論じる。また，これらの考察結果をふまえつつ，中小企業を念頭に，"早すぎる問題"の解決に向けた含意を探る。

2．3つの事例の比較検討

まず，事例X（図1）に関しては，X社の事業特性や市場動向等の要因が重なり，「チームとしての"○型意識・能力"の育成に取り組む余裕が不十分」となって，「特定の人材に知識や技能が偏在する」状況にあった。従って図1のように，当該人材にとって，相対的に「"□型意識"を顕在化する"魅力"が大きい一方，"ペナルティ"は小さかった」と考えられ，この点が，当該人材の「"□型意識"の顕在化」を促し，"早すぎる登用"の一因になったと考えられる。

次に，事例Y（図2）に関しては，日本人経営陣の高いコミュニケーション能力や当該工場の全社的な位置づけの高さ等の要因が重なり，中小企業ながらも「全社的に"○型意識・能力"の育成に取り組めた」ため，各部門で「特定メンバーの"個人的技量への依存度"」が低く，メンバー間で知識や技能の共有が進んだ状況にあった。従って，図2のように，「"□型意識"を顕在化する"魅力"が小さい一方，その"ペナルティ"は大きかった」と考えられる。すなわち，事例Xのように"個人的技量への依存度"の高いアジア子会社にとって，事例Yのように，「チームとしての"○型意識・能力"を育て，特定の"個人的技量への依存度"を低めること」が，当該人材の「"□型意識"の顕在化」を防ぎ，"実力に応じた登用"を実現する"第1の対応策"になると考えられる。

事例Z（図3）に関しては，現総経理の現地人A氏が，創業時から副総経理として営業全般を任されるなど，彼の"個人的技量への依存度"が一貫して高かった。このような状況にも関わらず，A氏が"□型意識"を顕在化させずに"○型意識・能力"の育成に尽力した背景として，図3に示されるように，A氏自らが，

図1　事例Ｘ："個人的技量への依存度"と「"□型意識"顕在化」の誘因

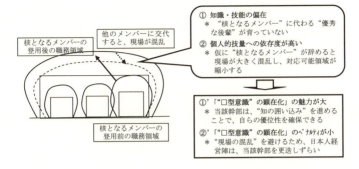

図2　事例Ｙ："個人的技量への依存度"と「"□型意識"顕在化」の抑制

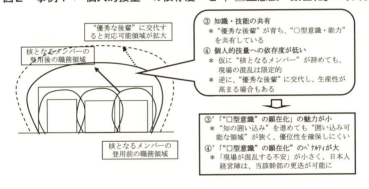

図3　事例Ｚ："成長機会の実感"と「"○型意識・能力"育成」の誘因

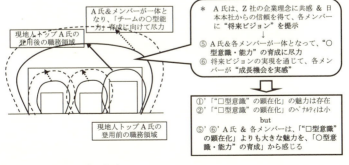

（出所）上記3図とも筆者作成

Z社の企業理念への深い理解と共感をベースに子会社独自の"将来ビジョン"を掲げ，その実現に向け，部下と一体となって精力的に尽力を重ねてきた点が挙げられる。すなわち，A氏が部下とともに"大きな成長機会"を実感できる状況を産み出し，「チームの"○型意識・能力"を育てる」ことへの"魅力"を高めたことが，"実力に応じた登用"を実現させる重要な要因になったと考えられる。

3．結びに代えて："2つの対応策"の補完的な活用に向けて

上述のように，林（2014）では，"早すぎる登用"問題への（第1の）対応策として，「チームの"○型意識・能力"を育成し，特定の"個人的技量への依存度"を低めること」が指摘されたが，同時に，人材や資金面で制約が大きい中小企業の場合，この対応策に取り組む負担が相対的に重い点が，課題として指摘された。

これに対し，本報告で指摘された『「当該人材が成長機会を実感できる状況を生み出し，「チームの"○型意識・技能"を伸ばす"魅力"」を高める』という"第2の対応策"については，「企業理念」や「経営トップの人間的魅力」とも深く関わり，中小企業がその強みを活かせる可能性もあることから，各社は積極的にその実現可能性を探るべきであると考えられる。ただし，仮にこの"第2の対応策"である程度の進展がみられたとしても，「当該人材が，他社からさらに魅力的なオファーを受けて転出する」等，常に"人材流出のリスク"等は存在する。従って各社にとって，人材や資金面での制約に直面しつつも"第1の対応策"にも地道に取り組みを重ね，リスクの軽減に努めることが重要と考えられる。

すなわち，『「各社が置かれた状況や直面する制約条件」に応じて，これら"2つの対応策"の補完的な活用のあり方」をさぐること』が，各社にとって重要な検討課題になると考えられる。報告者としても，事例研究を重ねつつこれらの諸点に関して考察を重ね，より具体的で有用な含意をさぐりたいと考えている。

〈参考文献〉
1 林尚志（2004年6月）「日系メーカーアジア子会社における人材育成："○型＆□型"の融合に向けた取り組みをめぐって」『南山経済研究』第19巻1号 pp.1-34
2 林尚志（2014年8月）「"早すぎる登用"と"実力に応じた登用"：中小企業のアジア子会社における現地人材登用への含意をさぐる」『日本中小企業学会論集』第33巻 pp.43-55

海外進出中小企業の国内転換行動と国際分業
〈報告要旨〉

成蹊大学　浜松翔平

1．問題意識

　本稿は空洞化論と空洞化論に対抗する研究に関する先行研究を整理して，海外展開が国内事業へ与える影響について総括をする。これまで海外生産展開の深化に伴って国内事業が縮小するという空洞化の研究がなされてきたが，近年は海外生産展開が国内事業の拡大を促進するという研究結果が見られるようになってきた。本研究では，空洞化研究が想定するメカニズムを整理した後，海外生産活動が国内事業の拡大を促すメカニズムについてこれまで断片的に述べられてきた研究を統合することを目指す。海外生産活動の拡大がもたらす国内生産活動への影響には，いかなるものがありうるか，その全体像を明らかにしたい。

2．空洞化論のメカニズムと課題

　空洞化論は，海外生産による国内生産の減少を前提としたメカニズムである。空洞化論について整理を行った中村・渋谷（1994）によると，以下の様なメカニズムで，生産の減少や技術低下，雇用の減少が起こる。すなわち，国内の生産コストの上昇や海外市場への対応，経営者の海外志向によって，海外生産展開が行われる。海外生産展開は，国内生産の減少をもたらす。国内生産の減少は，一部産業の撤退や製造人員雇用機会の喪失をもたらす。一部産業の撤退は，生産技術や製造技術といった様々な分野に活用可能な応用化技術の不足をもたらし，結果として技術水準の低下をもたらす。また，製造人員の雇用機会喪失によって，失業率も上昇する。

　このような空洞化論が前提としているのは，海外生産展開が国内生産活動の減

少を継続的にもたらすという点である。この点が必ずしも当てはまらない場合は，技術低下や失業率上昇など空洞化論のメカニズムは駆動しつづけることはない。

産業論的に見ると，比較劣位に陥った産業が衰退することは否定できないが，企業論的に見れば，衰退した産業に属する企業は，国内の事業活動をやめてしまうのではなく，新しい顧客を獲得したり，新しい製品を生産したり，他の新しい事業に参入したりすることによって存続する。こうした企業単位を分析の視角とした研究が盛んに行われるようになり，海外生産活動が企業に与える影響関係が着目され，企業が国内生産活動の減少に対応する事によって空洞化を克服できるうることが示されてきた。

3. 海外生産活動の増加が国内生産活動に与えた影響
　　―投資の目的による分類―

天野（2005）によると，国内生産活動への影響は2つの投資のタイプによって整理できるとした。すなわち，市場・資源獲得型投資と国内生産代替型投資である。市場・資源獲得型投資とは，直接投資によって現地市場機会や資源機会の獲得を行い，外延的な企業成長を目指すプラスサム投資である。国内生産代替型投資とは，円高や貿易摩擦による環境変化を回避するために，国内で生産し海外に輸出するものや国内に販売していた生産分を海外生産に代替するゼロサム投資である。これらの2つの投資のタイプのどちらの影響が強く出るかによって，日本企業の海外生産展開が与える国内生産活動への影響を整理できる。

天野（2005）では，「海外事業活動基本調査」と産業連関表を基に，現地生産活動の変化（現地従業員数の変化）を説明変数とし，国内生産活動の変化を被説明変数とした分析を行った。その結果を整理すると，(1)アジア生産活動の拡大は，国内生産活動の拡大にプラスの効果があること，(2)国内生産代替型投資は，国内の生産活動にマイナスの影響があるが，市場・資源獲得型投資はプラスの影響があり，全体としては市場・資源獲得型投資の効果が本国側の生産拡大に寄与しているという点が明らかになった。

本研究では市場・資源獲得型投資や国内生産代替型投資がもたらす国内生産活動へのプラスの影響をさらに踏み込んで整理を行った。

3.1　市場・資源獲得型投資がもたらす国内生産活動への影響

市場・資源獲得型投資がもたらす影響には2つがある。

第一に，輸出誘発効果（経済企画庁，1995；深尾，1995）である。輸出誘発効果には，中間財・資本財輸出効果と完成品輸出の2つがある。中間財・資本財輸出効果は，海外生産活動において使用される中間財・資本財を国内生産によって供給することであり，海外との技術的な優位性の有無によってその効果が生まれるかどうかが決まる。また，完成品輸出は，海外市場獲得によって獲得した製品需要を国内生産によって供給することであり，こちらも海外との技術的な優位性の有無によって，その効果が生まれるかどうか決まる。

第二に，国内生産顧客獲得効果である。国内生産顧客獲得効果における顧客には，新規顧客と既存顧客との2つがある。新規顧客獲得効果は，海外で獲得した新規顧客（日系企業）の日本側から，製品発注があり国内拠点が生産，供給する（浜松，2013；山藤，2014）という効果である。また，既存顧客獲得効果は，既存顧客の海外進出に伴って，顧客の海外拠点への供給のため海外生産を実施することで，顧客との関係強化からさらなる国内生産の需要がもたらされる（浜松，2014）という効果である。国内生産顧客獲得効果は，その効果を生み出そうとする企業側の働きかけによって実現するかどうかが決まるものである。

3.2 国内生産代替型投資がもたらす国内生産活動への影響

国内生産代替型は，一時的には国内生産の減少をもたらす。しかし，以下の3つの転換活動によって，プラスの影響を生み出す契機となる。

第一に，顧客転換である。生産代替によるマイナスの影響を受け，既存工程・製品・事業をもとに，顧客を新たに開拓していくことで技術強化と顧客獲得を実現する（浜松，2013）というメカニズムである。

第二に，工程転換である。海外での中間財需要に喚起されて，本国側の優位性のある中間財生産に工程を特化することで競争優位性を高め，生産量を増加させる（天野，2000）というメカニズムである。国内と海外の技術力の格差により，海外の中間財需要に誘引されて起こる，「誘発型転換行動」の結果である。

第三に，製品・事業転換である。海外に生産を移管する事による生じる，余剰資源を新製品や新事業へと配分し，適応させる再組織化プロセスが行われる（天野，2000）というメカニズムであり，技術スラッグの開発・蓄積の程度，組織の調整力に影響を受ける「自発型転換行動」の結果である。

図1　海外生産活動の増加が国内生産活動に与えた影響の全体像

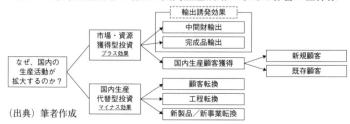

（出典）筆者作成

4．結論

本稿では，国内生産活動への影響に絞って，これまでの既存研究を整理した。既存研究で述べられてきた空洞化は，国内生産の縮小が継続的に行われなければ駆動しないメカニズムであることを指摘し，海外生産によって，国内生産を拡大するメカニズムの全体像を整理した。

〈参考文献〉
1　天野倫文（2000年）「国際分業と転換行動―日系電気機械メーカーの在アジア現地生産活動が国内生産活動と雇用に与える影響―」『組織科学』, vol33, no.3, pp.76-96
2　天野倫文（2005年）『東アジアの国際分業と日本企業：新たな企業成長への展望』有斐閣
3　中小企業庁（2010年）『中小企業白書　2010年度』経済産業調査会
4　深尾京司（1995年）「海外生産と輸出代替性について―実証研究のサーベイと今後の課題―」『通算研究レビュー』5号
5　浜松翔平（2013年）「海外展開が国内拠点に与える触媒的効果―諏訪地域海外展開中小企業の国内競争力強化の一要因―」『日本中小企業学会論集』32号
6　浜松翔平（2014年）「中小製造業における海外生産展開の与える国内拠点への影響　完成品・半製品の注文流入による国内拠点の拡大」MMRCディスカッション・ペーパー, No.464
7　経済企画庁（1990年）「日本と世界を変える海外直接投資―海外直接投資の増大が国際的な産業・貿易構造等に及ぼす影響調査報告書」大蔵省印刷局
8　中村吉明・渋谷稔（1994年）『空洞化現象とは何か』通商産業省通商産業研究所研究シリーズ23
9　山藤竜太郎（2014年）「海外事業と国内事業の両立可能性―ブーメラン効果に着目して―」『日本中小企業学会論集』33号

日本型組織編成原理の発現としての深層現調化
―途上国における日系自動車産業によるヒトとサプライヤーの育成―

〈報告要旨〉

中央大学　中川洋一郎

　日本の自動車産業は，1980年代以降，急速に海外生産を拡大している。それに伴って，自動車メーカーだけでなく，数多くの部品メーカーも海外生産を開始している。その過程で，グローバリゼーションと呼ばれる世界的規模で規格化された企業経営方式が拡散・定着してきた。では，海外で生産を開始した日系の製造業は，いわゆるグローバル化された生産方式・経営方式を採用しているのであろうか。しかし，今日までの多くの研究が示すところでは，海外進出した日系メーカーは，多かれ少なかれ，「日本的経営」「日本的生産方式」を実践している。

　もちろん，海外で実践されている「日本的経営」「日本的生産方式」は，厳密に見ると，日本で実践されている「日本的経営」「日本的生産方式」とは，違っている。現地での環境に適応するために，多少なりとも，日本での生産方式・経営形態を変えざるをえないからである。

　しかし，本報告では，「日本だろうが，海外だろうが，日系メーカーが実践する経営の本質は何か」「日系メーカーと欧米メーカーとの間で決定的な違いがあるとすれば，それは何か」という視角から問題を論じたい。創設してから時間が経過して定常状態に至って安定期に入った企業は，日系メーカーであれ，欧米系メーカーであれ，組織として職制が確立しているので，「静止画像」として検討する限り，往々にして，本質的な違いを明確にできない場合がある。しかし，新しい事態に対処するときには，つまり，新たに分業構造を組織化しようとするときには，その組織の特性が出現すると考える。

　自動車メーカーだけでなく，部品，原材料，さらに設備のサプライヤーなど，先進国自動車産業の諸企業が途上国に進出すると，当然，QCDにおいて優れた製品をつくることによって競争力を維持することに腐心する。しかし，日本から

の部品・原材料・設備などの部材の輸入に大きく依存している状況下では，部品（ひいては最終製品）の価格は容易に低下しない。とりわけ，現地で原材料費（コストの7割を占める）を低減しないかぎり，真のコスト削減は成就しない。かくて，サプライヤー構造のティア1だけの現地化では，現調化は不十分であるので，ティア2以下の地元の企業に発注して，QCDの点で，遜色ない部品を調達することが，現地生産の重要な課題となっている。

　深層現調化とは，現地ローカルメーカーへの発注拡大である。これは，新しい状況に直面した時に，日系メーカーが採用する行動様式を典型的に表している。深層現調化について，豊富な実態調査に基づいて，包括的な議論を提起しているのが，清晌一郎（2013）「中国・インドの低価格購買に対応する『深層現調化』の実態—自動車産業における中国・インド現地生産の実態調査を踏まえて—」（日本中小企業学会編『日本産業の再構築と中小企業』同友館）である。同論文によると，自動車メーカーが，現地に進出した日系1次部品メーカーから部品を調達すれば，現調率は上がるが，1次メーカーがいつまでも日本から材料・設備・部品を取り寄せていては，「日本コスト」のままで，完成品のコストは低減しない。海外進出日系メーカーの購買において，2次・3次サプライヤー（日本および現地の日系メーカー）からの部品・材料・設備などの調達を現地のローカルメーカーからの調達に切り替えていく取り組みが深層現調化である。

　ところで，深層現調化とは，日本の大手部品メーカーであるD社が，社内用語として使用し始めたローカルメーカーへの発注拡大戦略であるが，何よりも，仕入れ先サプライヤーの育成がその基盤になっている。日系企業にとって死活的な課題（ローカルメーカーへの調達拡大）が生じたので，それを解決するために採用した戦略こそが，深層現調化である。

　このような途上国における現地生産という「新しい仕事」に直面したときの対応形態に，欧米部品メーカーと日系部品メーカーとでは，大きな違いがある。欧米型では，きっちりとしたシステムを構築することで，ヒト・サプライヤーが入れ替わっても恒常的に機能する仕組みを作って対応する。システムとは，「ヒト・サプライヤーを入れ替える」ことで，企業経営を機能させる仕組みである。

　春日剛・岡俊子・山口揚平・比嘉庸一郎・星野薫（2003）「欧米系自動車部品メーカーのタイ進出状況とわが国自動車部品メーカーの対応」（『開発金融研究所年報』16, 6-38）は，事業手法における欧米系部品メーカーの特徴は活動のあらゆ

る面で《システム化》に取り組んでいるところにあると述べて，その理由として，人材の流動性が非常に大きい欧米系部品メーカーにおいては，生産の安定性を維持するために，世界各地の人種・文化・教育水準が違う従業員が激しく入れ替わっても，短期間に一定の業務を遂行できる《仕組み》の構築が必要であったからだと述べている。すなわち，欧米系部品メーカーは，企業活動のあらゆる側面において，人が入れ替わっても事業継続に支障が生じないような《仕組み》，これが，ここで言う《システム》であり，《システム》化というのは，そのような《仕組み》の構築である。

　一方，日本型では，ヒト・サプライヤーを育てることで，つまり，ヒト・サプライヤーの現状を変えて向上させることで対応しようとする。日系現地メーカーのかかる取り組みこそ，深層現調化に他ならない。この深層現調化にこそ，日本型の組織編成原理の特徴が表れている。すなわち，組織編成原理において，「あらかじめ機能（職務あるいは仕事）を決定してから，広く最適の人を選択して，その機能に割り当てる」という欧米型の組織に対して，「あらかじめ人を決定してから，その人物を育てて，職務を割り当てる」というように，日本型は正反対の原則をもっている。本報告では，「組織編成原理にこそ，日本企業と欧米企業との間に，決定的な違いがある」との視角から，日本型組織の特性を論じていく。

　そもそも，欧米型のヒト・サプライヤーを入れ替えるシステムと，日本型のヒト・サプライヤーを育てる仕組みとの違いは，何に起因するのか。組織編成において，あらかじめ仕事を確定してから人を配置するか（欧米型），あるいは，ヒトを確定してから仕事を割り振るか（日本型）という正反対の組織編成原理を想定すると，歴史的に，人を確定してから仕事を振り分けるという日本型は，むしろ，原基的であり，欧米型の人を入れ替えるシステムの誕生は，比較的新しいことがわかる。すなわち，欧米型と日本型とでは組織編成原理が正反対である。新しい仕事（状況）が出現したときに，その対処の仕方でその組織の原理・原則がわかる。欧米社会と日本社会ではその成り立ちが異なっているが，本報告では，深層現調化を手がかりにして，「日本型システムとは何か」という問いに応えることを課題としている。

　本報告では，次のように主張してゆく。
　(1)日本型は「人←仕事」（人をまず決めてから，その人に仕事を割り当てる）であるのに対して，欧米型は「仕事←人」（仕事をまず決めてから，その仕事に

人を割り当てる)という,組織編成原理を持っている。日本型は疑似親族原理で編成されているが,欧米型は機能本位原理で編成されている。疑似親族原理では,新しい状況が生じて新しい仕事が発生したとき,現有の人々が新しい職能を身につけて,その仕事を担うほかない。一方,機能本位原理では,機能を主眼にして,まず仕事を確定して,《システム》を整合的・合理的に確立した上で,その《システム》における個々の仕事に最適の人を社の内外から探してきて配置するので,きわめて効率的であり,競争力が大きい。

(2)疑似親族原理の「人←仕事」は,人類史の99％以上の期間で,唯一の組織統合原理であった。その限りで,伝統的に,かつ,歴史的に人間の組織編成原理として,原基的である。一方,機能本位原理の「仕事←人」は,前5千年頃に発生した遊牧に起源を持っているので,その出現は人類史上において,派生的な組織編成原理である。

(3)「仕事←人」という機能本位原理こそ,ヨーロッパ起源の組織編成原理の礎にあり,グローバリゼーションはその世界的規模での拡散である。機能本位原理は非常に競争力が大きいうえに,対抗原理（疑似親族原理）の存在を許さないきわめて攻撃的かつ排他的な性格を持っているので,世界の各地で,「人←仕事」という原基的な疑似親族原理を持つ社会を圧倒し,駆逐してきた。

日本型の組織編成原理は,機能本位原理が圧倒的に支配的になった現代世界において,企業経営として辛うじて生き残った現代的な疑似親族原理である。もしも日本社会が疑似親族原理の原初的な形態のままであったとしたら,「日本型経営」などという慣行も,当然,早々に競争に負けて,蹴散らされ,破壊されていたであろう。「人←仕事」という組織編成原理は,あらかじめ確定された「人々」が,日々刻々と変化し,高度化していく「仕事」(職務)を担えるだけの職能を身につけなければ,企業統治原理としては,生き残れなかったにちがいない。

効率追求・市場志向の欧米企業に対して,長期的視野・人間重視の日本型というような対比において,古くはアベグレンが定式化した「終身雇用制・年功序列・企業内組合」なども,疑似親族原理の洗練化・高度化と見なされよう。「人を育てる」という組織的な慣行が日本の社会で培われて,それによる蓄積が,深層現調化,すなわち,「現地でヒトとサプライヤーを育成する」という,日系メーカーの行動様式として発現し,その実行を可能としているのである。

大田区・工業集積における企業規模階層構成の変化
―2014年大田区・悉皆調査を踏まえて―
〈報告要旨〉

日本大学　小林世治

1．はじめに

　大田区（2015）は，2014年行われた従業者「1－3人」規模の事業所を含む1985年以来の「悉皆調査」の結果として注目される。その本格的な分析の前に，大田区産業集積の21世紀に入ってからの変化と，現在における到達点をできるだけ正確に捉える必要があろう。本報告の対象は，大田区・産業集積のうち，これまで多くの中小・零細規模企業に担われてきた，「基盤技術」を核とする製造業＝工業分野における集積である。そうした集積の質的分析への「第一次接近」として，集積内企業の規模別・階層構成を探る。以前は小規模層の増大が集積全体の縮小を防いでいたのが，1980年代後半からそうした層も含めて，全ての階層で減少傾向が強まり，集積縮小に歯止めがかからなくなった。しかし小規模層の残存比率は相対的に高く，産業集積全体としてその構成比率が高まった。問題は，それが21世紀に入って，どのように変化したかである。

2．課題と方法―先行研究から

　中小企業の大半を占めていた小零細企業が急速に衰退するなか，中〔大〕規模企業のプレゼンスの高まり，そして階層分化の可能性についても議論されるようになった。たとえば岸本（2009）や町田（2013）などである。しかしそれ以前に，開廃業（そして4．で見る転入出）だけでなく，「企業成長」による別階層への移動つまり「階層間移動」を，もう1つの可能性として検討すべきであろう。具体的には，ダウン・サイジングによる「生き残り」の可能性で，規模縮小にもかかわらず，業態変更によって「高度化」すると期待される。はたして，そうした事態は起きているのか。その点，後藤（2014）の作業が注目される。それは1982－

2004年間の，全国における中小製造業企業の規模分布の変化を，『工業統計表』事業所個票データによって分析したもので，上記の「階層間移動」の影響を考慮している。本報告では，各層の比重変化の外的な「原因」を求めるのではなく，それが発現する内的なルート＝「要因」を分析することから始めるよう提案した。その際，上述した先行研究における注目に鑑み，「中規模」層の実情にも迫るため，大企業「従業者300人以上」だけでなく，「200人以上」規模企業も「最上位」層とし，中小企業の多数派と区別した。

上記に対応させて，①大田区・製造業集積の2000－2012年における，企業規模階層構成の変化を，事業所統計たる「工業統計調査」から概観する。2008年以降データを得られない「1－3人」層については，大田区（2015）のアンケート調査結果によって，2012年の当該比率を推測する。②2000－2008年について個票データに拠り，2000年に引き続き2008年「残存」した企業の，規模変化による「階層間移動」を検出する。③中規模層に関する「定性的分析」のために，同じく大田区（2015）からヒントを得るものである。

3．大田区・工業集積の規模階層構成

まず大田区の工業集積・全体について概観すると，2000－2012年において，事業所数・従業者数・出荷額の各指標は半減あるいはそれ以下となり，縮小傾向に歯止めがかかっていないことが明らかである。ついで，企業規模別の階層構成の変化を，2000－2012年の「工業統計調査」によって概観した結果，従業者「4－9人」の小規模層のみならず，大規模層の比重低下が著しいことが注目される。他方で「30人未満」各層の比重低下の中で，「10－19人」層の相対的な「頑健さ」が，小規模層・全体としての低下を食い止めている。「工業統計調査」では2012年「1－3人」層の数値がないので即断できないが，「小規模化」からの逆転はまだ生じていない。むしろ，「200人以上」の大規模層の比重低下に歯止めがかかっていない点が重要であろう。

4．残存率と階層間移動

「工業統計」個票データの「目的外利用」（経産省）によって，2000年に回答した6,165事業所が2008年どの規模階層に属したのか追跡した。ただし，a.開廃業を直接知ることはできず，「工業統計調査」回答の増減で代替している。そして，

その数値にはb.転出入も含まれている点，注意が必要である。

　2000年回答企業がそのまま2008年も回答したのが「残存」(3,785)であり，その割合が「残存率」(61.4％)である。そのうち元の階層に留まったのが2,919事業所で，全残存企業の74.1％を占める。残り866事業所は異なる階層に移動し，うち262がより規模の大きい階層への移動（上昇），604がより規模の小さい階層への移動（下降）であった。総じて「下降」が多く，新規回答も含めて「1－3人」層の比重が維持された可能性がある。

　実際に階層ごとに，他階層から当該階層への「流入」と逆の「流出」の差を算出したところ，「1－3人」層のみ247件の純増で，残りは，「100人以上」層の±0件を除いて，すべて純減であった。明らかに「階層間移動」は，「1－3人」層の高い比重を維持する方向に作用したのである。確かに，c 階層間移動は262+604＝866で，a+b「退出＋参入」2,380+577＝2,957の3分の1以下でしかなく，階層間移動の影響は副次的なものであるが，下位の相対的に低い「残存率」を相殺する効果があった。

5．大田区・悉皆調査から

　「工業統計調査」にほぼ準拠する―ただし「関連産業」24が加わる―「工場」数についてみると，焦点の「1－3人」層は全体3,967件の51.4％，2,014件であった。2000－2008年の数値が50.1－50.0％だから，驚くほど変化がない。他方で，「小規模化」がさらに進んだわけではないこともわかる。

　「小規模化」しても業態転換して「高度化」する，積極的な「ダウン・サイジング」の質をもつか，という点にかんしては，製品企画，開発・設計，試作の各機能をこの間拡大／縮小してきたか，というアンケートの結果（大田区，2015，p.14）が参考になる。「10人以上」規模事業所のみこれら機能を拡大し，それ以下の規模の事業所は多くが縮小させている。小零細規模層がこうした「高度化」分野に注力し始めたという兆候はみられないのである。

　他方，「20人以上」規模事業所が集積メリットを実感している割合が比較的高いことの背景に，直接的な製造とは別のこうした分野への進出があるのではないか，と思われる。しかし，主として外注を行うこの層が，外注の半分以上を集積外部に出しているので，「広域化」が大田区・工業集積を維持・発展させるとは言い難い。また，外注先の転廃業・移転への対応として，「内製化」を選ぶ企業

はそれほど多くない。縮小しつつある従来の取引ネットワークを組み直す,と同時に「近隣市区で新たな外注先を開拓」しているのである。

6．結びに代えて

これまでみてきたように,大田区・工業集積は現段階において,小規模層の減少のみならず大規模層も相当数の減少が生じた結果,集積全体の「小規模性」は維持され,また区内取引は,完全に崩壊するまでには至っていない。その限りで当該集積を構成する企業の規模階層構成に大きな変化は生じなかった,といえる。しかし,より以上の「小規模化」も止まったこと,そして中間各層が相対的比重を高め「1－3人」の零細層と並存する形となったことも事実である。それがどういう意味をもち,大田区・工業集積の質的変化を示唆するか,本格的に検討するのはこれからの課題となる。

（追記）討論者の町田光弘先生には懇切丁寧な質問・指導をいただいた。ここに記して謝意を表する。しかし本稿に含まれる過ちは筆者の責任に属する。本稿は科研費（平成23－25年度基金）基盤研究（C）23530338「都市型工業集積における中小企業の存立状態」の成果の一部である。

〈参考文献〉
1　大田区（2015年）「大田区ものづくり産業等実態調査　報告書」
2　加藤秀雄（1996年）『ボーダレス時代の大都市産業』新評論
3　岸本太一（2009年）「マクロ財務データに見る大田区の変容」中小企業基盤整備機構・経営支援情報センター「規模縮小過程における分業システムの変容に関する調査研究：大田区中小企業群の最近10年の変容を事例として」, pp.7-45
4　北村慎也（2012年）「新しい産業集積の核を担う中堅企業」植田浩史・北村慎也・本多哲夫編著『地域産業政策』, 創風社, pp.291-308頁
5　後藤康雄（2014年）『中小企業のマクロ・パフォーマンス』日本経済新聞社
6　小林世治・高橋慎二（2011年9月）「大田区・中小機械金属工業の構造変化」同友館『世代交代期の中小企業経営　日本中小企業学会論集30』, pp.48-60
7　町田光弘（2013年）「規模間生産性格差と中小工業の存立基盤について」『産開研論集』第25号, pp.1-12
8　渡辺幸男（1998年）『大都市圏工業集積の実態』慶応義塾大学出版会

中小企業におけるオープン・イノベーションの展開プロセス
〈報告要旨〉

東洋大学　井上善海

1．問題意識

　中小企業のイノベーション（innovation）に国の経済活性化の役割が期待されて久しい。リーマンショック後の2009年版『中小企業白書』では，中小企業がイノベーションによる市場の創造と開拓に取り組んでいくことが求められていたが（中小企業庁，2009），2013年版『中小企業白書』では，過去10年の間に新事業展開を実施または検討した中小企業のうち，約半数が失敗を経験しているとの結果が示され，その狙い通りに進んでいるわけではないことが判明している（中小企業庁，2013）。

　そこで，本報告では，イノベーション理論の中でも中小企業のイノベーション促進に貢献すると考えられるオープン・イノベーションに着目し，その展開プロセスについての考察を行う。

2．先行研究の限界

　オープン・イノベーション（Open Innovation）は，チェスブロウ（Chesbrough, 2003）によって提唱された企業内部（自社）のアイデア・技術と外部（他社）のアイデア・技術とを有機的に結合させ，価値を創造することである。オープン・イノベーションは，市場の急激な変化に対応できることや，研究開発にかかる諸経費を削減できるなどメリットの多い手法である。しかし，自前主義や下請生産システムをはじめとした限定された企業との取引によりリスク回避を歴史的に採用してきた日本企業には馴染みにくいとされる。

　中小企業は，単一事業に対し限られた経営資源を集中する戦略を採用するため，不足する技術やノウハウなどの経営資源を内部調達よりも外部調達に求める

傾向にある。このため，日本の，特に大企業には馴染みにくいとされるオープン・イノベーションも，中小企業のイノベーションには，その戦略的特性から馴染みやすいものと考えられる。

本研究では，旧来からの産官学連携といった機能戦略レベルの組織間関係ではなく，中小企業の企業戦略や事業戦略レベルに位置づけられた組織間関係である戦略的なオープン・イノベーションの視点から分析を行っている（表1）。

表1　戦略的オープン・イノベーションの要件

戦略レベル	全社戦略 （企業戦略・事業戦略レベルでの取り組み）
戦略焦点	全く新しい技術による新製品開発を目的としたイノベーションの設計図
戦略行動	大学や他企業をはじめとした外部資源を能動的に活用
組織間関係	win-winの関係（イノベーションへの関与者がともに利得を享受できる）
成　果	有機的結合による価値創造

出所：先行研究をもとに報告者作成

3．研究の枠組みと視座

前述した先行研究の限界を克服するために報告者が進めている研究は，オープン・イノベーションにより新技術開発や新市場開拓に取り組み成長している中小企業を対象とした事例研究を詳細に行うことにより，中小企業におけるオープン・イノベーションの策定から実行・評価までのメカニズムを明らかにし，概念モデルを提示することである。

本報告では，以下の2つの視座をもとに事例研究を行い，中小企業におけるオープン・イノベーションの展開プロセスを分析していく。

分析視座1：「戦略的オープン・イノベーションの要件（表1）」をどのようにして満たしているか

分析視座2：オープン・イノベーションの展開プロセスが，「産官学連携などによる研究開発の上流部分における連携だけではなく，企業間連携も含めた事業化まで見越したもの」となっているか

4．事例分析

分析対象とした中小企業のオープン・イノベーション事例は，海外からの調達

が増加し，事業所数・従業者数が激減している繊維産業，その中でも，元請企業の海外生産移転や業績悪化等により下請取引関係が希薄化するという危機的な状況から，イノベーションに取り組み再成長している中小企業3社を抽出し分析を行った。

　事例1：㈱コーポレーションパールスター（転倒予防靴下開発：広島県）
　事例2：加茂繊維㈱（蓄熱性繊維衣料開発：岡山県）
　事例3：天池合繊㈱（超極細糸を活用した衣料織物開発：石川県）

4.1　事例1：株式会社コーポレーションパールスター

　本報告でのオープン・イノベーションの分析対象は「転倒予防靴下開発」である（図1）。

図1　コーポレーションパールスターのオープン・イノベーション展開プロセス

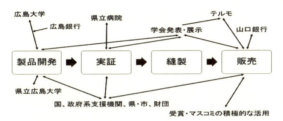

出所：報告者作成

図2　加茂繊維のオープン・イノベーション展開プロセス

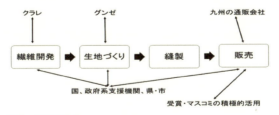

出所：報告者作成

4.2 事例2:加茂繊維㈱

本報告でのオープン・イノベーションの分析対象は,着る岩盤浴「BSファイン」の開発である(図2)。

4.3 事例3:天池合繊㈱

本報告でのオープン・イノベーションの分析対象は「天女の羽衣」の開発である。

図3 天池合繊のオープン・イノベーション展開プロセス

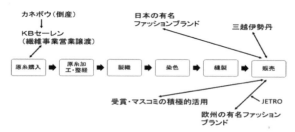

出所:報告者作成

5.研究成果

分析視座1及び分析視座2ともに事例企業3社は満たしており,研究開発から販売までのオープン・イノベーションの展開プロセスを検証できた。

〈参考文献〉
1 Chesbrough,H(2003) *Open Innovation*:*The New Imperative for Creating and Profiting from Technology.* Harvard Business School Press.(大前恵一朗訳,『OPEN INNOVATION』産業能率大学出版部,2004年)
2 Schumpeter,J.A.(1926) *Theorie Der Wirtschaftlichen Entwicklung,* Duncker & Humblot.(塩野谷祐一・中山伊知郎・東畑精一訳,『経済発展の理論』岩波書店,1937年)
3 中小企業庁(2009年)『中小企業白書』2009年版,経済産業調査会
4 中小企業庁(2013年)『中小企業白書』2013年版,佐伯印刷
5 真鍋誠司・安本雅典(2010年)「オープン・イノベーションの諸相」『研究技術計画』Vol.25No.1,pp.8-35

中国の中小企業金融の視点から見る村鎮銀行の位置づけ
―遼寧省同合村鎮銀行の事例研究を通して―

〈報告要旨〉

中国江蘇大学海外研究員（発表時）
東京都大田区産業経済部産業振興課（現在）　唐　斌

　本稿の目的は，近年新型農村金融機関として出現した村鎮銀行が中国の中小企業金融における独自の機能，特に中小企業向けの短期のつなぎ運転資金を供給する機能を，事例研究によって明らかにすることである。中国の地方都市における中小企業金融の課題の1つは，これまで短期のつなぎ資金を供給する銀行など正規金融によるルートが欠けること，即ち将来性があり，成長段階に位置する中小企業が銀行に相手とされなかったため，仕方なく闇金など民間金融から高金利での調達以外方法が無かった。

　本稿で取り上げる村鎮銀行[注1]とは，国内外の銀行業金融機関が発起人となり，個人，もしくは企業の出資によって農村地区に設立される金融機関である。最大株主もしくは単一の株主は銀行業金融機関であり，単一持ち株比率は20％以上が必要である。『中国中小微企業金融服務発展報告（2015）』によると，2014年末まで，村鎮銀行の数が1153行となり，13年より82行が増えた。2010年の349行と比較して約3.3倍となった。

　中国の村鎮銀行の機能に関する先行研究が豊富ではない。堀　喜丈（2010）[注2]は中国農村金融という視点から村鎮銀行の設立背景を分析し，村鎮銀行の運営状況を信用社の貸付金利と比較した上で，村鎮銀行を取り巻く問題と発展の可能性を議論した。しかし氏の研究は村鎮銀行が新型農村金融機関として今後発展上の問題を分析するのが目的であり，村鎮銀行がこれまでの金融機関との違い，つまり独自の機能が示されなかった。中国語の関連文献を管見の限り，村鎮銀行の収益をもたらす経営モデルに関する研究はいずれも2000字前後の短編であり，課題が提起されておらず，村鎮銀行の現状紹介に止まっている。地方都市の中小企業

金融における村鎮銀行の役割が依然不明のままである。

　本稿は中国で経済発展レベルが一般的である１つの地方都市遼寧省丹東市の東港同合村鎮銀行（以下は「同合村鎮銀行」と省略する）の設立から，預金集め，貸出業務を取り上げ，その機能の特徴を明らかにした。更に村鎮銀行が果たす中小企業向けの短期のつなぎ運転資金を供給するという機能を事例研究で示される。

　研究対象である同合村鎮銀行2010年5月6日に設立された。2014年7月現在，行員75名，管理者20名によって構成されている。設立を提起する銀行が東港農商銀行（元農村信用社）である。2013年7月末現在，預金残高が700,000千元，貸出残高が600,000千元となる。設立して3年間で利益が41,420千元，累計納税額が13,570千元，各経営項目が遼寧省51の村鎮銀行のうち6位にランキングされる。経営利益が省内3位となる注[4]）。同合村鎮銀行が地域都市に位置する新型小規模銀行であるため，国有大型商業銀行ほど知名度など高くないため預金集めに更に力を入れている。開業から独自なノウハウで行員を奨励し，預金集めの量について支店長から一般行員まで職務別に目標を立て，毎日毎月残高を記録する方法で給与と賞与と連動させ，預金集めのインセンテリブを与える。

　同合村鎮銀行が集めた預金のほぼ全部地域内の中小企業向けの貸出に使用される。貸出業務の種類を主に①「金額が小さい，需要が大きい，対象が分散する」という三農関連企業の資金需要の特徴に応えるために，「農家＋産業チェンの加工企業＋銀行」貸出，②抵当物が不足，担保が無い小企業向けの「銀行＋商業性信用保証会社＋小企業」貸出などがあげられる。

　これらの企業はこれまで現地の銀行など正規金融機関が貸出対象とされなかったため，成長期に位置する中小企業が発展するチャンスを確保する短期つなぎ資金を供給してもらえなかった。同合村鎮銀行が①商業性信用保証会社と協力し貸出す方法を作り出す。例えば東港市五興担保有限公司と長期な業務関係を結んだ。リスクをコントロールするために1社あたりの貸出保証額が保証会社の登録資本金の15％を超えてはならない原則を基に，累計保証残高が保証会社資本金の10倍以内とする。更に保証会社が貸出額の10％を村鎮銀行に預金し，当該貸出の保証金とする。保証する企業が返済不能になれば，協力する保証会社が無条件で元金と利息を代位弁済する。②迅速且便利な「微小額」貸出業務を提供する。対象は小型ビジネスを経営する私営業者，個体工商戸などとなる。彼らの資金需要に「貸出期間が短い，循環が速い，需要が急である」という特徴があるため，

2012年3月よりこの貸出業務を始めた。

　以上の業務内容から合村鎮銀行が立地する地域に密着する貸出業務を経営する特徴が見て取れる。貸出対象が農村，農民，農業という三農関連の産業と企業，及び小型ビジネスを経営する自営業者である。地域で集めた預金を地域にある資金需要の対象に提供するという特徴が見られる。

　貸出額に関して，同合村鎮銀行は支店レベルでは個人に50万元（含む），法人に100万元（含む）を限度にする。本店が規定する権限の元で審査し貸出を行う。これらの限度額を超える場合，本店に報告しなければならない。貸出金利に関して，20万元（含む）までの貸出金利は，①食糧と野菜の栽培を従事する農業関連の利息は9.0%，2万元（含む）以内。②商業サービス業の場合が18%，③農村で食糧と野菜の栽培の養殖業を従事する場合，14.4%とする。法人の場合は担保貸出の規定に従う。

　同合村鎮銀行の貸出事例研究[注5]として，第一に，「微小貸」による食品加工小企業への貸出事例である。東港天華業食品有限公司は孤山鎮に立地する果物野菜を加工する小企業である。2013年5月にイチゴを大量購入する際に流動資金が不足し，仕入れに影響を与えた。同合村鎮銀行は早速企業に入り現地調査を行い，経営状況を把握した上で迅速に工場を抵当として受け入れ，450万元の貸出を判断した。この迅速な資金供給により当該企業がイチゴの仕入れが無事にできた。2013年度にイチゴ560トン，桃600トン，キノコ300トンなどを加工し，利益110万元余が実現できた。同時に波及効果として購買契約を結んだ農家が50余となり，300名余の雇用が増えた。

　第二に，信用保証会社と協力してアルミ材料生産企業への貸出である。天利アルミ建築材料有限公司はアルミ材料を生産する小企業である。年間生産高が8,037万元に達し，利益総額が800万元余になる。現在130名の社員を雇用している。2013年5月にこれから原材料が値上がりするというニュースを得て，値上がりするまでに急遽アルミ材料を購入するため，流動資金が必要となる。同合村鎮銀行は信用保証会社と協力して企業に600万元を貸出した，これで企業にとって400万元のコスト節約ができた。

　2つの事例とも同合村鎮銀行による地域内小企業向けの短期つなぎ資金貸出であり，2社の企業にとって初めて正規金融機関へのアクセスである。同合村鎮銀行がなければ，正規金融機関にアクセスすることが不可能であるか，或いは数年

後になるであろう。このような短期つなぎ資金が正規金融機関から供給してもらえなければ，ビジネスチャンスを逃し，非正規金融という極めて高い金利で資金を調達するという羽目になる。同合村鎮銀行が果たしている機能が，正に地方都市にある中小企業にとって成長期に抱えている金融問題，特に短期ちなぎ資金の供給問題の緩和である。曾て正規金融にアクセスできなかった地域都市の中小企業の正規金融へのアクセスを可能にしたことは，同合村鎮銀行のこれまでの金融機関との大きな違いであり，同時に不可欠な存在意味となる。同合村鎮銀行が短期つなぎ資金という金融サービスを提供することにより，自身の収益を実現する同時に，成長している最中の中小企業を支え，波及効果として地域経済を振興させる役割を果たしている。預貸率は2010年に82.98％であり，2011年に88.15％と増え，更に2012年に98.25％となっている。

　同合村鎮銀行が新型金融機関として，果たしている機能は地方で集めた資金を地方の中で流れ，使用されるという資金循環を促進させることである。同合村鎮銀行にとって自身が負担できないリスクがある貸出の場合，信用保証会社と協力して中小企業に正規金融にアクセスさせた。もし地方都市の資金が村鎮銀行ではなく，これまでと同様に現存の金融機関に集められるのであれば，唐（2011）で示したように，全国で支店ネットワークを展開するこれまでの大型銀行，全国商業銀行の本店に丹東市から集めた資金を集め，他の地域に持って行かれ，地元での資金循環には形成されないに違いない。同合村鎮銀行は地元の資金を地元の経済発展に還元するという意味で，これまでに無かった新しい資金循環作りに役割を果たしていると考えられる。

〈注〉
1　2007年3月1日中国初の村鎮銀行—四川儀隴惠民村鎮銀行が設立されたことをきっかけに，村鎮銀行が地域密着な新型金融機関として三農（農業，農村，農民）及び中小企業向けの新しい資金供給ルートとして注目が集まっている。
2　堀 喜丈（2012）の第4章「中国農村金融における規制緩和—村鎮銀行を中心に—」（pp.252-266）は堀 喜丈（2010）と同じ内容であるため，本稿では堀 喜丈（2010）だけを取り上げる。
3　東港同合村鎮銀行宣伝パンフレットの紹介文による。
4　http://www.financialnews.com.cn/dfjr/tx/201405/t20140527_56407.html 『小銀行，大作為—東港同合村鎮銀行支持小微実体経済側記』2014年5月27日記事，中国金融ニュースネットより，2015年5月29日閲覧。2つの事例はここから引用した。

経営者保証ガイドラインと事業承継
—適用拡大の課題と可能性—
〈報告要旨〉

嘉悦大学大学院　津島晃一

　2014年2月「経営者保証に関するガイドライン」（以下ガイドラインという）が適用開始された。個人保証があることで，中小企業の経営者が引退しにくかったり，また後継者が社長職を受諾しにくかったりというように，社長の交代がしにくい原因のひとつになっている。そういう状況を改善して，事業承継を円滑にするためにガイドラインは策定されたのだが，実際にその趣旨に副うような適用状況になっているのだろうか。すなわち，ガイドラインの適用で，事業承継の当事者である経営者の個人保証が外され，後継者が個人保証を免除されるという状況はどの程度実現されているのだろうか。このようなことを明らかにすることで，ガイドライン策定の成果を評価し，適用の拡大を図る方策の検討を可能にする。そして，適用拡大のための方策を見出し提案する。

　本研究は，適用開始後1年半のガイドラインを事業承継の観点に絞って分析した。そして，現時点で公表されている事例に挙げられた企業は，高収益企業群に属する企業ばかりであると推定できる。このことを実証的に検討するために，ガイドラインの普及促進に関係する機関や金融庁，そして実際の運用に当たる信用金庫のインタビュー調査を行った。その結果，この時点でのガイドラインの普及状況は半分程度で，まだまだ普及拡大への努力を必要としている。また，金融庁は，このような現状を認識したうえで適用拡大への方策を講じようとしている。さらに，信金の調査によって，今後の適用拡大に向けては，金融機関の競争環境の厳しくない地域への重点的な普及活動が必要なことと，経営方針にガイドライン適用の推進が明記されることが効果的であることが分かった。

　しかし，意欲的にガイドライン適用に注力している信金でもいずれは適用数が頭打ちになると予想されることから，今後は，金融庁が推奨するガイドライン適

用審査における事業性評価の積極的導入が期待される。各金融機関は，顧客企業の事業承継の円滑化に向けて財務に関する定量評価だけでなく，事業性評価を加えてガイドライン適用を促進すべきである。

中小食品企業の海外販路開拓
〈報告要旨〉

大阪経済大学　張又心バーバラ

1. はじめに

　国内の食品市場は縮小することが予想されるなか，生き残るためには海外市場を開拓し存在感を高めることが一つの可能性である。ところが，多くの中小食品企業にとって，海外市場開拓は困難かつ経験の乏しい活動である。特定地域の消費者を囲い込むという地域特化戦略が日本の中小食品企業の主流である。また，食品が強い地域粘着性を持つという性質から，国内においても域外への販売経験のない企業が多い。それに加え，食品に対する好みは各国や地域の風土や文化に深く根ざすだけで，日本で売れている商品をそのまま海外に持ち込めば成功するとは限らない。特に外国人に馴染みのない日本伝統食品になると，海外市場展開は決して容易ではない。本研究はケーススタディを通して，中小食品企業の海外販路開拓について考察する。特に食品の地域粘着性の問題と文化の壁を中小企業が如何に乗り越えて，日本の食品を海外に売り込んでいけるかを探る。

2. 既存研究

　近年日本食品の輸出が注目されるなか，食品産業の国際化や食品企業の海外展開に関する研究も数多くある。張（2012）と張・土井（2013）は日本と異なる食文化を持つ海外市場に食品を売り込むためには，海外市場向けの新商品開発や海外代理店との連携が不可欠であることを指摘した。そして，国際ビジネス研究の分野においても，海外販売代理店との関係が企業の輸出成果と密接に関連していることが指摘される。しかし地域粘着性と文化の壁という問題に着目する研究がまだ少ない。そこで，本研究はこれらの既存研究を踏まえて，中小食品企業が如

何にして海外市場を開拓できるかについて考察する。特に地域粘着性と文化の壁を乗り越えることにおいて，海外販売代理店や国内外における外部ネットワークがどのような機能を果たしているかを検討する。なお，本研究では「食文化」を人々に共有され習慣化され，伝承されている食に関する生活様式として定義する。また，「地域粘着性」を食品の生産及び消費が地域に密着しているゆえに，他地域・国に製造拠点を移転するときや，販売を広げていくときに生じる難しさとして捉えることにする。

3．研究方法

研究方法としては，ケーススタディを通じて，対象となる事例企業を深く観察する。本研究では，つくだ煮，みりん，日本酒，焼酎を製造販売する中小企業4社を取り上げて検討していく。この4社を対象にした理由に，以下の諸点が挙げられる。①日本伝統食品を製造販売している企業であること。②地域粘着性の高い品目であること。③多くの製造業者が中小零細規模企業であること。④海外売上高が伸びていることや海外売上高比率が上昇していることなど，海外市場開拓に成果を上げている成功事例であること。各対象企業に関するケーススタディは主に半構造化インタビュー調査を中心に行う。対象企業の経営者や海外市場開拓を担う担当者，海外代理店，海外料理研究家などを相手に実施した。また，新聞や雑誌記事などの対象企業に関する2次資料も参考する。

4．ケーススタディ

4社のインタビュー調査の結果は以下の通りである。
(1) A社の事例：つくだ煮を製造・販売するA社は"ご飯につくだ煮"という日本の既成概念にとらわれず，つくだ煮をジュレ状にしてサラダに乗せたり，寿司のネタにしたりすることを海外市場に提案し，マーケッティング活動を行っている。また，海外のシェフとの連携で，海外市場向け新商品を開発し，海外向けの新たなつくだ煮の食べ方を開発し，つくだ煮を海外にも浸透できるよう様々な工夫をこなしている。さらに，中小食品企業同士の連携を通じて，海外展示会に共同出店をすることや，海外展開のノウハウを共有することで，食品業界全体の

国際化につなげている。

(2) B社の事例：みりんの製造・販売を行っているB社は，約30年前からヨーロッパ向けに輸出し始めた。現在は欧米が主要な海外市場になっているが，輸出が増えるようになった要因には，英国の代理店との連携で行われている啓蒙活動，及び欧米市場におけるオーガニック認証の取得である。また，使い方についても，現地の食生活に合うような使い方の提案や海外市場向けのレシピ開発を行っている。

(3) C社の事例：日本酒の製造販売を行っているC社は，1980年代から海外輸出に取り組み始めた。日本酒がまだあまり海外に浸透していなかった時代には，日本酒を広めようとして，複数の蔵元の連携で海外市場開拓に乗り込んだ。また，海外市場の開拓において，外国人日本酒伝道師による日本酒セミナーの開催や海外顧客へのプロモーションなど，啓蒙活動が積極的に行われてきた。日本に招いて蔵元の見学を行うことなど海外の日本酒ファンを増やしていくための工夫もする。その結果，同社の海外売上比率が約20％にまで伸びている。

(4) D社の事例：本格焼酎の製造販売を行っているD社は2009年より海外へ輸出をはじめた。現在は香港，台湾，アメリカ，シンガポール，韓国，ヨーロッパへと販路を広げ，売上も順調に伸びている。D社の海外販路への拡大は，海外代理店との連携が大きく働いている。海外代理店が現地における販売促進活動の一環として焼酎フェアや焼酎に関するセミナーを行い，商品の試飲やプロモーションだけでなく，焼酎に関する知識を現地に広め，焼酎ファンを増やしていくということで大きな意味を持つ。さらにD社は既存商品の本格焼酎だけでなく，リキュールを開発し，海外市場開拓の戦略的な商品として位置付けている。保存料・着色料を使用しない，天然素材を使うリキュールも開発し，健康志向の高い海外顧客に人気を博している。

5．考察

ケーススタディの分析結果，次の点が指摘できる。

第1に，日本の伝統食品を食文化の壁を越えて海外に展開するために，海外において啓蒙活動が重要である。日本と同じ食べ方や使い方を伝授することも一つの方法ではあるが，海外の食文化に浸透させていくためには，日本と違う説明の

仕方や使い方を考案し，現地適応化することも必要となる。

　第2に，海外での啓蒙活動を進めるに当たり，海外販売代理店や料理研究家など海外の外部ネットワークが異文化を乗り越えるための情報やヒント及びサポートを提供してくれる。日本食の異文化への浸透を助けるための役割も果たしている。海外の外部ネットワークであるため，既成概念にとらわれず，新しい発想を提供することができると考えられる。

　第3に，既成の日本の食べ方や考え方をそのまま押し付けるのではなく，海外市場に合うように既存商品をアレンジすることや使い方を海外向けに考案すること，さらに海外向けの新商品を開発することなども，食文化の違いを乗り越えての海外市場開拓において効果的であろう。

6．おわりに

　本研究は日本伝統食品企業のケーススタディを通じて，地域粘着性と異文化の壁を乗り越える仕掛けが食品の海外市場開拓において重要な意味を持つことが明らかになった。伝統食品の場合は，海外の販売代理店や料理研究家などの海外外部ネットワークが，異文化を乗り越えるための情報やヒント及びサポートを提供してくれて，日本食の異文化への浸透を助けるための役割も果たしている。陶器や工芸品など伝統食品と同様に強い地域粘着性を持つ製品の海外販路開拓を促進する際にも，そのような地域粘着性や異文化を乗り越えることを助けてくれる仕掛けが求められるだろう。今後の課題としては，この一般化可能性について検証する必要がある。そして，もう一つの課題は，良いパートナーとしての海外代理店など外部ネットワークとの接点を如何に作れるかということである。事例調査を通じてこの課題も明らかにしてきたい。

〈参考文献〉
1　張又心バーバラ（2012）「中小食品企業の海外販路開拓戦略〜新商品開発と現地代理店との連携〜」額田春華，山本聡編著『中小企業の国際化戦略』（第4章所収），同友館
2　張又心バーバラ・土井一生（2013）「九州食品産業における中小企業の海外展開」『産業経営研究所報』第45号，九州産業大学産業経営研究所

編集後記

　日本中小企業学会論集第35集『地域社会に果たす中小企業の役割―課題と展望―』は，2015年10月3日（土），4日（日）の両日，福岡大学で開催された全国大会の報告論集である。

　大会では，統一論題・自由論題合わせて25本の報告がなされた。当初は，すべての報告者から査読申請がなされたが，大会報告後，申請者から査読辞退が出されたものもあり，19本の論文が査読に回された。査読論文としての掲載をめぐって査読者の間で評価が分かれたものがあった。最終的には，当論集には統一論題報告3本に加え，自由論題で査読を受理された12本の論文と，報告要旨9本，合計24本の論文と要旨が掲載されている。なお論文・要旨の合計（24本）と報告本数（25本）が合わないのは，要旨の提出が行われなかった報告が1本あったからである。

　編集担当になって3年目を迎えるが，今年の編集作業を振り返ると，今年も昨年に引き続き論文に対する評価が査読者間で大きく分かれた年であった。それだけ論集の質を高めるために査読委員の方々に努力を行っていただいたということであろう。ご多忙ななか，査読を引き受けていただいた先生方，ならびに査読結果の最終審査を行っていただいた編集委員の6名の先生方には，この場をお借りして，改めて御礼申し上げたい。

　ところで論集編集委員長の任期は3年で，今回の編集作業が最後の勤めになる。その間，論文の筆者は言うまでもなく，査読委員の皆様，編集委員会の皆様の助けを借りながら，編集作業を続けてきた。編集作業を行って初めて分かったことだが，編集作業はほぼ1年にわたって続くのである。歴代の編集委員長の苦労を再認識した次第である。

　最後に，論集の発行にたずさわっていただいている同友館・佐藤文彦氏には，編集作業上，大変お世話になった。ここに記して御礼申し上げます。

2016年4月

論集編集委員長　渡辺　俊三

2016年7月20日　発行

地域社会に果たす中小企業の役割—課題と展望—

〈日本中小企業学会論集㉟〉

編　者 ⓒ　日本中小企業学会
発行者　　　脇　坂　康　弘

　　　　　　　　　〒113-0033　東京都文京区本郷3-38-1
発行所　株式会社 同友館　　　TEL.03(3813)3966
　　　　　　　　　　　　　　FAX.03(3818)2774
　　　　　　　http://www.doyukan.co.jp/

落丁・乱丁本はお取り替えいたします。　印刷：一誠堂　製本：松村製本
ISBN 978-4-496-05221-7　　　　　　　Printed in Japan